Der Saunaführer

Region – Stuttgart, Schwäbische Alb & Bodensee

Erleben & genießen Sie 47 Saunen mit Gutscheinen im Wert von über 700 Euro und 3 Wellnessanlagen mit Gutscheinen

Jetzt neu: Bäder & Thermen in Deutschland mit extra Gutscheinen

Druck- und Verlagshaus Wiege GmbH

Inhaltsverzeichnis

- **KAPITEL 1: Eine Übersicht**

Vorwort: Was uns am Herzen liegt	4
Karte: Der Saunaführer erscheint in folgenden Regionen	5
Die Saunen: Ihre Region auf einen Blick!	6
Ihre Meinung ist uns wichtig	8
Die Vorteile unseres Saunashops	9
Der Saunaführer im Internet – Social Media	10
Fragen und Antworten rund um die Sauna	11
Russische Banja, Caldarium & Co. – Sauna ist nicht gleich Sauna!	14
NEU: Corona schweißt uns zusammen	16
Wer bietet was? Überblick der Highlights jeder Anlage	18

- **KAPITEL 2: Die Vielfalt des Saunierens**

Die Gebäudearchitektur	20
Saunagebäude – eine Außenansicht	22
Saunagebäude – eine Innenansicht	24
Der Außenbereich	26
Wasserwelten – Das Abkühlen	28
Die Aufgüsse	30
Die Anwendungen	32
Das Ruhen nach der Sauna	34

- **KAPITEL 3: Die Sauna-Beschreibungen**

Saunen der Region	36 – 255

- **KAPITEL 4: Wellness- und Hotelbeschreibungen**

Verwöhntage in Wellnessanlagen und -hotels	256 – 269

Die Gutscheine für Ihren Saunabesuch finden Sie im Extra-Heft.

Vorwort
Was uns am Herzen liegt

VORWORT

Liebe Saunafreundin, lieber Saunafreund,

jede neue Auflage bringt für uns als Verlag auch neue Aufgaben mit sich: Passt die Region noch, ist sie zu groß oder zu klein? Welche Saunen werden in einem Buch präsentiert, unabhängig von Bundesland- oder Ländergrenzen? Wo sind die natürlichen Grenzen, die so häufig ungeschriebenen Gesetzen folgen, wie etwa Sprachgrenzen, Bergen, Flüssen, Straßen usw.? Die Ihnen vorliegende Ausgabe wurde unter diesen Gesichtspunkten gestaltet.

Auf Anregungen für neue Ausgaben freuen wir uns.

SIE BESTIMMEN MIT, WELCHE ANLAGE IM BUCH DABEI IST!

Die Gutscheine, oft von erheblichem Wert, sind ein Anreiz für Sie, die Saunen des Buchs zu besuchen, auch wenn z.B. ein längerer Anreiseweg zu bewältigen ist. Das kann jedoch dauerhaft nur funktionieren, wenn ein Nutzen für beide Seiten entsteht. Ob 1-Personen-, Vario©- oder Partner-Gutschein: Durch die Gutscheine erhalten Sie einen hohen Nutzen, der Ihren Buchkauf mehr als wettmacht.

Deshalb bitten wir Sie:
- Nutzen Sie die Angebote der Anlagen wie Massage, Wellness oder andere.
- Genießen Sie das sehr gute Angebot der Gastronomie der Saunen.
- Lesen Sie die Hinweise zur Nutzung der Gutscheine und informieren Sie sich vorher über aktuelle Öffnungszeiten und Besonderheiten.

So verhindern Sie kleinere Gutscheinwerte oder den kompletten Rückzug aus dem Buch. Das kann auch nur in Ihrem Sinne sein. Deswegen noch einmal ein Appell an die Vernunft:

Nur aus einem Geben und Nehmen entsteht ein Nutzen für alle!

HINWEISE ZUR NUTZUNG DES BUCHS

Informieren Sie sich bitte vor der Fahrt in die Sauna auf der jeweiligen Homepage aktuell über Preise, Öffnungszeiten etc. Natürlich kann sich während der Laufzeit der Gutscheine hier etwas verändern – vielleicht hat sich im Buch auch, trotz aller Sorgfalt, ein Fehler bei den Öffnungszeiten etc. eingeschlichen. Informieren Sie uns gerne bei Änderungen.

- **Gutscheinwerte:** Lesen Sie vor Ihrem Besuch genau die Informationen auf dem Gutschein. Es gibt hier und da Sonderregelungen.
- Die Gutscheine sind nur gültig, wenn Sie das beiligende Gutscheinheft an der Kasse vorlegen und der Gutschein vom Personal herausgetrennt wird
- Sauna-Events: Es ist möglich, dass die Gutscheine bei Sonderveranstaltungen in den Betrieben nicht eingelöst werden können.
- **Weitere Informationen finden Sie auch im Gutscheinheft.**

Der Saunaführer erscheint in folgenden Regionen

Weitere Informationen finden Sie unter www.der-saunafuehrer.de

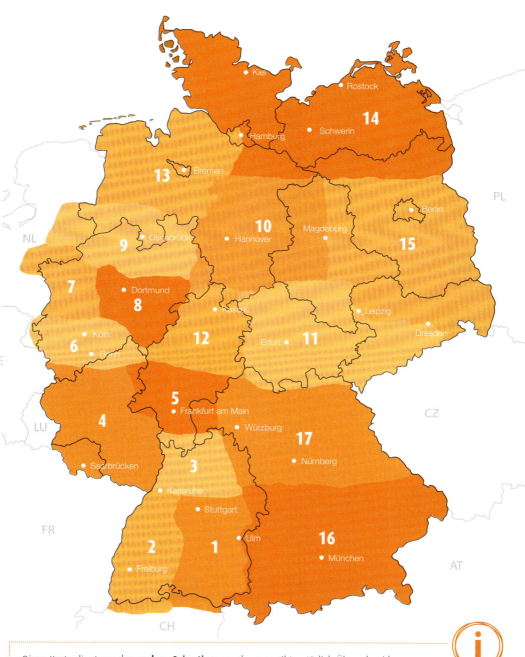

Diese Karte dient nur der **groben Orientierung**, denn es gibt natürlich Überschneidungen zwischen den Regionen. Eine **genaue Übersicht** finden Sie unter **www.der-saunafuehrer.de.** Die Einteilung der Regionen des Saunaführers ist so gestaltet, dass von der Mitte aus jede Sauna in ungefähr 1,5 Stunden erreicht werden kann.

6 Die Saunen
Eine Übersicht der teilnehmenden Betriebe

Alles auf einen Blick!

Sie planen ein entspanntes Wochenende in einer Sauna, wissen jedoch noch nicht, wohin die Reise gehen soll? Die folgende Übersicht soll Ihnen dabei eine nützliche Orientierungshilfe für die kommenden Seiten sein. Sie fasst alle wichtigen Angaben auf einen Blick zusammen, sodass Sie schnell und einfach zu jedem Betrieb die zugehörigen Einträge in diesem Buch finden können.

	ORT	ANLAGE	SEITE
1	Aalen	Limes-Thermen Aalen	36
2	Albstadt	badkap	40
3	Aulendorf	Schwaben-Therme	46
4	Backnang	Murrbäder Backnang Wonnemar	50
5	Bad Buchau	Adelindis Therme	56
6	Bad Ditzenbach	Vinzenz Therme	62
7	Bad Dürrheim	Solemar	66
8	Bad Liebenzell	Paracelsus-Therme	72
9	Bad Rappenau	RappSoDie	76
10	Bad Saulgau	Sonnenhof-Therme	82
11	Bad Überkingen	ThermalBad Überkingen	86
12	Bad Urach	AlbThermen	92
13	Bad Waldsee	FitnessPoint SportPalast	96
14	Bad Wildbad	Vital Therme	100
15	Bad Wildbad	Palais Thermal	102
16	Bad Wurzach	Vitalium-Therme	108
17	Balingen	Axis Fitness & Wellness	114
18	Biberach	Therme Jordanbad	118
19	Bietigheim-Bissingen	Bad am Viadukt	122
20	Blaustein	Bad Blau	126
21	Ditzingen	Stadtbad Ditzingen	132
22	Ellwangen	Saunalandschaft des Ellwanger Wellenbads	136
23	Esslingen	Merkel'sches Schwimmbad	140
24	Fellbach	F.3 Fellbach	146
25	Filderstadt-Bonlanden	Fildorado	152

26	Göppingen	Barbarossa-Thermen	160
27	Heidenheim	HellensteinBad aquarena	166
28	Herbrechtingen	Freizeitbad Jurawell	172
29	Konstanz	Bodensee Therme Konstanz	176
30	Ludwigsburg	Saunalandschaft im Stadionbad Ludwigsburg	180
31	Münsingen	Positiv Fitness und Gesundheit	186
32	Oberstaufen	Erlebnisbad Aquaria	188
33	Öhringen	Rendel-Bad	192
34	Rheinau (CH)	AQUARINA	196
35	Rottenburg	Gesundheitszentrum Römerbad	200
36	Rottweil	aquasauna im aquasol	204
37	Schaffhausen (CH)	Wellnesspark KSS Freizeitpark Schaffhausen	208
38	Schwäbisch Hall	Saunapark im Schenkenseebad	212
39	Schwaigern	MyMediSPA	218
40	Sigmaringen	90° Sauna & Bad	222
41	Singen	Gesundheitsstudio Move	226
42	Stuttgart	Relax-Hotel	230
43	Stuttgart	KANTO SchwabenQuellen	234
44	Stuttgart	ELEMENTS Fitness und Wellness	242
45	Waldstetten	Waldsauna	244
46	Weingarten	Sauna-Landschaft im Hallenbad Weingarten	248
47	Wernau	Wellness im Quadrium	252

ÜBERREGIONALE HOTEL- UND WELLNESSANLAGEN

1	Heilbronn	PASCHA HAMAM	258
2	Kalkar	Landhaus Beckmann	260
3	Schmalkalden	AKZENT Aktiv & Vital Hotel Thüringen	264

Ihre Meinung ist uns wichtig

Qualitäts-Siegel für Saunen / Eure Wunschsauna im Saunaführer

Qualitäts-Siegel für Saunabetriebe: Empfohlen vom Saunaführer

Ihre Meinung ist uns wichtig und deshalb haben wir Sie in einer **großen Leserumfrage** gefragt, welche Saunen Sie gerne weiterempfehlen wollen. Als Zeichen unserer und Ihrer Anerkennung ist auf Grundlage dieser Umfrage das Siegel **"Empfohlen vom Saunaführer"** entstanden.

Die von Ihnen gewählten Saunen haben von uns eine Urkunde und einen der begehrten Aufkleber erhalten. Sie kleben nun in den Eingangsbereichen oder von außen an den Fenstern der Saunen. Auch die Urkunden werden oft präsentiert. Achten Sie doch mal beim nächsten Saunabesuch darauf und schicken uns gerne auch Fotos von Ihren Funden.

Deine Wunschsauna fehlt noch im Saunaführer?

Viele Hundert Saunen sind in unseren Regionalausgaben vertreten. Unsere Freunde in der Schweiz und in der Niederlande sind genauso vertreten wie der hohe Norden.

Bei der Planung der Neuausgaben versuchen wir auch jedes Jahr aufs Neue, unsere regionalen Saunaführer mit weiteren tollen Anlagen zu versehen. Das bedeutet viele, mühsame Stunden für uns – Arbeit und Zeit, die wir für Sie gerne investieren. Aber eine Arbeit, bei der uns auch mal eine tolle Sauna durch die Lappen geht.

Aber zum Glück sind unsere Leser stets aufmerksam! Daher unser Appell an dieser Stelle: Entdecken Sie eine Sauna, die sich wunderbar für unseren Saunaführer eignet, zögern Sie nicht, uns diese vorzustellen.

Wir nehmen jeden Tipp dankbar auf! Schicken Sie uns gerne eine eMail – und wir erledigen dann den Rest. Herzlichen Dank!

Kontakt: **service@der-saunafuehrer.de**

Die Vorteile unseres Saunashops

Besuche uns im Shop und bestelle den Saunaführer versandkostenfrei

Unser Online-Shop: der-saunafuehrer.de

➡ www.der-saunafuehrer.de

Bestelle Sie Ihren Saunaführer einfach und schnell direkt zu Ihnen nach Hause. Neuauflagen und Angebote erhalten Sie natürlich exklusiv bei uns als erstes. Außerdem helfen wir Ihnen sowohl telefonisch als auch über unseren Live-Chat jederzeit gerne weiter.

Vorteile unserer Internetseite:

+ versandkostenfreie, schnelle Lieferung inkl. Sendungsverfolgung
+ bequeme Bezahlung – Paypal, Sofortüberweisung, Kreditkarte
+ Alle Infos zu den Saunen (Preise, Öffnungszeiten, Anfahrt)
+ Sonderaktionen & Newsletter
+ Tolle Gewinnspiele
+ interaktive Karte mit allen Saunen in Ihrer Nähe
+ Neuauflagen und Restauflagen sind exklusiv bei uns erhältlich

Natürlich auch mobil

Wir beraten Sie gerne! Kompetente Beratung und alle Informationen erhalten Sie nur bei uns direkt und ohne Umwege. Auch spezielle Fragen zu deiner Region, dem Buch oder einzelnen Gutscheinen können wir Ihnen jederzeit beantworten.

Der Saunaführer im Internet
Besuche uns auf unseren Social-Media-Kanälen

Social-Media

Folge uns und profitiere von exklusiven Vorteilen:

Ihre Vorteile:

+ Alle Informationen zu den Neuauflagen
+ Exklusive Aktionen
+ Tolle Gewinnspiele
+ Schneller & einfacher Kontakt bei Fragen und Anregungen
+ Tipps & Tricks
+ Hintergrundinformationen
+ Alles rund ums Saunieren
+ Und vieles mehr ...

Hier findest du uns:

Whatsapp: 05459 80501912

Hey Leute!

Unser Maskottchen: Finja

Seit 2018 begleitet uns, Finja als offizielles Saunaführer-Maskotchen und führt euch durch unsere Social-Media-Welt.

Finja ist eine kleine Kegelrobbe, die 2015 geboren wurde. Aufgenommen wurde sie erstmals in der Seehundstation in Friedrichskoog. Um der Kleinen auch weiterhin Futter- und Tierarztkosten zu finanzieren, haben wir die Patenschaft für sie übernommen.

Zurzeit schwimmt Finja zusammen mit ihren Artgenossen durch die Weiten der Nordsee. Wer will, kann sie mit etwas Glück auf den Sandbänken der Region entdecken.

Steckbrief:

Geboren:	**2015**
Geburtsort:	**Helgoländer Düne**
Wohnort:	**Nordsee**
Gewicht:	**meistens ein wenig zuviel**
Hobbys:	**Saunen testen**
Leibspeise:	**Hering**
Buchtipp:	**Der Saunaführer**

Tipps zum Saunieren
Fragen und Antworten rund um das Thema Sauna

WARUM SOLLTE DIE SAUNA REGELMÄSSIG BESUCHT WERDEN?
In der Sauna wirkt die Wärme von außen auf den Körper. Um sich gegen diese zu schützen, fängt der Körper an zu schwitzen und durch Verdunstung des Schweißes wird der Körper gekühlt. Durch sich erweiternde Blutgefäße sinkt der Blutdruck und mit dem Schweiß werden Giftstoffe aus dem Körper abtransportiert. Der abwechselnd warme und kalte Einfluss auf die Blutgefäße stärkt das Immunsystem.

WIE OFT SOLLTE MAN DIE SAUNA BESUCHEN?
Wir empfehlen den Gang ins Schwitzbad einmal in der Woche, bei dem drei Saunagänge durchgeführt werden. Möchte man das Sauna-Erlebnis häufiger genießen, ist auch dieses möglich. In dem Fall sollte jedoch die Anzahl der Gänge reduziert werden.

WARUM GEHT MAN NACKT IN DIE SAUNA?
Der einzige Ort, an dem in der Sauna das Tragen von Textilstoff vermieden werden sollte, ist in der Saunakabine. Das Tragen von Badekleidung beeinträchtigt durch Schweißaufnahme dessen Verdunstung und somit auch die Abkühlung des Körpers – nicht der erwünschte Effekt!

AUF WELCHE BANK SETZT MAN SICH ALS ANFÄNGER?
Am besten eignet sich für Anfänger ein Platz auf der mittleren Bank. Damit die Ruhe in der Sauna nicht groß gestört wird, sollte der Platz höchstens einmal gewechselt werden. Je nachdem, wie die Hitze in der Mitte empfunden wird, kann man sich nach oben (wärmer) oder unten (kälter) umorientieren.

Tipps zum Saunieren
Fragen und Antworten rund um die Sauna

WIE RUHT MAN NACH DEM SAUNAGANG AM BESTEN?
Die Ruhephase nach den einzelnen Saunagängen ist wichtig: Schauen Sie sich die gebotenen Möglichkeiten an und entspannen Sie. Ruhen Sie zwischen den einzelnen Gängen ruhig eine halbe Stunde. Ihr Körper kann hat so die nötige Zeit um sich zu regenerieren.

SOLLTE MAN VOR DEM SAUNIEREN NOCH ETWAS ESSEN?
Damit Sie und Ihr Körper während des Saunabads wie gewünscht entspannen können, empfehlen wir ca. 2 Stunden vor dem Saunabesuch auf das Essen zu verzichten. Ein weiterer Tipp: Verzichten Sie vor jedem Saunabesuch auf intensiven Knoblauch- und Zwiebelgenuss.

WAS SOLLTE MAN FÜR DEN SAUNABESUCH EINPACKEN?
Wir empfehlen: Ein ausreichend großes Sauna-Handtuch, ein bis zwei weitere Handtücher zum Abtrocknen nach dem Duschen, einen Bademantel, Badesandalen, Shampoo, Duschgel und ggf. Pflegemittel zur Anwendung nach dem Saunieren, einen Kamm oder eine Bürste.

KANN MAN SCHWANGER IN DIE SAUNA GEHEN?
Saunieren ist auch in der Schwangerschaft gesund. Wer bereits vorher regelmäßig saunieren war, dem sollte dies auch weiterhin gut möglich sein. Dennoch empfehlen wir vorab immer ein kurzes Gespräch mit dem Arzt. Grundsätzlich empfehlen wir kurze Saunagänge von max. 10 – 12 Min sowie Saunen mit zu hohen Temperaturen (max. 60 – 70 °C) zu vermeiden. Bei Unwohlsein oder Kreislaufproblemen sollten Sie die Sauna immer direkt verlassen.

SOLLTE MAN IM LIEGEN ODER SITZEN SAUNIEREN?
Wenn genug Platz in der Sauna ist, empfiehlt sich ein Schwitzgang im Liegen. Einerseits bekommt der Körper in der Waagerechten die Wärme gleichmäßiger ab, andererseits ist das Liegen ganz einfach entspannter.

NIMMT MAN IN DER SAUNA AB?
Richtiges Abnehmen funktioniert in der Sauna leider nicht. Zwar zeigt die Waage nach einem Saunabesuch meist 1 – 2 Kilogramm weniger an, jedoch liegt das am kurzzeitigen Wasserverlust durch das Schwitzen. Da der große Durst nicht lange auf sich warten lässt, ist der Wasserspeicher, und somit auch das Gewicht, schnell wieder aufgefüllt.

DARF MAN MIT MEDIKAMENTEN DIE SAUNA BESUCHEN?
Jeder, der aufgrund einer Krankheit oder auch aufgrund chronischer Beschwerden Medikamente zu sich nimmt, sollte vorher Rücksprache mit dem Hausarzt halten und sich erkundigen, ob mit den Medikamenten eine Wechselwirkung mit der Sauna besteht. Denn die Wärme sorgt dafür, dass sich die Adern erweitern und die Wirkstoffe schneller aufgenommen werden.

DARF ICH MIT EINER ERKÄLTUNG IN DIE SAUNA GEHEN?
Grundsätzlich sollte die Sauna nur dann besucht werden, wenn sich der Körper in gesundem Zustand befindet. Mit einer Erkältung kann der Kreislauf nicht stabil genug für das Saunabad sein. Der grippale Infekt sollte deshalb erst auskuriert und der Kreislauf wieder sicher stabil sein, bevor man wieder mit dem Saunieren beginnt.

WARUM IST DAS DUSCHEN VOR DER SAUNA WICHTIG?
Auf der Haut befindet sich in der Regel ein hauchdünner Fettfilm, der vor einem Saunagang abgewaschen werden sollte, da der Fettfilm das Schwitzen der Haut verhindert. Nach der Vorreinigung ist es dann ebenso wichtig, sich abzutrocknen, da die Feuchtigkeit auf der Haut den gleichen verzögernden Effekt hat, wie der Fettfilm.

14 Russische Banja, Caldarium & Co.
Sauna ist nicht gleich Sauna!

Sehr beliebt und hierzulande am bekanntesten, sind die Finnische Sauna und das Dampfbad. Es gibt jedoch zahlreiche andere Saunaarten, die sich teils mehr, teils weniger in ihrem Aufbau, dem vorherrschenden Klima und auch der Wirkung auf den Körper unterscheiden. Für einen kleinen Überblick über die verschiedenen Saunatypen und ihre individuellen Leistungen folgt eine übersichtliche Zusammenstellung der beliebtesten Saunavarianten.

Erdsauna

Sie ist die ursprünglichste und zugleich auch die heißeste aller Saunen. Denn die ersten Spuren lassen sich in das steinzeitliche Asien zurückführen, wo sich die Urmenschen Erdlöcher gruben, in die sie sich hineinsetzten, sie mit heißen Steinen füllten und durch deren Überguss mit Wasser heißen Dampf erzeugten. Die in die Erde eingelassene Sauna erreicht eine Temperatur zwischen 110 – 130 °C, die Feuchtigkeit der Luft ist sehr niedrig.

Finnische Sauna

Typischerweise in einem Holzhaus untergebracht ist sie die bekannteste Art der Sauna. Bei einer Temperatur zwischen 80 – 100 °C und einer Luftfeuchtigkeit von etwa 10 % herrscht in dieser ein sehr heißes und trockenes Klima. Die trockene Luft ist wichtig, da sich nur mit dieser die hohe Temperatur gut aushalten lässt. Die Sauna stärkt die körpereigene Abwehr, verbessert die Atmung und das Hautbild und steigert das Wohlbefinden.

Russische Banja

Warmes und sehr feuchtes Klima herrscht in der Russischen Banja. Übersetzt man dieses ins Deutsche, so bedeutet das Wort "Banja" nichts anderes als "Sauna". Was die Temperatur angeht, ist die russische Variante der finnischen sehr ähnlich: sie erreicht bis zu 100 °C. Der wesentliche Unterschied liegt hier in der Luftfeuchtigkeit, die ebenfalls etwa 100 % erreicht. In der Banja wird der Körper vorsichtig mit Birkenzweigen abgeschlagen. Dieses Ritual regt die Blutzirkulation an.

Hamam

Ebenfalls unter dem Namen Türkisches oder Orientalisches Bad bekannt ist das Hamam. Diese Saunaart stammt aus dem arabischen Kulturraum und ist einem Dampfbad sehr ähnlich. Ganz im Gegenteil nämlich zur klassisch Finnischen Sauna kommt das Hamam auf eine Temperatur von etwa 50 °C, die Luftfeuchtigkeit ist jedoch mit 100 % sehr hoch. Umgeben von Nebelschwaden wird auf dem typischen marmorierten Nabelstein in der Mitte des Raumes entspannt. Eine positive Wirkung hat es auf die Spannkraft der Haut, der Körper entschlackt und entgiftet und der Kreislauf wird geschont.

Caldarium

Das Caldarium entstammt der klassisch-römischen Thermenanlage. Bei einer Temperatur zwischen 40 – 55 °C und einer Luftfeuchtigkeit zwischen 80 – 100 % besitzt es ein warmes und sehr feuchtes Klima. Die Wärme erfährt man über beheizte Wände, Böden und Sitzbänke. Es eignet sich als Vorbereitung für den Gang in eine trocken-heiße Sauna, und bietet sich vor allem für Personen mit Kreislaufproblemen und Rheumaerkrankungen an. Zudem befreit es die Atemwege und sorgt für eine entspannte Muskulatur.

Biosauna

Ein sanfter Schwitzgang ist in der Biosauna bei 45 – 60 °C und einer relativen Luftfeuchtigkeit zwischen 40 – 55 % zu erleben – sie ist klimatisch eine Mischung aus Sauna und Dampfbad. Durch die ausgeglichene Temperatur mit der Feuchtigkeit ist ein längerer Aufenthalt in dieser Variante gegenüber der Finnischen Sauna möglich. Im Vordergrund steht das Ziel eines sanften Saunabades, das durch die niedere Temperatur den Kreislauf schont.

Corona schweißt uns zusammen
Allgemeine Informationen zur aktuellen Situation

Liebe Saunafreunde,

vielleicht haben Sie sich auch schon die Frage gestellt, ob man angesichts der Meldungen über die Ausbreitung des Corona-Virus (auch als SARS CoV-19 oder SARS CoV-2 bezeichnet) lieber auf einen Bad- oder Saunabesuch verzichten sollte? Bekanntermaßen stärken Baden und Saunieren die Abwehrkräfte – aber kann man sich hier auch anstecken?

Der Corona-Virus wird in erster Linie durch die sogenannte „Tröpfcheninfektion", also zum Beispiel beim Niesen, und durch direkten Hautkontakt übertragen, vermutlich jedoch nicht über das Badewasser. Daher gelten die gleichen Vorsichtsmaßnahmen wie bei einer Erkältung oder Grippe - wer krank ist, bleibt Zuhause. Wer sich wohlfühlt, kann weiterhin Bade- und Saunaspaß genießen.

Es kann aufgrund der allgemeinen Hygienebestimmungen zu Verzögerungen und Begrenzungen der Besucherzahlen beim Einlass kommen. Bitte haben Sie dafür Verständnis und achten Sie auf die Hygienekonzepte von den jeweiligen Betreibern.

Als reine Vorsichtsmaßnahme haben die meisten Bäder die Reinigungsintervalle verkürzt und die regelmäßigen Desinfektionsmaßnahmen intensiviert. Wir beobachten permanent die Entwicklung mit den Saunabetreibern, empfehlen Ihnen aber aufgrund der Dynamik sich zu den Angeboten vor dem Eintrittsbesuch über weitere Vorsichtsmaßnahmen, Öffnungszeiten und Preise zu informieren. Wir gehen in der aktuellen Saunaführer-Ausgabe vom Stand des Drucktermins aus, können aber eine mögliche weitere Corona-Welle in Deutschland nicht ausschließen und weisen darauf hin, dass die Gutscheine möglicherweise nicht in vollem Umfang nutzbar sind oder variieren können.

Zudem erschwerte sich coronabedingt dieses Jahr die Suche nach neuen Anlagen und die Zusammenarbeit mit unseren Bestandsaunen und -bädern, wodurch einige Betriebe leider in der Saunaführer Ausgabe nicht teilnehmen konnten. Dieses bitten wir uns nicht anzulasten, wir haben es uns auch anders gewünscht. Ihre Gesundheit und die Ihrer Mitmenschen liegt uns am Herzen. Wir wollen, dass Sie sich wohlfühlen und Ihre „Auszeit" mit dem Saunaführer in Saunen und Bädern genießen können! – Ihr Saunaführer-Team

> Bitte informieren Sie sich vor jedem Saunabesuch bei der jeweiligen Anlage über eventuelle Einschränkungen oder geänderte Öffnungszeiten.

Hygieneregeln & Tipps

Wir empfehlen Ihnen vorsichtshalber folgende Regeln vor und nach dem Besuch einzuhalten:

DESINFEKTION
Bitte desinfizieren Sie sich zum Start die Hände und geben Ihre Kontaktdaten unter Einhaltung des Datenschutzes ab.

KONTAKT
Bitte vermeiden Sie Händeschütteln und direkten Hautkontakt.

MUNDSCHUTZ
Bitte tragen Sie einen Mundschutz im Gebäude.

HANDHYGIENE
Regelmäßige Handhygiene!
(Min. 30 Sekunden Hände gründlich waschen)

REINIGUNG
Gründlich duschen vor dem Saunabesuch und bevor man in ein Becken einsteigt.

ABSTAND
In der Sauna Abstand zum Sitznachbarn halten (mindestens ein Saunatuchbreite oder die vorgeschriebenen 1,5 m) - sollte eine Saunakabine bereits gut besucht sein, dann suchen Sie eine andere auf!

GESICHT
Bitte die Hände aus dem Gesicht fernhalten.

VERHALTEN
Geschützt husten/niesen (Armbeuge/einmal Gebrauch von Papiertaschentüchern).

18 Wer bietet was?
Ein Überblick über die Highlights Ihres Wellnesstempels

So finden Sie Ihre perfekte Sauna noch schneller

Um Ihnen eine direkte Übersicht über die Highlights jeder Wellnessanlage zu bieten, haben wir eine Auswahl an Piktogrammen speziell für Sie entwickelt. Falls Sie sich beim Entdecken neuer Saunen schon immer gefragt haben, ob diese eine Übernachtungsmöglichkeit, kostenlose Parkplätze oder ein Schwimmbad bieten – mit diesen Symbolen haben Sie nun alles im Blick.

Die in den Saunaeinträgen abgebildeten Piktogramme sind lediglich eine kleine Auswahl – die Saunaanlagen bieten mehr Angebote und Extras, als mit den Piktogrammen dargestellt.

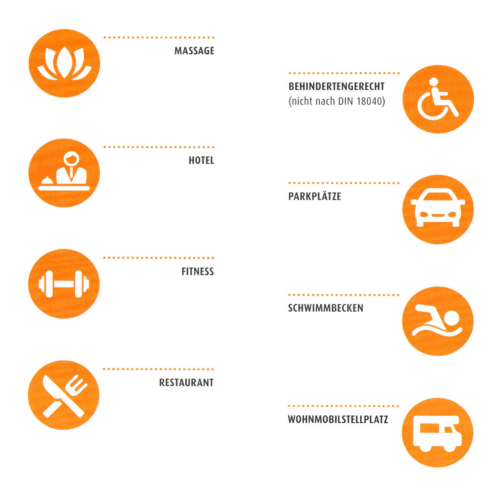

Die Zuordnungen basieren auf den Angaben der Betreiber (Stand 08.2020). Änderungen vorbehalten.

Helfen Sie uns gerne, besser zu werden! Gibt es Piktogramme oder Ausstattungshinweise, die Sie gerne im Saunaführer präsentiert hätten? Fehlen Ihnen grundsätzlich Themen oder Informationen bei den Saunavorstellungen? Schreiben Sie uns gerne eine E-Mail mit Ihren Wünschen an service@der-saunafuehrer.de

Die Zuordnungen basieren auf den Angaben der Betreiber (Stand 08.2020). Änderungen vorbehalten.

Die Gebäudearchitektur
Architektonische Meisterwerke

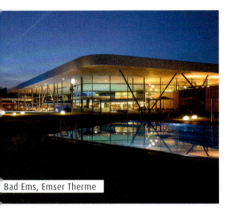
Bad Ems, Emser Therme

Bad Sulza, Toskana Therme

Sicher: Die Gebäudearchitektur sagt mitnichten immer etwas über die Qualität der Saunaanlage im Inneren des Gebäudes aus. Oftmals ist es sogar bei architektonisch gelungenen Entwürfen und Umsetzungen so, dass dem Architekten besser empfohlen worden wäre, vor Umsetzung des Auftrags selbst eine Zeit lang regelmäßig die Sauna zu besuchen, um die dortigen Abläufe wirklich kennenzulernen. Wir möchten Ihnen an dieser Stelle die Vielfältigkeit der Bädergestaltung näherbringen, Ihnen an einigen Beispielen zeigen, wie sich heute Bäder dem Besucher präsentieren. Der Bogen spannt sich von der Saunaanlage untergebracht in Privathäusern, traditionellen Schwimmbädern, über Jugendstilprachtbauten bis hin zu Glaspalästen. Wohl dem, der eine Reise tut, und sich die Zeit nimmt, auch die Architektur zu genießen. Die auf diesen Seiten gezeigten Bilder sind aus unterschiedlichen Regionen unseres Saunaführers zusammengestellt und sollen Ihnen einfach Lust machen, die einzelnen Berichte auch unter dem Aspekt der Architektur zu lesen.

Euskirchen, Thermen & Badewelt

Konstanz, Bodensee-Therme

Titisee Neustadt, Badeparadies Schwarzwald

Bad Homburg, Taunus Therme

Wijchen, Thermen Berendonck

Saunagebäude
Eine Außenansicht

Da hat sich eine ganz neue Architektur entwickelt: Im Schwarzwaldhaus-Stil, mit Grasdächern bewachsene Erdsaunen, Gebäuden, die verglast oder mit Titanzink verkleidet sind oder die inmitten eines Sees stehen, in Gewölbeform gemauerte Lehmsaunen oder die mobilen Saunen, in Form von Fässern.

Durchblättern Sie unsere Saunaführer, Sie werden Saunagebäude finden, bei denen sich die Reise schon wegen der abwechslungsreichen Bauwerke lohnt. Doch egal, wie schön die Gebäude auch sind, auf das Innere kommt es an: auf einen guten Saunaofen und ein top Saunaklima – eben auf alles, was einen erholsamen Saunagang ausmacht.

Biberach, Therme Jordanbach

Kaltenkirchen, Holsten Therme

Freiburg, Waldkurpark

Bad Karlshafen, Weser-Therme

Troisdorf, Aggua

Saunagebäude
Eine Innenansicht

Lüneburg, SaLü

Lange vorbei sind die Zeiten der mit Fichtenholz „verbretterten" Schwitzkabinen. Am häufigsten wird natürlich Holz verwendet, von rustikalen Brettern, edlen Massivhölzern, furnierten Paneelen bis hin zu massiven Blockbohlen, zunehmend aus edlem Kelo-Holz. Mitunter wird das Holz mit Natursteinen, Ziegeln aus Himalaya-Salz oder farbig verputzen Wänden kombiniert. Auch die Saunaöfen entpuppen sich als wahre Augenweiden. Sehr positiv zu bewerten ist auch, dass es immer häufiger freie Sicht nach außen in den schönen Außenbereich, gibt je nach Gegend auf einen Fluss, Berge, einen See oder sonst wo hin. Sie haben die Qual der Wahl: meditative Musik, Farblicht-Therapie, ein Aquarium oder einen Fernseher in der Sauna, oder aber einfach nur: Ruhe – auch die hat ihren Reiz.

Andernach, monte mare

Voorst, Thermen Bussloo

Rieste, Alfen Saunaland

Kaltenkirchen, Holsten Therme

Kempten, CamboMare

Titisee Neustadt, Badeparadies

Bad Karlshafen, Weser-Therme

Sinsheim, Badeparadies

Der Außenbereich
Wellness im Freien

Herford, H2O

Neusäß, Titania

Erfreulicherweise wird der Gestaltung und Nutzungsvielfalt der Außenbereiche immer mehr Raum und Liebe zum Detail gewidmet. Nach einem Saunagang ist zunächst einmal frische Luft angesagt – unter Saunagängern eine Binsenweisheit. Dazu reicht natürlich ein kleiner Bereich, sei es eine Terrasse oder ein ebenerdiger Frischluftbereich. Oft ist es baulich bedingt einfach nicht möglich, den Gästen einen großzügigen Saunagarten zu bieten. Insbesondere für die Freunde des Saunierens im Sommer ist der Saunagarten ein wichtiger und wohltuender Aufenthaltsort. Saunieren im Sommer, hierfür möchten wir in diesem Buch gleich mehrere Lanzen brechen und Ihnen dieses besondere Erlebnis ans Herz legen. Lassen Sie sich von den hier gezeigten Beispielen und den Berichten im Buch für den Sommer inspirieren.

Hagen, Westfalenbad

Dülmen, DIE SAUNA INSEL

Fulda, Sieben Welten Therme

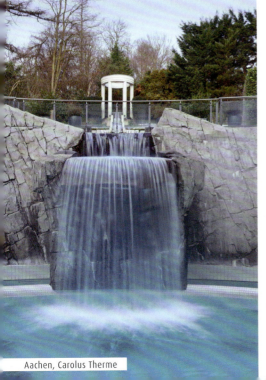
Aachen, Carolus Therme

Erding, Therme Erding

Arnsberg, Nass

Wasserwelten
Wohltuendes Abkühlen nach der Sauna

Voorst, Thermen Bussloo

Die Geister scheiden sich bei diesem Thema nicht, denn klar ist, dass die Kombination heiße Sauna und kaltes Wasser einfach für »alles« gut ist: das Immunsystem, Herz-Kreislauf-System, Gefäße etc. Wohl aber trennen sich an dieser Stelle die Wege so mancher Saunabesucher. **Wichtig ist:** Achten Sie auf Ihr persönliches Wohlbefinden, insbesondere, wenn Sie mit dem Kreislauf Probleme haben.

Die Möglichkeiten zum Abkühlen sind heute oft sehr vielfältig: verschiedenste Formen von Duschen, Tauchbecken, Bottichen, Eimerduschen oder Eis finden Sie für Ihre persönliche Wohlfühlanwendung. Oft schließen sich an den Saunabereich auch ganze Thermenlandschaften an, in welchen Sie nach dem Saunieren entspannen können.

Berlin, Liquidrom

Bergisch-Gladbach, Mediterana

Bad Ems, Emser Therme

Erding, Therme Erding

Euskirchen, Thermen & Badewelt

Lomm, SPAWellness

Waging am See, Wellness Garten

Die Aufgüsse
Von traditionell bis exotisch – Für jeden etwas dabei

Karlsruhe, Europabad

Wenn Sie sich in einer für Sie neuen Anlage orientieren möchten, wo denn die Aufgusssaunen sind, so folgen Sie jeweils kurz vor der halben bzw. der vollen Stunde den Menschenmassen, sie pilgern garantiert in einen Aufguss.

Gute Aufgießer*innen sind die neuen Götter der Saunafreunde. Sie zelebrieren den Aufguss variantenreich, die eingesetzten Hilfsmittel sind grenzenlos: Handtuch, Fahne und Fächer gehören schon häufig zum Standard.

Hochwertige Aromen erfüllen die Saunakabine und machen Freude. Auch der Standardaufguss – dreimal aufgießen mit Wedeln und Abschlagen – bereitet schon viel Vergnügen. Wenn Sie die Möglichkeit haben, einem Klangschalenaufguss oder einer Wenik-Zeremonie beizuwohnen, sollten Sie dies tun, es sind Erlebnisse der besonderen Art.

Düsseldorf, Suomi-Sauna im Familienbad Niederheid

Bad Dürrheim, solemar

Bad Endbach, Lahn-Dill-Therme

Potsdam, Kiezbad am Stern

Schluchsee, Day Spa Hotel Vier Jahreszeiten

Waldbronn, Albtherme

Die Anwendungen
Von Massagen über Packungen bis hin zum türkischen Hamam

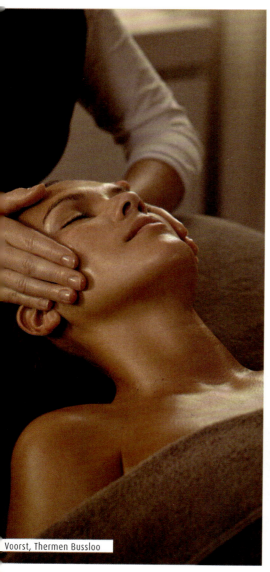

Voorst, Thermen Bussloo

Es wäre ein neues Buch, die angebotenen Anwendungen zu beschreiben. Lassen Sie sich von den Bildern inspirieren und probieren Sie es aus. Sie alle zu nennen, wäre in der Tat unmöglich.

Die Bandbreite geht von allerlei Massagen – klassische Ganzkörpermassagen, die berühmte Klangschalenmassage, die Hot-Stone-Massage – bis hin zu unterschiedlichen Packungen. Wohltuend warme Schokoladen-Packungen sind genauso empfehlenswert wie Packungen beispielsweise mit Aroma-Öl oder Ähnlichem. Fans von Fangopackungen kommen ebenfalls auf Ihre Kosten. Eine Reise in den Orient verspricht das türkische Hamam. Die Liste könnte nun noch viel, viel weiter führen. Ayurveda könnte man noch erwähnen oder auch die verschiedenen Peelings. Aber entdecken Sie am besten selbst für sich Ihre persönliche Lieblingsanwendung.

Oranienburg, TURM ErlebnisCity

Korschenbroich, Asia Therme

Hamm, Maximare

Lomm, SPAWellness

Oer-Erkenschwick, maritimo

Bad Pyrmont, Huferland Therme

34 Das Ruhen nach der Sauna
Lassen Sie Ihren Saunatag perfekt und entspannt ausklingen

Herford, H2O

Waging am See, Wellness Garten

Wohl dem, der die Zeit hat, einige Stunden in der Sauna zu verbringen und sich auch Ruhe gönnen kann.

Vom kleinen, schnuckeligen „Raum der Stille" bis hin zu innenarchitektonisch, häufig dem Gesamtthema der Saunalandschaft angepassten „Ruhetempeln", ist die Bandbreite phantastisch: Wasserbetten, gemütliche Liegen mit Blick in den Außenbereich, breite Sofas, dicke Teppiche auf dem Boden, thematisch gestaltete Ruhebereiche und selbst Hängematten.

Der Erholungsfaktor ist keine Frage der Größe, sondern der Liebe zum Detail, auch in kleinen Anlagen, verbunden mit der Einsicht, den Gästen ruhige Rückzugszonen anzubieten.

Dresden, Henricus Spa

Bad Salzuflen, VitaSol Therme

Erkrath, ESSENSIO

Magdeburg, NEMO

Langweiler, Kleine Klostertherme Marienhöh

36 Limes-Thermen Aalen »EIN KLEINER URLAUB ZWISCHENDURCH«

AALEN
GUTSCHEINHEFT S. 3

Osterbucher Platz 3, 73431 Aalen
07361 / 9493-0 | 07361 / 9493-30 | info@limes-thermen.de | www.limes-thermen.de

GEBOTEN WIRD:

DAS RESÜMEE

Wohltuende und wohlige Wärme bieten die Limes-Thermen Aalen. Ursprüngliches Thermal-Mineralwasser aus 650 m Tiefe mobilisiert Körper und Geist. Die aus der römischen Badekultur entwickelten Thermen bieten im Zentrum den Weißen und den Blauen Pavillon mit Badebecken, Schwallern und Brunnen. In all diesen Becken befinden sich Massagedüsen und Luftsprudelsitze. Die Warm-Grotte lockt bei 37 °C mit besonders warmem Wasser; das Außenbecken bietet unterschiedlich starke Massagedüsen und Massageschwaller.

Das Angebot wird durch vielfältige Kneipp-Anwendungen, durch den Barfuß-Parcours und einen Fußreflexzonen-Pfad abgerundet. Eine Besonderheit in den Thermen ist zudem die großzügige Saunalandschaft mit ihrem großen Angebot zu dem unter anderem eine Panorama-Sauna gehört.

Die Physikalische Therapie und Wellness-Abteilung komplettieren das Verwöhn-Angebot. So wird ein Besuch zu einem „kleinen Urlaub zwischendurch".

DER SAUNABEREICH

Eine Besonderheit der Limes-Thermen stellt die großzügige Saunalandschaft dar. Deren Highlight ist die Panoramasauna mit einem spektakulären Blick über Aalen. Aber auch Finnische Sauna, Blockhaussauna, römisch-irisches Dampfbad, Kalt-, Tauchbecken, Solarien, Kneipp-Bereich, Ruhe- und Freibereich sorgen für ausreichend Abwechslung.

DER EMPFANG

Im Eingangsbereich der „Limes-Thermen Aalen" erhalten die Besucher/innen das gewünschte Ticket und Informationen rund um die Therme und Sauna.

Limes-Thermen Aalen »Ein kleiner Urlaub zwischendurch«

📍 Osterbucher Platz 3, 73431 Aalen
📞 07361 / 9493-0 | 📠 07361 / 9493-30 | ✉ info@limes-thermen.de | 🌐 www.limes-thermen.de

37
AALEN

Thermalbad: Montag bis Donnerstag 8:30 – 21:00 Uhr, Freitag 8:30 – 22:00 Uhr, Samstag/Sonntag/Feiertage 9:00 – 21:00 Uhr | **Sauna**: Montag 8:30 – 21:00 Uhr (Damen), Dienstag 8:30 – 21:00 Uhr (gemischt), Mittwoch 14:00 – 21:00 Uhr (gemischt), Donnerstag 8:30 – 21:00 Uhr (gemischt), Freitag 8:30 – 22:00 Uhr (gemischt), Samstag/Sonntag/Feiertage 9:00 – 21:00 Uhr (gemischt) | am 24. und 25. Dezember geschlossen, 31. Dezember bis 13:00 Uhr geöffnet | zweiwöchige Betriebsferien (i.d.R. in den ersten zwei Juliwochen) | Eintritt für Kinder ab 3 Jahren

DIE ÖFFNUNGSZEITEN

3 Stunden (Therme) 11,50 Euro | Tageskarte (Sauna) 14,50 Euro | Kombi-Tageskarte (Sauna & Therme) 22,00 Euro | Ermäßigung in Form von Fünfer- & Zehnerkarten und der SWA+/++tarife (erhältlich als Energiekunde der Stadtwerke Aalen)

DIE PREISE

Für die Nutzung der textilfreien Saunen ist eine Tageskarte (Sauna) bzw. Kombi-Tageskarte (Sauna & Therme) notwendig. Dieser Bereich muss textilfrei besucht werden.

DIE SAUNEN (TEXTILFREI)

Mit einem spektakulären Ausblick über die Stadt Aalen und stündlichen Aufgüssen mit abwechselnden Düften und variierender Intensität bildet die Panorama-Sauna ein Highlight für alle Sinne.

PANORAMA-SAUNA
90 °C

In der Finnischen-Sauna erfolgt stündlich ein automatischer Aufguss mit unterschiedlichen Düften. Für eine besondere Abwechslung sorgt mehrmals täglich der sanfte „Eiskugel-Aufguss".

FINNISCHE-SAUNA
90 °C

Ein automatischer stündlicher Aufguss und Farblichtwechsel sorgen für besondere Entspannung.

BLOCKHAUS-SAUNA
90 °C

BLAUER PAVILLON

PANORAMASAUNA

MASSAGEDÜSEN IM AUSSENBEREICH

38 AALEN — Limes-Thermen Aalen »Ein kleiner Urlaub zwischendurch«

Osterbucher Platz 3, 73431 Aalen
07361 / 9493-0 | 07361 / 9493-30 | info@limes-thermen.de | www.limes-thermen.de

RÖMISCH-IRISCHES DAMPFBAD, 45 °C
Das im Dampfbad zur Verfügung gestellte Meersalz dient einer Peeling-Eigenanwendung und ist im Eintrittspreis inbegriffen.

RUHERAUM MIT FARBLICHTANWENDUNG
Während der Farblichtanwendung bietet sich eine Erholungsphase im Ruhepavillon mit idyllischem Blick über die Stadt Aalen an.

DAS ABKÜHLEN
Im Innenbereich stehen Schwallwasserduschen, kräftige Druckduschen, Kneippschläuche und eine Kübeldusche zur Abkühlung bereit. Der Crushed-Ice-Brunnen erfreut sich größter Beliebtheit. Ein Tauchbecken darf natürlich auch nicht fehlen.

DAS KNEIPPEN
Kneipp-Anwendungen sollen die körperlichen und geistig-seelischen Funktionen des gesamten Organismus anregen und fördern sowie zu einem harmonischen Ausgleich bringen. Das Kneippen gibt Gelegenheit die Körperfunktionen wieder zu aktivieren. Es kurbelt die Durchblutung an, reguliert den Pulsschlag und stabilisiert den Kreislauf.

EVENTS
Ein besonderes Highlight stellen die Sauna-Specials dar. Viermal im Jahr findet die Lange-Sauna-Nacht von jeweils 21:00 bis 01:30 Uhr statt. Geboten werden textilfreies Baden im Außenbecken, Nutzung des Ruhepavillons, SPA-Aktionen im Dampfbad und Eventaufgüsse in der Panorama-Sauna. Ein Obst- und Getränkebuffet vervollständigt das Angebot. Tickets hierfür sind im Vorverkauf erhältlich (und nicht mit dem Partner-Gutschein kombinierbar). An fünf Wochen im Jahr kommen die Besucher/innen von Montag bis Sonntag überdies in den Genuss der Sauna-Event-Wochen mit Spezialaufgüssen um jeweils 10:15, 13:15, 16:15 und 19:15 Uhr.

DAS THERMALBAD
Das Thermal-Mineralwasser der staatlich anerkannten Heilquelle enthält Fluorid, Calcium, Natrium und Sulfat mit einer Mineralisation von 3.740 mg/l und einer Wassertemperatur von 36,4 °C am Brunnenaustritt. Mit einem Volumenstrom von 7 m³/h wird es aus dem Brunnen gefördert. Der 574 qm große Badebereich mit einer Wassertiefe von bis 1,30 m unterteilt sich in den Weißen Pavillon mit 34 °C Wassertemperatur, den Blauen Pavillon mit 34 °C Wassertemperatur, in das Außenbecken mit 35 °C Wassertemperatur, das Bewegungsbecken der Physikalischen Therapie mit 34 °C Wassertemperatur und das Warm-Grottenbecken mit 37 °C Wassertemperatur. Der Naturstein, die Brunnen und besonderen Lichteffekte sorgen für eine angenehme Atmosphäre zum Träumen und Krafttanken.

DIE SAUNEN (IM TEXTILBEREICH)
Die Nutzung der Saunen im Textilbereich ist im Eintrittspreis „Therme" enthalten und setzt das Tragen trockener Badekleidung voraus.

VITALIUM 40 °C
Durch ionisierten Sauerstoff, Sole-Inhalation und Infrarot-Tiefenwärme ist in dieser Kabine ein gesundes und kreislaufschonendes Schwitzen (maximale Temperatur von 40 °C) möglich. Stärkung des Immunsystems, erleichtertes Atmen sowie Tie-

Limes-Thermen Aalen »Ein kleiner Urlaub zwischendurch«

📍 Osterbucher Platz 3, 73431 Aalen
☎ 07361 / 9493-0 | 📠 07361 / 9493-30 | ✉ info@limes-thermen.de | 🌐 www.limes-thermen.de

39
AALEN

---

fenentspannung des gesamten Körpers sind nur einige von den vielen positiven Effekten der Anwendung.

Das Tepidarium ist gekennzeichnet durch eine schonendere niedrigere Temperatur (50 – 60 °C) bei konstant hoher Luftfeuchtigkeit in Kombination mit einer hohen kontinuierlichen Verdunstung von Mineral-Aerosol, ätherischen Flüssigkeiten und Heilkräuterdüften, die der Gesundheit ebenso förderlich sind wie das wechselnde Farblicht.

TEPIDARIUM
(BIO-SAUNA)
50 – 60 °C

Die Welt der Düfte ist eine unermesslich reiche und vielfältige Welt. Die Duft-Sauna bietet ergänzend zu den klassischen Saunadüften je nach Jahreszeit spezielle Sommer- und Winterdüfte sowie Spezialmischungen.

AROMA-SAUNA
(BIO-SAUNA)
50 – 60 °C

Ein paar Bahnen im 215 qm großen und 35 °C warmen Außenbecken des Mineralbades zu schwimmen, lockert die Muskulatur auf und belebt die Sinne. Umgeben von der schönen Natur der Ostalb kann man auf den zahlreichen Liegen wunderbar entspannen.

DER AUSSENBEREICH

Der idyllische Blick über die Stadt Aalen lädt im Ruhepavillon zur Entspannung ein.

RUHEMÖGLICHKEITEN

Die Limes-Thermen Aalen bieten eine umfassende und vielseitige Auswahl an Wellnessanwendungen – für jeden Geschmack und Bedarf ist etwas dabei. So kommen Besucher/innen in den Genuss von Peelings, Ganzkörperanwendungen, Verwöhn-Massagen und Gutem für die Seele und für das Selbst sowie von Gesundheits- und Fitnessaufbau. Eine Anmeldung bzw. Terminvereinbarung ist notwendig.

WELLNESS | MASSAGEN
PHYSIKALISCHE THERAPIE

Trainingstherapie fördert die Kondition, Beweglichkeit und Kraft des Körpers und dient vor allem der Stabilisierung des gesamten Stützapparates. Die Limes-Thermen Aalen verfügen über einen entsprechend modernen therapeutischen Gerätepark. Die Besucher/innen werden durch Fachpersonal intensiv in die Benutzung und Anwendung der Trainingsgeräte eingewiesen. Eine Terminvereinbarung ist hierfür notwendig. Zudem kann ein umfangreiches Kursangebot genutzt werden. Zu diesem zählen die Wirbelsäulengymnastik, die Aqua-Gym und die Gymnastik XXL. Alle drei anmelde- und kostenpflichtigen Kurse dienen der allgemeinen Verbesserung der Beweglichkeit und bieten Entspannungsübungen. Außerdem wird kostenlose Aqua-Gymnastik im Weißen Pavillon angeboten.

FITNESS

Energiekunden der Stadtwerke Aalen erhalten mit ihrer Stadtwerke-Kundenkarte in Form der SWA+/++tarife finanzielle Vorteile im Café-Restaurant. Dieses befindet sich im Eingangsbereich und ist für Bade- und Saunagäste im Bademantel zugänglich.

GASTRONOMIE

Die in Anspruch genommenen Leistungen werden in bar oder mit EC-Karte bezahlt.

ZAHLUNGSVERKEHR

Es stehen ausreichend kostenlose Parkplätze zur Verfügung.

PARKMÖGLICHKEITEN

badkap »DIE FERIENINSEL«

Beibruck 1, 72458 Albstadt
07431 981470 | 07431 98147116 | www.badkap.de

GEBOTEN WIRD:

DAS RESÜMEE — Die Gesamtgröße der Anlage beträgt etwa 70.000 qm. Der Badebereich besteht aus einem Innen- und Außenbereich. Der Innenbereich verfügt über ein Wellenbrandungsbad, ein Relaxbecken mit 34 °C warmen Wasser, einer 87 m langen Black-Hole-Röhrenrutsche, einem atemberaubenden Wildwasserfluss und einer Turborutsche mit Raketenstart! Außerdem einer Quellgrotte mit Strömungskanal und dem Kinderplanschbecken mit lustigen Wasserspielen. Der Außenbereich (geöffnet von Mitte Mai bis Mitte September) verfügt über eine etwa 50.000 qm große Liegewiese, verschiedene Becken mit etwa 1.700 qm Fläche inklusive Sprung-, Schwimm- und Rutschmöglichkeiten! Tolle Sonnenterrassen und der großzügige Kinderbereich laden zum Relaxen und Plantschen ein. Die Animationsangebote, wie Aqua-Gymnastik und Aqua-Fun, sind im Eintrittspreis inklusive. Alle 30 Minuten können Sie den Wellengang und somit Urlaubsfeeling pur genießen. Bei Nacht erstrahlt das Wellenbad in tollen Farben!

DER SAUNABEREICH — Auf einer Gesamtfläche von über 2.000 qm können Sie sechs Saunen, im Innen- und Außenbereich, und 2 Dampfbäder genießen. Der Außenbereich hält ein Warmwasserbecken, einen Abkühlbrunnen, Liegeflächen und eine einzigartige Aussicht bereit. Im Innenbereich finden Sie ein Kalttauchbecken, einen Ruheraum, Wärmebänke, Fußbäder, eine Lounge und ein Sauna-Bistro. Freuen Sie sich auf ein breit gefächertes Angebot mit tollem Aufgussplan und besonderen Aufgussmeistern.

DER EMPFANG — Im Eingangsbereich lädt der BECO Shop mit tollen Bademoden und -zubehör zum Stöbern ein.

badkap »DiE FERiENiNSEL«

Beibruck 1, 72458 Albstadt
07431 981470 | 07431 98147116 | www.badkap.de

ALBSTADT

DIE ÖFFNUNGSZEITEN

Saunalandschaft	
Montag – Donnerstag	10:00 – 22:00 Uhr
Freitag & Samstag	10:00 – 23:00 Uhr
Sonntag	09:00 – 22:00 Uhr

Freizeitbad	
Sonntag – Donnerstag	09:00 – 22:00 Uhr
Freitag & Samstag	09:00 – 23:00 Uhr

Badeschluss: 25 Min. vor Betriebsende | Kassenschluss: 1,0 Std. vor Betriebsende

DIE PREISE

	4 Stunden	Tageskarte	Saunazuschlag
Erwachsene	13,90 Euro	16,90 Euro	+ 8,00 Euro/Eintritt
Ermäßigt*	10,90 Euro	12,90 Euro	+ 8,00 Euro/Eintritt
Kinder (3 – 5 J.)		4,90 Euro	frei
Kinder (0 – 2 J.)		4,90 Euro	frei
Zeitüberschreitungen pro angefangene 1/2 Stunde	1,00 Euro		

*Jugendliche (6 – 17 Jahre), Schüler und Studenten, FSJ und BFD bis zum vollendeten 25. Lebensjahr gegen Vorlage entsprechender Ausweise, Personen mit einer Behinderung ab 50 % mit Nachweis, sowie Personen mit B und deren Begleitperson

Die Sondertarife entnehmen Sie bitte der Homepage www.badkap.de.

UMKLEIDEN | DUSCHEN

Die Umkleidekabinen befinden sich unmittelbar nach dem Eingangsbereich/Check In. Bade- und Saunagäste ziehen sich im gleichen Bereich um. Um zur Saunalandschaft zu gelangen, durchqueren Sie den gesamten Badebereich. Es ist daher notwendig, Badekleidung oder einen Bademantel dabei zu haben. Die Duschen finden Sie im Foyer Richtung Bade- & Saunabereich und nach Betreten des Saunabereichs. Jeweils Damen- und Herrenduschen inkl. Toiletten.

DIE SAUNEN

Insgesamt können Sie zwischen sechs Saunen und zwei Dampfbädern wählen. In einigen Saunen findet ein Aufgussprogramm statt. Hierbei ist für jeden Saunagast das Richtige dabei! Ob beim Poweraufguss in der Panoramasauna nach dem Ausdauerprinzip schwitzen oder den Wellnessaufguss in der Salzsauna genießen. Die Aufgussmeister verwandeln jeden Aufguss in ein kleines Event. Den aktuellen Aufgussplan finden Sie an der Saunatheke, bei den Aufguss-Saunen und auf der Homepage.

ALBSTADT

42 badkap »DiE FERiENiNSEL«

Beibruck 1, 72458 Albstadt
07431 981470 | 07431 98147116 | www.badkap.de

DIE AMETHYSTSAUNA
50 – 60 °C | 48 – 60 %

Wenn Ihnen niedrigere Temperaturen angenehmer sind, dann sind Sie in der Amethystsauna genau richtig. Es herrschen Temperaturen von ca. 50 – 60 °C und eine Luftfeuchtigkeit von ca. 48 – 60 %. Unterstützt wird die Entspannung durch die wohltuende Wirkung der wechselnden Farblichter in der Decke.

DAS SOLE-DAMPFBAD
45 °C

Der Dampferzeuger sättigt die Luft bei etwa 45 °C mit Feuchtigkeit. Feinste Sole wird verdampft – ein Genuss für die Atemwege.

DAS IRISCH-RÖMISCHE DAMPFBAD

Auch dieses Dampfbad hat einen achteckigen Grundriss und gefliese, temperierte Sitzflächen. Hier werden dem Wasserdampf ätherische Öle zugesetzt.

DIE PANORAMA SAUNA
90 °C

Hoch über der ganzen Anlage thront das aus Kuussamo (Finnland) stammende, mit originalen »Kelo«-Stämmen errichtete Saunagebäude. Da schlägt das Herz eines jeden Holz- und Saunafreundes höher. Das Gesamtgebäude misst über 80 qm. Vor der 50 qm großen Saunakabine befindet sich eine überdachte Fläche. 80 bis 100 Gäste finden in dem mit drei Saunaöfen auf 90 °C erwärmten Schwitzraum auf den breiten Bänken Platz. Die Panoramasauna hält einen besonderen Aufgussplan für Sie bereit. Durch die großzügigen Fenster hat man einen herrlichen Blick in den Saunagarten und auf die gegenüberliegenden Hänge der Schwäbischen Alb. Saunalust pur!

DIE BANJASAUNA
90 °C

In dem 35 qm großen, aus heimischen Fichtenstämmen erbaute, Sauna-Gebäude finden bis zu 45 Personen Platz. Mehrmals täglich wird hier bei 90 °C aufgegossen. Durch die Raumhöhe von mehr als drei Metern verteilt sich die Wärme sehr schön. Der Aufguss wird durch die Anwendung von Birkenzweigen zu einem Erlebnis.

DIE ERDSAUNA
85 °C

Etwa einen Meter tief ist die ebenfalls aus Rundstämmen gebaute Sauna in die Erde versenkt. Das sorgt, zusammen mit den Baumstämmen, für ein außerordentlich angenehmes Saunaklima. Die 30 bis 35 Gäste genießen das prasselnde Feuer im Kaminofen bei einer Temperatur von etwa 85 °C. Jeden Montag (außer in den Ferien und an Feiertagen) ist die Erdsauna nur für Frauen reserviert.

badkap »DiE FERiENiNSEL«

Beibruck 1, 72458 Albstadt
07431 981470 | 07431 98147116 | www.badkap.de

ALBSTADT

Nicht die Architektur verleiht dieser 85 °C warmen Sauna ihren Namen, sondern die regelmäßigen Salzanwendungen, die hier für bis zu 45 Personen gleichzeitig durchgeführt werden. Die Salzsauna befindet sich unter der Panoramasauna und vermittelt somit das Gefühl einen Salzstollen zu betreten. Im Winter gibt es neben der Salzanwendung auch eine Honiganwendung.

DIE SALZSAUNA
85 °C

Der Kaltduschbereich lässt keine Wünsche offen. Es gibt Kneippschläuche, Schwallbrausen, Druckduschen, Kübelduschen und Warm-Kalt-Duschen. Im Außenbereich gibt es, neben der Erdsauna, an einer halbrunden Natursteinwand, weitere Abkühlmöglichkeiten – eine Erlebnis-Guss-Landschaft. Fast vier Meter lang und einen Meter breit ist der ausgehöhlte, halbrunde und mit kaltem Wasser gefüllte Baumstamm. An beiden Seiten einer mittig angeordneten Holzplatte hängen Schöpfeimer mit Kellen – es bietet sich eine Vielzahl von Varianten sich hier abzukühlen. Probieren Sie es aus!

DAS ABKÜHLEN

In das runde Tauchbecken im Innenbereich, mit einem Durchmesser von etwa drei Metern, führen zwei gefliese Treppen hinein – eine gediegene Art sich dem kühlen Nass zu nähern.

DAS KALTTAUCHBECKEN

Um das Tauchbecken herum sind großzügig beheizte Sitzflächen angeordnet. Einerseits dienen sie der Kommunikation, andererseits befinden sich hier auch zahlreiche Bottiche, um Fußwechselbäder durchzuführen.

DAS KNEIPPEN

Das Warmwasserbecken im Außenbereich ist, wie das Kalttauchbecken, ebenfalls rund und hat einen Durchmesser von etwa 7 m. Es ist auf 34 °C temperiert und rundherum mit einer im Wasser befindlichen Sitzfläche versehen.

DAS WARMWASSERBECKEN

44
ALBSTADT

badkap »DIE FERIENINSEL«
Beibruck 1, 72458 Albstadt
07431 981470 | 07431 98147116 | www.badkap.de

RUHEMÖGLICHKEITEN
Eine Treppe im Inneren führt zum Ruheraum, wo neben den Liegen auch Matratzen zum Entspannen einladen. Der Bereich ist völlig abgetrennt, so dass der Gast völlig zur Ruhe kommt. Sie erreichen den Raum wahlweise von der Treppe neben der Saunatheke aus oder via Sonnenterrasse der Panoramasauna. Etwa 50 Liegen stehen zu Ihrer Erholung bereit!

KAMINZIMMER
Neben der Albsauna führt eine Wendeltreppe in das Kaminzimmer. Hier können Sie sich zum Essen und Trinken, zum Unterhalten und zum Lesen aufhalten.

GASTRONOMIE
Das Bistro im Saunabereich verfügt über ein breites Angebot an Getränken, Salaten und warme Speisen für den kleinen und großen Hunger. Im Badebereich finden Sie außerdem ein großes SB-Restaurant mit Blick auf das Rutschenhaus und den Außenbereich.

WELLNESS | SOLARIEN
Gönnen Sie sich eine wohltuende Massage bei erholsamen Klängen und besonderen Massagetechniken. Beratung und Terminvereinbarung unter www.badkap.de/wellness. Die Massage befinden sich in der Saunalandschaft. Als Badegast können Sie beides mit einem besonderen Band, welches Ihnen Zutritt zum Saunabereich verschafft, nutzen.

EVENTS
An jedem ersten Samstag im Monat findet ein einzigartiges Saunaevent, mit tollen Aufgüssen, besonderer Dekoration und kleinen Überraschungen, statt. Die Motti finden Sie auf www.badkap.de oder www.facebook.com/badkap.albstadt.

Bei Events bleiben Bad und Sauna bis 24:00 Uhr geöffnet. Jeden ersten Mittwoch im Monat ist Textil-Sauna.

badkap »Die Ferieninsel«

Beibruck 1, 72458 Albstadt
07431 981470 | 07431 98147116 | www.badkap.de

45
ALBSTADT

Beim Eintritt erhalten Sie ein Armbandchip, dieses kann zum Bezahlen verwendet werden. Bargeld ist im Bad nicht mehr nötig. Der Verzehr wird erst beim Verlassen des badkaps beglichen.

ZAHLUNGSVERKEHR

Selbstverständlich stehen Ihnen ausreichend kostenlose Parkplätzen zur Verfügung.

PARKMÖGLICHKEITEN

Besuchen Sie den neuen Sonnen-Campingplatz oberhalb des badkaps! Dieser verfügt über Stell- und Zeltplätze, Campingfässer und Bungalows. Genießen Sie Ihren Urlaub auf der Schwäbischen Alb! Mehr unter www.sonnencamping.de

CAMPING

46 Schwaben-Therme »SPASS- UND AKTIVBAD«

AULENDORF
GUTSCHEIN SAUNA S. 3

Ebisweilerstraße 5 | 88326 Aulendorf
07525 93-50 | 07525 93-5111 | www.schwaben-therme.de

GEBOTEN WIRD:

DAS RESÜMEE	Die Schwaben-Therme bietet neben Entspannung auch Action pur für Junge und Junggebliebene. Das Thermal-Innenbecken des Familienbades ist angenehme 34 °C warm, hier können Sie Nackenduschen, Sprudelliegen und Massagedüsen genießen. Integriert in das Becken ist der 40 °C warme „Jungbrunnen". Sie haben auch die Möglichkeit, vom Innenbecken direkt nach außen zu schwimmen. Besonders schön wird es im Sommer, wenn an warmen Sonnentagen das alles prägende Kuppeldach geöffnet wird oder Sie auf der weitläufigen Liegewiese direkt am Thermalaussenbecken die Sonne genießen können.
	Das Spaßbad mit drei 25m-Sportbahnen ist 28 °C warm. Am Wochenende und in den Ferien gibt es einen „Gaudiwurm". Sie haben die Wahl zwischen einer 70-m-Riesenrutsche, der Steilrutsche, dem beliebten Strömungskanal oder einem Whirlpool. Für die Kinder gibt es den 34 °C warmen Kleinkinderbereich. Das Angebot des großen Thermenbereiches wird durch die große Saunalandschaft abgerundet. Hier finden Sie ein attraktives und abwechslungsreiches Sauna- und Wellnessangebot, das keine Wünschen offen lässt.
DIE GRÖSSE	Die Gesamtgröße der Schwaben-Therme beträgt 9.500 qm, davon entfallen etwa 900 qm auf die Saunalandschaft.
DER EMPFANG	Das Thema Wasser empfängt Sie in der Schwaben-Therme in seiner schönsten Form. Der einladende und schön angelegte Eingangsbereich mit Brunnen und Teichen führen Sie in das Familienbad. Der helle und große Eingangsbereich ladet Sie zum Verweilen ein.

Schwaben-Therme »SPASS- UND AKTiVBAD«

Ebisweilerstraße 5 | 88326 Aulendorf
07525 93-50 | 07525 93-5111 | www.schwaben-therme.de

AULENDORF

Saunalandschaft	Mai – August	September – April
Montag – Donnerstag	12:00 – 21:00 Uhr	12:00 – 22:00 Uhr
Freitag	12:00 – 22:00 Uhr	12:00 – 23:00 Uhr
Samstag	10:00 – 22:00 Uhr	10:00 – 23:00 Uhr
Sonntag	10:00 – 21:00 Uhr	10:00 – 22:00 Uhr

Badelandschaft	Mai – August	September – April
Sonntag – Donnerstag	09:00 – 21:00 Uhr	09:00 – 22:00 Uhr
Freitag und Samstag	09:00 – 22:00 Uhr	09:00 – 23:00 Uhr

DIE ÖFFNUNGSZEITEN

Die Badezeit endet 30 Minuten vor Schließung des Bade- und Saunabereichs. Letzter Einlass 90 Minuten vor Badschließung.

Die aktuellen Eintrittspreise für die Schwaben-Therme finden Sie immer auf der stets aktuellen und übersichtlichen Homepage des Familienbades: www.schwaben-therme.de.

DIE PREISE

Die Umkleiden nutzen die Saunagäste gemeinsam mit den Badegästen. Über eine Treppe im Umkleidebereich gelangt man in die Saunalandschaft. Duschen sind für Frauen und Männer getrennt.

UMKLEIDEN | DUSCHEN

48
AULENDORF

Schwaben-Therme »SPASS- UND AKTIVBAD«

📍 Ebisweilerstraße 5 | 88326 Aulendorf
☎ 07525 93-50 | 📠 07525 93-5111 | 🌐 www.schwaben-therme.de

DIE SAUNEN

Eine große Auswahl an Saunen bietet Ihnen in der neu eröffneten Saunalandschaft Platz zum Entspannen und Relaxen. Zu jeder vollen Stunde erwarten Sie abwechslungsreiche Aufgüsse in der großen 90 °C Kultsauna im Außenbereich. In der neu erbauten Biersauna erleben Sie Düfte wie Malz, Hopfen, Bier und Altbier in einer zünftigen Atmosphäre. Peelings, wie Salzeinreibung mit Orangenöl oder reinem Meersalz, verschiedene Honigvarianten, Honig und viele mehr werden für Sie bei 44 °C und 100 % Luftfeuchtigkeit angeboten. Entdecken Sie das unglaubliche Alpenpanorama von Aulendorf mit einem Blick aus der im Außenbereich gelegenen 70 °C Alpspitzsauna und entspannen Sie mit den wechselnden Farben des LEDSternenhimmels. Abgerundet wird das Saunaangebot mit der angenehm milden 60 °C Biosauna und der 80 °C warmen Medi-Sauna, bei der Sie bei beruhigender Musik Ihren Alltag hinter sich lassen können.

DAS ABKÜHLEN

Der Bereich im Inneren der Saunalandschaft bietet alles, was das Herz begehrt: Eine überaus kräftige Düsendusche, Schwall- und Kübeldusche und natürlich auch Kneippschläuche. Unmittelbar gegenüber dieser Duschlandschaft können Sie sich anschließend im Tauchbecken erfrischen. Auch vor der Aufguss-Sauna im Aussenbereich können Sie erfrischend duschen und sich anschließend im Tauchbad abkühlen.

DER AUSSENBEREICH

Genießen Sie die einmalige Aussicht Oberschwabens auf der weitläufigen und sonnendurchfluteten Dachterrasse. Das integrierte Außenbecken bietet mit 34 °C die Möglichkeit, neue Kraft zu tanken und sich fallen zu lassen. Mit seinen 300 qm bietet die Dachterrasse auf den bereitgestellten Liegen reichlich Platz zum Entspannen und für einen Rundgang nach dem Saunieren.

Schwaben-Therme ›SPASS- UND AKTIVBAD‹

AULENDORF

📍 Ebisweilerstraße 5 | 88326 Aulendorf
📞 07525 93-50 | 📠 07525 93-5111 | 🌐 www.schwaben-therme.de

Hier finden Sie wieder Zeit zu sich selbst zu finden. Entspannen Sie in angenehmer Atmosphäre und schließen Sie die Augen auf den großen Wasserbetten. Der neue Ofen mit Holzfeuerung sorgt für eine Harmonie der Sinne.

DER RUHEBEREICH

Der im Saunabereich integrierte und doch separate Massagebereich bietet Ihnen ein sehr umfangreiches Massage- und Wellness-Angebot an. Aktuelle und saisonale Angebote finden Sie auf der offiziellen Homepage des Familienbades.

MASSAGEN

Genießen Sie hier die kulinarischen Köstlichkeiten. Eine Menükarte mit regionalen und überregionalen Spezialitäten, sowie zahlreiche Getränke runden das Angebot ab und lassen keine Wünsche offen.

GASTRONOMIE

Beim Eintreten erhalten Sie Ihren Schrankschlüssel mit einem Chip. Sämtliche Leistungen nehmen Sie bargeldlos in Anspruch und zahlen erst beim Verlassen der Therme.

ZAHLUNGSVERKEHR

Auf dem großen Parkplatz, unmittelbar bei der Schwaben-Therme, parken Sie kostenfrei. Ebenfalls stehen Wohnmobil-Stellplätze, auf Parkdeck 3, zur Verfügung.

PARKMÖGLICHKEITEN

Murrbäder Backnang Wonnemar »LASS DiE WONNE REiN«

📍 Martin-Dietrich-Allee 10, 71522 Backnang
☎ 07191 91019-0 | 📠 07191 91019-29 | 🌐 www.WONNEMAR.de/backnang

GEBOTEN WiRD:

DAS RESÜMEE — Spaß und Action oder Erholung und Entspannung! Im Wonnemar in Backnang kann jeder Gast eine Auszeit vom Alltag ganz nach seinem Geschmack verbringen. Im Sport- und Familienbad der Murrbäder Backnang Wonnemar verspricht ein Erlebnisbecken mit Strömungskanal Fun pur, während das 25-Meter-Schimmbecken dazu einlädt, sportlich Bahn um Bahn zu ziehen. Im Mineralsole-Außenbecken steht dann Entspannung auf dem Programm.

Viel Spaß mit dem Element Wasser haben die Kleinsten im Eltern-Kinder- Bereich beim Planschen oder auf der Spielerutsche. Attraktion der Jugend und Junggebliebenen: die Röhrenrutsche, die auf 70 Meter Länge für Nervenkitzel sorgt.

DIE ÖFFNUNGSZEITEN — Montag von 12:00 – 22:00 Uhr | Dienstag – Sonntag von 10:00 – 22:00 Uhr | Montags von 12:00 – 18:00 Uhr Damensauna, sonst normaler Saunabetrieb. Geänderte Öffnungszeiten an manchen Feiertagen möglich. Bitte beachten Sie hier die Hinweise auf der Website www. WONNEMAR.de/backnang.

DIE PREISE

Saunalandschaft	Ermäßigte*	Erwachsene	Familie
1,5 Stunden	12,50 Euro	14,50 Euro	
4 Stunden	14,50 Euro	16,50 Euro	43,50 Euro
Tageskarte	16,50 Euro	18,50 Euro	55,50 Euro

*Kinder (bis 15), Auszubildende, Schüler, Studenten, Schwerbehinderte, Arbeitslose, … Die Eintrittspreise für das Sport-& Familienbad ist im Preis inbegriffen. Weitere Preise und Hinweise zu den Preisen entnehmen Sie bitte der Homepage.

Murrbäder Backnang Wonnemar »LASS DiE WONNE REiN«

Martin-Dietrich-Allee 10, 71522 Backnang
07191 91019-0 | 07191 91019-29 | www.WONNEMAR.de/backnang

51
BACKNANG
GUTSCHEINHEFT S. 3

Tauchen Sie ein in die Welt der Aromen und Düfte bei wohlig warmen Dampfschwaden. Milde Temperaturen von 43 – 46 °C und nahezu 100 % Luftfeuchtigkeit sorgen für sanftes schwitzen. Eine reine Wohltat bei rheumatischen Beschwerden oder Atemwegsproblemen. Bitte beachten Sie auch die Beautyausgaben.

DIE SAUNEN
AROMA-DAMPFBAD
43 – 46 °C

Im Sauna Innenbereich finden Sie die Finnische Sauna. Genießen die von dem Saunapersonal zelebrierten Aufgusszeremonien. Kennzeichnend für die Finnische Sauna ist eine Temperatur von 95 °C bei geringer Luftfeuchtigkeit.

DIE FINNISCHE SAUNA
95 °C

Sie sind ein Freund von milderen Saunareizen? Dann ist die Biosauna genau das Richtige für Sie. Bei angenehmen Temperaturen zwischen 65 und 75 °C und mit einer Luftfeuchtigkeit von ca. 50 % ist die Biosauna die perfekte Lösung zwischen klassischer Sauna und Dampfsauna.

DIE BIOSAUNA
65 – 75 °C

Im Außenbereich finden Sie die Backnanger Aufgusssauna. Bei 90 °C und im herrlichen Ambiente von naturbelassenen, duftenden Keloholz der finnischen Polarkiefer zelebrieren die Saunamitarbeiter Aufgusszeremonien der Extraklasse.

DIE BACKNANGER
AUFGUSSSAUNA
90 °C

Die in einem Hügel eingegrabene Erdsauna ist wohl die älteste Saunaform. Hier lodert im runden Kuppelraum das Feuer für Sie in einem offenen Kamin und sorgt für eine kuschelige Stimmung. Circa 30 qm groß und rund 1,20 Meter in die Erde eingelassen, speichert die Erdsauna Wärme besonders gut. Bei sehr niedriger Luftfeuchtigkeit und Temperaturen um 80 °C wird Ihnen hier so richtig eingeheizt.

DIE ERDSAUNA
80 °C

In der Infrarotkabine sorgen mehrere Infrarotstrahler für ein sanftes und kreislaufschonendes Schwitzvergnügen. Die regelmäßige Nutzung kann die Lösung von muskulären Verspannungen unterstützen und den Stoffwechsel verbessern. Zudem kann das Schwitzen die Entgiftung und Entschlackung des Körpers unterstützen.

DIE INFRAROT-KABINE

Murrbäder Backnang Wonnemar »LASS DiE WONNE REiN«

BACKNANG
Martin-Dietrich-Allee 10, 71522 Backnang
07191 91019-0 | 07191 91019-29 | www.WONNEMAR.de/backnang

DER AUFGUSS	Wer sich nicht entscheiden kann, probiert sie am Besten alle aus. Zum Beispiel den Honig – Kräuter Aufguss, den entspannenden Klangschalenaufguss, ein pflegendes Sole Peeling oder eine Beautymaske im Aromadampfbad.
DAS WARMBECKEN	Sie haben viel Zeit mitgebracht und wollen diese im Saunabereich verbringen? Dann bieter der Betreiber Ihnen ein weiteres Highlight: Im Innenbereich ist ein Warmbecken platziert. Entspannen Sie sich hier im wohlig warmen Wasser. Bitte beachten: Die Zeit im Becken ersetzt keine Ruhe- und Abkühlphase und sollte nicht direkt einem Saunagang angeschlossen werden.
DAS ABKÜHLEN	Gleich neben dem Dampfbad finden Sie einen Kälteraum. Dieser Raum verdient seinen Namen mit Recht, treten Sie ein: Kühle Luft umgibt Ihren gesamten Körper. In diesem Raum wird Ihnen die Möglichkeit geboten, verschiedene Kältereize auf Ihrer Haut zu spüren: Kaltluft und ein Eisbrunnen mit Crushed Ice. Gehen Sie auf Entdeckungsreise und erleben Sie hier pure „Gänsehaut".
KALTWASSER-ATTRAKTIONEN | RUHEMÖGLICHKEITEN	Was wäre eine Saunaanlage ohne Kaltwasseranwendungen? Diese finden Sie bei den Kaltwasserattraktionen. Egal ob Brause, Kneippschlauch oder Tauchbecken. Spüren Sie die belebende Frische nach einem ausgiebigen Saunagang. In den Erlebnisduschen können Sie bei bunten Farblicht zwischen warmen Tropenschauer oder kalten Wolkenbruch wählen.
DAS KNEIPPTRETBECKEN	Der Klassiker unter den Kneipp-Anwendungen – das Wassertreten – sorgt für einen Frischekick, regt den Kreislauf an und stärkt zugleich die Durchblutung und das Immunsystem. Treten Sie 30 Sekunden lang im Storchgang durch das Wasser und verlassen dann das Kneipp-Becken bis sich die Füße erwärmen. Gehen Sie dann in die Wiederholung.

Murrbäder Backnang Wonnemar »LASS DiE WONNE REiN«

📍 Martin-Dietrich-Allee 10, 71522 Backnang
☎ 07191 91019-0 | 📠 07191 91019-29 | 🌐 www.WONNEMAR.de/backnang

Wenn Sie zwischen Ihren Saunagängen Ruhe und Entspannung suchen, so finden Sie lichtdurchflutete Rückzugsbereiche im Innen und Außenbereich mit Blick ins Grüne. Verschiedene Ruhemöglichkeiten laden hier ein, ganz individuell zu schlummern. Jeder begeisterte Saunagänger wird sich hier rundum wohlfühlen.

DER RUHERAUM | DAS RUHEHAUS

Zu jeder Jahreszeit lockt der weitläufiger Saunagarten mit viel frischer Luft und Grün. Das Kalttauchbecken mit Naturteich bringt nach den Saunagängen die notwendige Abkühlung.

DER SAUNAGARTEN | DAS AUSSENBECKEN

Im angeschlossenen SPA-Bereich können sich die Gäste während einer Wellness-Anwendung aus dem vielseitigen Angebot verwöhnen lassen. Klassische Massagen, Peelings, Bäder, Soft-Pack-Anwendungen in der Schwebeliege, sowie verschiedene Kosmetikbehandlungen mit den exklusiven Produkten von Dr. Spiller stehen im Wonnemar-SPA auf dem Programm.

WELLNESS | MASSAGEN | PEELINGS

54 Murrbäder Backnang Wonnemar »LASS DiE WONNE REiN«
BACKNANG

Martin-Dietrich-Allee 10, 71522 Backnang
07191 91019-0 | 07191 91019-29 | www.WONNEMAR.de/backnang

Wer sich ohnehin einen ganzen Tag im Wonnemar gönnen möchte, kann auch eines der verschiedenen SPA-Pakete inkl. Tageseintritt und Handtuchservice buchen.

EVENTS   Jeden ersten Freitag im Monat von 19:00 – 24:00 Uhr gibt es den »Langer Saunaabend«. Der Eventzuschlag beträgt 3,00 Euro, inkl. Gebrüßungsgetränk, spezielles Aufgussprogramm, Elebnis Sepcial und Saunagewinnspiel. Zudem gibt es wöchentliche Higlights wie den Vitaltag 50+ oder den Feierabendtarif. Bitte informieren Sie sich vor Ort oder auf der Website.

SOLARIUM   Ein Solarium finden Sie im Innenbereich der Saunalandschaft, 2,40 Euro für 5 Minuten. Die Nutzung ohne Eintritt ist nicht möglich.

Murrbäder Backnang Wonnemar »LASS DIE WONNE REIN«

55
BACKNANG

♈ Martin-Dietrich-Allee 10, 71522 Backnang
☎ 07191 91019-0 | 🖷 07191 91019-29 | 🌐 www.WONNEMAR.de/backnang

Gemütliches Einkehren rundet einen erfüllten Badetag ab. Ein abwechslungsreiches gastronomisches Angebot stellt sicher, dass jeder Gast „auf seinen Geschmack" kommt. Ob reichhaltig für den Bärenhunger nach einem erlebnisreichen Tag oder maßvoll und gesundheitsbewusst während eines Wellness-Tages: im urlaubsbetonten und heiteren Ambiente des Wonnemar wird Essen und Trinken zum besonderen Erlebnis.

GASTRONOMIE

Der Eintritt wird beim Betreten der Anlage bezahlt. Alle in der Anlage in Anspruch genommenen Leistungen werden im Nachhinein beglichen. Deshalb benötigen Sie in der Anlage kein Bargeld. Beim Verlassen können die mit Bargeld oder EC-Karte zahlen.

ZAHLUNGSVERKEHR

Ihnen stehen ca. 550 kostenlose Parkplätze und Fahrradstellplätze unmittelbar an der Anlage zur Verfügung.

PARKMÖGLICHKEITEN

56
BAD BUCHAU
GUTSCHEIN SAUNA S. 3

Adelindis Therme »HiER FÜHL iCH MiCH WOHL«

Thermenweg 2, 88422 Bad Buchau
07582 8001395 | info@adelindistherme.de | www.adelindistherme.de

GEBOTEN WIRD:

DAS RESÜMEE
Abtauchen. Auftanken. Ausspannen. Herrlich gelegen zwischen Donau und Bodensee in einem der größten Naturschutzgebiete Süddeutschlands, erwartet Sie im oberschwäbischen Bad Buchau ein Wohlfühljuwel der besonderen Art. Ob Sie es sich dabei in einem der dampfenden Außenbecken gemütlich machen, sich eine entspannende Wellnessanwendung im SPA-Bereich gönnen oder in der großen Saunalandschaft mit regionalem Erlebnisflair Raum und Zeit vergessen – in der mit 5 Wellness Stars ausgezeichneten Adelindis Therme erwartet Sie ein Kurzurlaub für Körper und Geist. Ihnen steht der Sinn nach aktivem Erleben? Wassergymnastik und ein unterhaltsames Kursangebot bieten die Gelegenheit sich fit zu halten und den Körper mit allen Sinnen wahrzunehmen.

DER SAUNABEREICH
Wohltuende Wärme in wunderschönem Ambiente – die Saunalandschaft mit großem Außenbereich bietet eine attraktive Auswahl an verschieden temperierten Saunen und lässt das Herz eines jeden Saunafreundes höher schlagen. Der Höhepunkt eines jeden Saunagangs sind in der Adelindis Therme die Aufgüsse. Diese werden stündlich von den Saunameistern zelebriert und verwöhnen die Besucher mit ausgesuchten Zusätzen und Düften. Zwischen den Saunagängen bietet das Kaminzimmer mit wohltemperierten Wasserbetten die Extraportion Erholung. Tipp: Für alle, die das „sanfte Schwitzen" bevorzugen, gibt es im Badebereich eine textile Birken-Biosauna sowie ein Dampfbad mit entspannenden Lichtspielen.

DIE GRÖSSE
Die weitläufige Thermal- und Saunalandschaft der Adelindis Therme erstreckt sich über rund 14.000 qm, wovon etwa 1.260 qm auf den Saunabereich entfallen.

Adelindis Therme »HIER FÜHL ICH MICH WOHL«

Thermenweg 2, 88422 Bad Buchau
07582 8001395 | info@adelindistherme.de | www.adelindistherme.de

57
BAD BUCHAU

DER EMPFANG

An der Thermenkasse erhalten Sie ein Transponder-Armband zum Passieren der Drehkreuze, zur Nutzung des Schließfachs sowie zum bargeldlosen Verzehr innerhalb der Therme. Außerdem sind an der Thermenkasse verschiedene Geschenk- und Wellnessartikel, Gutscheine sowie Leihbademäntel und -handtücher (gegen Gebühr / Pfand) erhältlich.

DIE ÖFFNUNGSZEITEN

Saunalandschaft

Montag[1] – Freitag[2]	13:00 – 22:00 Uhr
Samstag	11:00 – 22:00 Uhr
Sonntag und feiertags	11:00 – 21:00 Uhr

Thermenlandschaft

Montag bis Samstag	09:00 – 22:00 Uhr
Sonntag und feiertags	09:00 – 21:00 Uhr

Zutritt ab 14 Jahren; Kinder ab 6 Jahren samstags, sonntags und an Feiertagen.
[1] Montags ist Damensauna.
[2] Jeden letzten Freitag im Monat Eventsauna bis 24:00 Uhr.

DIE PREISE

Tageskarte Therme & Sauna 17,00 Euro (Eventsauna 23,00 Euro) | Feierabendtarif ab 19:00 Uhr, an Sonn- und Feiertagen ab 18:00 Uhr 14,00 Euro. Satte Rabatte gibt es mit der Adelindis Card. Weitere Tarife finden Sie auf der Internetseite.

UMKLEIDEN | DUSCHEN

Der Umkleidebereich wird von Thermen- und Saunagästen gemeinsam genutzt, ebenso wie die Duschen. Der Duschbereich ist nach Damen und Herren getrennt. Auch in der Saunalandschaft besteht die Möglichkeit, warm zu duschen.

DIE SAUNEN

DIE FINNISCHE SAUNA
90 °C | 3 – 10 %

In der hochtemperierten Sanftsauna herrscht trocken-heißes Klima bei Temperaturen von 90 °C und einer Luftfeuchtigkeit von 3 bis 10 %. Die Sauna, in der bis zu 20 Personen Platz finden, wird über die Wände beheizt und ist so besonders schonend für den Kreislauf.

DIE EUKALYPTUS-SAUNA
65 °C | 10 – 20 %

Im Warmluftbad mit wohltuenden Eukalyptus-Essenzen können bis zu 15 Personen auf die ganz besonders sanfte Art schwitzen. Es herrscht gemäßigt trockenes Klima bei einer Temperatur von 65 °C und einer Luftfeuchtigkeit von 10 bis 20 %.

58
BAD BUCHAU

Adelindis Therme »HIER FÜHL ICH MICH WOHL«

📍 Thermenweg 2 , 88422 Bad Buchau
📞 07582 8001395 | ✉ info@adelindistherme.de | 🌐 www.adelindistherme.de

---

DAS SANARIUM®
55 °C | 35 – 50 %

In der kreislaufschonenden Saunavariante für bis zu 20 Personen herrscht feucht-warmes Klima bei etwa 55 °C und einer Luftfeuchtigkeit von 35 bis 50 %. Wohltuende Düfte, sanfte Klänge und farbige Lichtspiele sorgen für besonders tiefe Entspannung. Ein weiteres Detail ist das um die Ecke geführte Fenster, welches einen schönen Ausblick in den Außenbereich gewährt.

DIE KELTENSAUNA
85 °C | 3 – 30 %

Die architektonische Form der Keltensauna, besonders die spitze Dachkonstruktion, ist von der keltischen Baukunst inspiriert und verschafft dem etwa 10 Meter hohen Gebäude ein besonders außergewöhnliches Äußeres. Die Fassade ist in kräftigem Rot gehalten, die Dacheindeckung aus Lärchenbrettern. Besonders reizvoll ist auch hier der Blick durch die Übereckverglasung in den weitläufigen Saunagarten. Der große ummauerte Sauna-Ofen in der Raummitte erhitzt die Keltensauna, in der bis zu 35 Personen Platz finden, auf 85 °C bei einer Luftfeuchtigkeit von 3 bis 30 %.

DIE ERDSAUNA
95 °C | 5 – 10 %

Die Urform der Saunakultur ist einzigartig in Klima und Atmosphäre und bietet rustikales Saunavergnügen in Kaminzimmeratmosphäre. Die Sauna ist komplett in das Erdreich eingelassen und bietet bis zu 20 Personen Platz. In der Erdsauna beträgt die Temperatur bei einem vergleichsweise milden und trockenen Raumklima etwa 95 °C.

DIE BLOCKHAUS-SAUNA
85 °C | 3 – 10 %

Das Natur-Saunabad überzeugt durch rustikales Blockhausflair und verwöhnt bis zu 25 Gäste mit trocken-heißem Klima bei Temperaturen von 85 °C und einer Luftfeuchtigkeit von 3 bis 10 %. Während tagsüber stündlich automatisch aufgegossen wird, erfolgen die Aufgüsse abends durch den Saunameister.

DAS ABKÜHLEN

Eine große Duschlandschaft mit Felsen-, Schwall-, Druck- und Kübelduschen, ein Kaltwasser-Tauchbecken sowie mehrere Kneippschläuche sorgen nach dem Saunagang für den ultimativen Frischekick. (H)eiskalte Momente erleben Sie außerdem in der klirrend kalten Eisgrotte.

Adelindis Therme »HIER FÜHL ICH MICH WOHL«

Thermenweg 2 , 88422 Bad Buchau
07582 8001395 | info@adelindistherme.de | www.adelindistherme.de

DAS KNEIPPEN

Im Innenbereich der Saunalandschaft können Besucher bequem sitzend ein Wechselbad genießen. Im Innenbereich der Thermenlandschaft befindet sich außerdem ein Kneipp-Laufbecken.

DAS WARMBAD

Lehnen Sie sich zurück – im Außenbereich lässt es sich im Thermalsprudelbecken mit Rückenmassagedüsen und Sprudelliegen zwischen den Saunagängen wohl sein.

DIE AUSSENANLAGE

Die große Liegewiese mit Strandkörben und Liegestühlen bietet viel Platz zum Sonnenbaden und Entspannen. Ein natürlicher Bachlauf, von alten, schattenspendenden Bäumen umgeben, durchzieht den Saunagarten und ein belebender Duft von Blumen und Kräutern liegt in der Luft. Ein paradiesischer Ort der Ruhe und Erholung.

RUHEMÖGLICHKEITEN

Im Außenbereich befinden sich verschiedene Ruheräume mit Blick auf die Keltensauna und den Saunagarten. Außerdem lässt es sich hier im Kaminzimmer auf himmlischen Wasserbetten wohl sein. Im Innenbereich bietet ein weiterer Ruheraum viel Platz zum ausgedehnten Relaxen. Unter freiem Himmel können Sie im wunderschönen Saunagarten auf einer der zahlreichen Liegen Platz nehmen.

SPA-BEREICH I SOLARIEN

Von der klassischen Massage über wohltuende Entspannungsbäder bis zur exotischen Lomi-Lomi-Nui Massage gibt es im exklusiven SPA-Bereich für jeden Genießer das passende Wohlfühlangebot. In der Thermenlandschaft stehen Ihnen außerdem zwei moderne Solarien zur Verfügung. Zudem bietet die Adelindis Therme „Wellness im Paket": Beim „Wohlfühltag für Zwei" ist neben dem Eintritt in die Thermal- und Saunalandschaft bspw. auch eine Wellnessanwendung, ein Bad in der Duo-Wanne und die Verpflegung inklusive. Sie möchten länger bleiben? Im mit 5 Medical Wellness Stars ausgezeichneten Thermenhotel (Bademantelgang) haben Sie die Auswahl zwischen einer Vielzahl an Wellnesspauschalen. Weitere Informationen erhalten Sie online unter www.gesundheitsbad.de.

BAD BUCHAU

60 Adelindis Therme »HIER FÜHL ICH MICH WOHL«

Thermenweg 2, 88422 Bad Buchau
07582 8001395 | info@adelindistherme.de | www.adelindistherme.de

EVENTS   Mit exklusiven Aufgusszeremonien, einem leckeren Überraschungscocktail sowie kulinarischen Kleinigkeiten bietet die Eventsauna jeden letzten Freitag im Monat von 13 bis 24 Uhr ein besonders schweißtreibendes Vergnügen. Zudem ist die Thermenlandschaft ebenfalls bis 24 Uhr für Sie geöffnet. Aktuelle Informationen über weitere Events und Angebote erhalten Sie online unter www.adelindistherme.de.

GASTRONOMIE   Mit allen Sinnen genießen – das Bistro-Team verwöhnt Sie täglich mit saisonalen Schmankerln, knackig-frischen Salaten und fruchtigen Cocktails. Für den süßen Moment zwischendurch sorgen leckere Kuchen- und Eisspezialitäten. Urlaubsfeeling pur gibt es gratis dazu auf der schönen Sonnenterrasse. Im angegliederten Restaurant „Badstube" warten nach dem Saunabesuch weitere kulinarische Gaumenfreuden auf Sie.

Adelindis Therme »HiER FÜHL iCH MiCH WOHL«

Thermenweg 2 , 88422 Bad Buchau
07582 8001395 | info@adelindistherme.de | www.adelindistherme.de

BAD BUCHAU

Den Eintritt zahlen Sie bei Ankunft an der Thermenkasse. Alle weiteren Leistungen werden auf den Chip an Ihrem Transponder-Armband gebucht, welches gleichzeitig als Schrankschlüssel dient. Somit benötigen Sie im Bad und in der Saunalandschaft kein Bargeld, sondern bezahlen bequem beim Verlassen der Therme am Kassenautomaten.

ZAHLUNGSVERKEHR

Thermenbesuchern stehen kostenfrei über 200 Parkplätze in bester Lage direkt am Thermenweg zur Verfügung. Stellplätze für Wohnmobile befinden sich ebenfalls in unmittelbarer Nähe.

PARKMÖGLICHKEITEN

Vinzenz Therme »EIN URLAUBSTAG IM BAD – ABSEITS VON HEKTIK UND STRESS«

BAD DITZENBACH

Kurhausstraße 18, 73342 Bad Ditzenbach
07334 76600 | www.vinzenztherme.de

GEBOTEN WIRD:

| | | | | | | |

DAS RESÜMEE »Vinzenz Therme« heißt: Baden in über 10.000 Jahre altem prickelndem Thermal-Mineralwasser aus der Canisiusquelle. Das Thermalwasser entstammt einer Tiefe von 590 m und ist sehr kohlensäurehaltig. Im Hallenbad ist das 200 qm große und 35 °C warme Becken mit Massagedüsen ausgestattet, es wird stündlich Wassergymnastik angeboten. Weiterhin gibt es ein Bewegungsbad mit 81 qm und einer Wassertemperatur von ebenfalls 35 °C. Das zweite Bewegungsbecken misst 86 qm, die Wassertemperatur in diesem Becken mit Hubboden (0 – 1,80 m) beträgt 28 °C Hier gibt es Aqua-Jogging, Aqua-Fitness und Aqua-Cycling. Im Außenbereich ist mit 210 qm und 35 °C das große Außenbecken mit Massagedüsen, Fußfühlpfad und Kneipp-Bad; angrenzend daran finden Sie die Liegewiesen. Die Gesamtfläche des

DIE GRÖSSE Saunabereichs beträgt – ohne Thermalbereich – etwa 350 qm.

DER EMPFANG Im Eingangsbereich können Sie Handtücher, Bademäntel, Badeschuhe und Bademoden kaufen. Handtücher können Sie – falls Sie mal »ohne« unterwegs sind – ausleihen.

DIE ÖFFNUNGSZEITEN Sonntag bis Donnerstag von 9:00 – 22:00 Uhr | Freitag und Samstag von 9:00 – 23:00 Uhr | Montag ist Damentag, Dienstag Herrentag.

DIE PREISE Einzelkarte (ohne Zeitbegrenzung) 15,00 Euro. Es wird ein Wochenendzuschlag Sa/So von 1,00 Euro erhoben. Mehrfachkarten und Vergünstigungen erfragen Sie bitte vor Ort. Eventuelle Preiserhöhungen während der Laufzeit dieses Buches können zu einer Nachzahlung führen. Die aktuellen Tarife finden Sie auf der Homepage.

Vinzenz Therme »Ein Urlaubstag im Bad – abseits von Hektik und Stress«

Kurhausstraße 18, 73342 Bad Ditzenbach
07334 76600 | www.vinzenztherme.de

BAD DITZENBACH

Die Saunagäste kleiden sich gemeinsam mit den Besuchern der Therme um und gehen durch das Hallenbad in den Saunabereich. Sie können als Saunagast sowohl die großzügigen, für Damen und Herren getrennten, Reinigungsduschen nutzen wie auch die gemeinsamen Duschen im Saunabereich.

UMKLEIDEN | DUSCHEN

Ihnen stehen drei Saunen und das Dampfbad im Badbereich zur Verfügung.

DIE SAUNEN

Etwa 25 Gäste haben in diesem zwischen 85 und 95 °C temperierten Schwitzraum Platz, der sich im Innenbereich befindet. Stündlich findet hier ein Aufguss mit wechselnden Aromen statt.

DIE FINNISCHE SAUNA
85 – 95 °C

Diese Bio-Sauna hat eine Temperatur von etwa 60 °C. Bis zu 12 Gäste können hier die Wirkung des wechselnden Farblichtes genießen.

DAS SANARIUM®
60 °C

Über eine Wendeltreppe, nach außen mit blickdichten Glaselementen verkleidet, gelangen Sie auf die Dachterrasse mit einem modern errichteten Sauna-Gebäude. Im Vorraum ist der Kaltduschbereich mit Schwall-, Druckdusche und dem Kneippschlauch. Wenn Sie erstmalig den Sauna-Raum betreten werden Sie von dem Ausblick durch die beiden Fenster auf Bad Ditzenbach und die Alb überwältigt sein. Bei etwa 85 °C und welchselnden Düften können hier maximal 25 Gäste sehr gut schwitzen.

AUSSENBEREICH:
DIE FINNISCHE SAUNA
85 °C

64
BAD DITZENBACH

Vinzenz Therme »Ein Urlaubstag im Bad – abseits von Hektik und Stress«

Kurhausstraße 18, 73342 Bad Ditzenbach
07334 76600 | www.vinzenztherme.de

DAS DAMPFBAD 43 – 46 °C	Wie bereits erwähnt steht das Dampfbad im Badbereich. Wir nennen es hier der Vollständigkeit halber für die Besucher, für die Dampfbaden zum Saunieren dazu gehört. Etwa zehn Personen finden hier bei 43 bis 46 °C und 100 % Luftfeuchtigkeit Platz. Im Dampfbad ist Badebekleidung vorgeschrieben.
DAS ABKÜHLEN	Im zentralen Sauna-Innenbereich können Sie sich gut abkühlen: erst die Kaltduschen, Schwallduschen und/oder den Kneippschlauch, dann ins großzügige Tauchbecken mit einer breiten Treppe als Zugang.
DAS KNEIPPEN	Natürlich haben Sie auch die Möglichkeit der Kneipp'schen Fußwechselbäder. Vier Bottiche vor einer gefliesten Sitzfläche stehen für Sie bereit.
DIE AUSSENANLAGE	Der Freiluftbereich erschließt sich Ihnen auf zwei Ebenen. Ebenerdig, beim Verlassen des Saunabereiches, finden Sie eine kleine Freiluftfläche von etwa 30 qm mit Liegemöglichkeiten vor. Auf der beschriebenen Dachterrasse steht neben der Außen-Sauna noch einmal ein etwa 60 qm großes Terrain, mit Holzdielen belegt, zur Verfügung.
RUHEMÖGLICHKEITEN	Der Liegeraum im inneren Saunabereich bietet für Ihre Entspannung 12 Liegen. Sie können natürlich auch den großen Ruheraum im Hallenbad mit benutzen.
MASSAGEN	Es werden unterschiedliche Massagen angeboten, Termine vereinbaren Sie am besten vor Ort.

Vinzenz Therme »Ein Urlaubstag im Bad – abseits von Hektik und Stress«

Kurhausstraße 18, 73342 Bad Ditzenbach
07334 76600 | www.vinzenztherme.de

BAD DITZENBACH

Immer wieder werden besondere Aktionen durchgeführt, z. B. Honig-Anwendungen und Musik. Erfragen Sie die aktuellen Aktionen an der Badekasse.	EVENTS
Vom Eingangsbereich aus gelangen Sie ins Thermenrestaurant. Eine umfangreiche Speisekarte und das Tagesessen lassen keine Wünsche offen.	GASTRONOMIE
Die in Anspruch genommenen Leistungen zahlen Sie bar.	ZAHLUNGSVERKEHR
Zur »Vinzenz Therme« gehört ein großer Parkplatz, die Nutzung ist kostenfrei.	PARKMÖGLICHKEITEN

66 Solemar »PLATZ ZUM ENTSPANNEN UND WOHLFÜHLEN«

BAD DÜRRHEIM
GUTSCHEINHEFT S. 5

Wellness- und Gesundheitszentrum Solemar, Huberstraße 8, 78073 Bad Dürrheim
07726 666-292 | www.solemar.de

GEBOTEN WIRD:

DAS RESÜMEE Auf 13.500 qm bietet Ihnen das Wellness- und Gesundheitszentrum Solemar vier Schwerpunkte: Ein großer Bereich für Therapie- und Rehabilitation u.a. mit Physiotherapie, Medical Wellness und therapeutischem Fitness-Center, das BAD DÜRRHEIMER WellnessCenter, die Solemar-Therme und die hier ausführlich beschriebene Schwarzwald-Sauna. Die Architektur der Solemar-Therme ist eine Kuppeldachkonstruktion mit Oberlichtern. Im Innenbereich das große Innenbecken mit 33 °C, Sitz- und Liegebecken, das Sole-Intensiv-Becken mit 36 °C Wassertemperatur, Whirlpools von 28 – 36 °C, den beiden Therapiebecken bei 33 °C, das Sole-Geysir-Dampfbad sowie die Sole-Dampfgrotte. Das große Außenbecken und das Panoramabecken sind auf 33 °C temperiert.

Die Gestaltung des großzügigen Außenbereiches als mediterrane Freilandschaft mit Strandbar, Entspannungsgarten, Kneippbereich und vielem mehr, lässt Sie vortrefflich entspannen. Eine weitere Attraktion im Solemar ist die Totes-Meer-Salzgrotte. Sie stellt eine optimale Ergänzung zur Sole dar. 45 Minuten Entspannung in der reinen, ionisierten Luft lassen ein Gefühl aufkommen wie nach einem Aufenthalt am Meer. Rund 9.500 naturreine Salzziegel wurden an den Wänden und auf dem Boden verarbeitet. Sie entspannen mit Kleidern bei 23 °C und ca. 50 % Luftfeuchtigkeit mit Klang- und Lichteffekten auf bequemen Liegen. Eine Reservierung hierfür ist notwendig.

DIE GRÖSSE Etwa 4.500 qm Gesamtfläche teilen sich auf in den großen Innen- und weitläufigen Außenbereich der Sauna-Landschaft. Die gesamte Sauna-Landschaft ist geprägt von ihrem Namen Schwarzwald-Sauna, da beim Bau in erster Linie der Werkstoff Holz – in einer ganz individuellen Ausführung – verwendet wurde.

Solemar »PLATZ ZUM ENTSPANNEN UND WOHLFÜHLEN«

Wellness- und Gesundheitszentrum Solemar, Huberstraße 8, 78073 Bad Dürrheim
07726 666-292 | www.solemar.de

BAD DÜRRHEIM

Im großzügigen Empfangsbereich befinden sich die Kassen und die Wellness-Terminierung, außerdem die Boutique. Hier gibt es ein umfangreiches Angebot an Badebekleidung, Handtüchern, Bademänteln und Badeschuhen sowie Reinigungs- und Pflegemittel. Vom Foyer aus gehen die Saunagäste in den separaten Bereich der Schwarzwald-Sauna, vorbei am BAD DÜRRHEIMER WellnessCenter mit Anwendungskabinen für Wellnessbehandlungen und einer geschützten Liegeterrasse.

DER EMPFANG

Montag – Donnerstag*	10:00 – 22:00 Uhr
Freitag	10:00 – 23:00 Uhr
Samstag, Sonntag und Feiertag	09:00 – 22:00 Uhr

DIE ÖFFNUNGSZEITEN

* Dienstags ist Damen-Sauna (Gilt nicht in den baden-württembergischen Weihnachts- & Fastnachtsferien sowie an Feiertagen)

Sie haben die Wahl zwischen einem 4-Stunden- oder einem Tagesaufenthalt. Außerdem gibt es noch eine Kombikarte für Sauna und Therme und Vorteilsangebote wie die 11er Karte oder den Spät-Tarif. Die aktuellen Preise erfahren Sie unter www.solemar.de.

DIE PREISE

Es gibt großzügige Umkleidebereiche welche von Damen und Herren getrennt genutzt werden können. Es gibt zudem aber auch eine gemischte Umkleide. Zwischen den Umkleidebereichen und der Sauna-Landschaft sind die getrennten Duschen.

UMKLEIDEN | DUSCHEN

Sie haben die Auswahl zwischen sieben unterschiedlichen Saunen und einem Dampfbad. Vier der Saunen befinden sich im Außenbereich. In der originalgetreuen

DIE SAUNEN

DIE SCHWARZWALD-MÜHLE
90 °C

BAD DÜRRHEIM

68 Solemar »PLATZ ZUM ENTSPANNEN UND WOHLFÜHLEN«

📍 Wellness- und Gesundheitszentrum Solemar, Huberstraße 8, 78073 Bad Dürrheim
☎ 07726 666-292 | 🌐 www.solemar.de

Schwarzwald-Mühle mit Mühlrad befinden sich zwei Saunen. In der Mühlradsauna mit Raum für etwa 30 bis 35 Gäste erwartet Sie bei einer Temperatur von 90 °C eine entspannende Atmosphäre. Die Mühlradsauna ist zwar eine trockene Saunakabine ohne Aufguss, über ein Mühlrad läuft aber ständig Wasser und plätschert mit entspannenden Geräuschen daher. Auf den Espenholz Bänken finden Sie genügend Platz zum Liegen oder Sitzen und können auf dem in der Wand integrierten Panoramabild den Blick in den Schwarzwald schweifen lassen. Während Ihrer gesunden Schwitzkur in der Mühlradsauna können Sie außerdem den passenden Musikklängen lauschen und vielleicht auch sogar das Gras und die Heublumen in den gepressten Wandplatten riechen.

Die zweite Sauna in der Mühle ist die Müllerstube. Der große, ummauerte Sauna-Ofen bringt die Temperatur dieser Sauna auf 90 °C. In dieser ebenfalls rustikalen Holzsauna finden bei den stündlichen Aufgüssen etwa 45 bis 50 Personen Platz.

DIE BIRKEN-SAUNA
90 °C

Im Außenbereich, neben der Dachterrasse, befindet sich die Birken-Sauna. Durch einen kleinen Vorraum gelangen Sie in die 90 °C warme, sechseckige Finnische Sauna. Etwa 12 Gäste finden hier Platz. Ein Aufguss wird stündlich vom Personal durchgeführt.

DIE SALINENWELT
90 °C

Eines der Highlights ist sicher die Salinenwelt. Schon beim Übergang in den jüngsten Bereich der Saunalandschaft über die überdachte Holzbrücke tauchen Sie ein in die Geschichte der Salzgewinnung in Bad Dürrheim. In der urigen Stollensauna finden bei 90 °C bis zu 60 Gäste Platz. Erleben Sie abwechslungsreiche Aufgüsse, bevor Sie sich im großzügigen Duschbereich abkühlen. Im angrenzenden Ruheraum mit wärmender Feuerstelle lässt es sich wunderbar entspannen. Der Außenbereich bietet mit Gradierwerk, Kneipp-Bereich und Liegewiese viel Fläche für entspannte Stunden.

Solemar »PLATZ ZUM ENTSPANNEN UND WOHLFÜHLEN«

Wellness- und Gesundheitszentrum Solemar, Huberstraße 8, 78073 Bad Dürrheim
07726 666-292 | www.solemar.de

Wenn es nicht 80 °C warm wäre, könnte es auch eine gemütliche Wohnstube sein. Die 12 bis 15 Saunagäste genießen nicht nur die Wärme des Sauna-Ofens, der von Kacheln ummauert ist, sondern auch den gelungenen Ausbau an Wand und Decke mit echtem Zirbenholz.

DIE ZIRBELSTUBE
70 – 80 °C

Diese Finnische Sauna ist ebenfalls mit Holz und Balken rustikal ausgebaut. Stündlich wird auch hier vom Personal für 12 bis 15 Gäste bei einer Temperatur von 90 °C aufgegossen.

DAS BACKHÄUSLE
90 °C

Musik, Farblicht und ein Kristall unterstützen bei 45 °C für ca. 30 Besucher den Entspannungseffekt. Die obere Ebene ist als Liegeebene ausgebaut, sodass bequem vier Personen nebeneinander liegen können.

DIE MEDITATIONS-SAUNA
45 °C

Wechselnde Düfte für die max. acht Gäste finden Sie auch im Dampfbad. Die erwärmten Naturstein-Sitzflächen laden bei 45 °C und Farblichteffekten zum Verweilen ein.

DAS DAMPFBAD
45 °C

Die Duschgrotte imitiert eine Felsenlandschaft. Rund, mit einem Durchmesser von etwa drei Metern, bietet sie alles, was das Herz begehrt: Kübeldusche, Schwall- und Druckduschen und natürlich einen kräftigen Kneippschlauch. Im Sauna-Garten finden Sie nahe der Schwarzwaldmühle ebenfalls Kaltduschen und zusätzlich die »Kneipphütte« mit weiteren Duschen. In der Eisgrotte, gestaltet als Felsenlandschaft, ist das Abkühlen mit Crushed Ice (zerstoßenem Eis) ein besonderes Vergnügen.

DAS ABKÜHLEN

Im Tauchbecken im Innenbereich, mit Edelstahlauskleidung, können Sie sich herrlich erfrischen. Wer lieber einige Züge schwimmen möchte, nutzt das Außenbecken im Außenbereich.

DAS TAUCHBECKEN UND SCHWIMMBECKEN

BAD DÜRRHEIM

Solemar »PLATZ ZUM ENTSPANNEN UND WOHLFÜHLEN«

♥ Wellness- und Gesundheitszentrum Solemar, Huberstraße 8, 78073 Bad Dürrheim
☎ 07726 666-292 | 🌐 www.solemar.de

DAS KNEIPPEN Im zentralen Innenbereich der Schwarzwald-Sauna steht ein großer runder Kachelofen, vor dem sie nach dem Sauna-Gang entspannen können. Gleich daneben können Sie Fußwechselbäder genießen. Auch im Außenbereich gibt es einige Angebote zum Thema Kneipp.

DIE AUSSENANLAGE Viele Möglichkeiten bieten die verschiedenen Außenbereiche: den Sauna-Garten, die schon beschriebene Schwarzwaldmühle und den Außenbereich der Salinenwelt. Es gibt viel zu erleben im Freiluftbereich: einen Naturteich, gespeist von einer Quelle aus einem Felsen, den Barfußpfad mit unterschiedlichen Materialien (hier laufen Sie über verschieden große Kieselsteine, Rundhölzer, Hackschnitzel etc.) einen Kräutergarten, einen Kneipp-Bereich und das Gradierwerk. In dem 60 qm großen Wohlfühlbecken können Sie bei 33 °C entspannen, Düsen unter Wasser sorgen für eine angenehme Massage. Die Dachterrasse mit 250 qm ist bestückt mit zahlreichen Liegestühlen und viel Grün in Pflanzkästen.

RUHEMÖGLICHKEITEN Hinter dem großen Kachelofen, mit Blick in den Park, ist die offene Ruhezone. Über eine Wendeltreppe gelangen Sie von hier aus ins Obergeschoss, und damit in die Ruhekoppel, den Raum der absoluten Ruhe. Etwa 30 verstellbare Holzliegen mit Auflagen laden zur ausgiebigen Ruhepause ein. Außerdem können Sie im Ruheraum der Salinenwelt bei wohliger Wärme entspannen.

MASSAGEN An dieser Stelle sei noch einmal auf das WellnessCenter mit dem Motto »Die Kraft der Gegensätze« mit attraktiven Wellnessangeboten hingewiesen. Schauen Sie herein und lassen Sie sich verwöhnen.

Solemar »PLATZ ZUM ENTSPANNEN UND WOHLFÜHLEN«

Wellness- und Gesundheitszentrum Solemar, Huberstraße 8, 78073 Bad Dürrheim
07726 666-292 | www.solemar.de

Es lohnt sich regelmäßig nachzufragen, um auf dem Laufenden zu sein: Immer wieder werden besondere Aktionen angeboten, z. B. das »Lichtermeer« und vieles mehr. Alle aktuellen Termine finden Sie online unter www.solemar.de. Hier können Sie sich auch für den Newsletter anmelden, so verpassen Sie nie wieder ein Event.

EVENTS

Das Restaurant Mühlenstüble hat eine breite Angebotspalette. Es bietet eine gute Auswahl an Fleischgerichten, Salaten, Kartoffeln mit Kräuterquark und vieles mehr. Kaffee, Kuchen und kalte Getränke sind natürlich auch im Angebot. Das Thermenrestaurant Strandperle erreichen Sie vom Foyer oder von der Therme aus.

GASTRONOMIE

In der gesamten Anlage können Sie Bargeldlos über ein Chip-System bezahlen. Einfach aufbuchen lassen und bequem am Ausgang bezahlen.

ZAHLUNGSVERKEHR

In der Nähe des Solemar gibt es reichlich kostenfreie Parkplätze.

PARKMÖGLICHKEITEN

BAD LIEBENZELL
GUTSCHEINHEFT S. 5

72 Paracelsus-Therme »WELLNESS – BADEN – ERHOLEN«

📍 Paracelsus-Therme Bad Liebenzell, Reuchlinweg 4, 75378 Bad Liebenzell
☎ 07052 408-608 | 📠 07052 408-611 | 🌐 www.paracelsus-therme.de

GEBOTEN WIRD:

DAS RESÜMEE	Freuen Sie sich in der abwechslungsreichen Badelandschaft auf die Innen- und Außenbecken mit zahlreichen Wasserdüsen für eine angenehme Unterwassermassage, der Felsendampfgrotte, einem Textildampfbad oder den Erlebnisduschen. Legen Sie sich entspannt in die geschmackvoll gestalteten Ruhezonen und genießen den Blick ins Nagoldtal.
DER SAUNABEREICH	Auch die Sauna Pinea bietet zahlreiche attraktive Angebote. Eine klare Linie durchläuft gestalterisch die Saunalandschaft, moderne Farben und Möbel ziehen Ihren Blick auf sich. Die gesamte Größe der Sauna beträgt etwa 1.500 qm.
DER EMPFANG	Hell und großzügig empfängt Sie die Empfangshalle. Sie können bei Bedarf Saunautensilien wie Badetücher und Bademäntel ausleihen.
DIE ÖFFNUNGSZEITEN	Montag bis Freitag 10:00 – 22:00 Uhr	Samstag, Sonn- und Feiertag 9:00 – 22:00 Uhr. Donnerstag ist Damensauna (nicht an Feiertagen und in den Weihnachtsferien BW).

DIE PREISE

2 Stunden	16,00 Euro
3 Stunden	18,50 Euro
Tageskarte	21,00 Euro

UMKLEIDEN | DUSCHEN — Gemeinsam mit den Besuchern der Therme kleiden sich die Saunagäste in den großzügig gestalteten Umkleidebereichen um. Der Chip, den Sie beim Eintreten bekommen, dient dazu, Ihren Schrank zu verschließen und ist auch erforderlich, um

Paracelsus-Therme »WELLNESS – BADEN – ERHOLEN«

Paracelsus-Therme Bad Liebenzell, Reuchlinweg 4, 75378 Bad Liebenzell
07052 408-608 | 07052 408-611 | www.paracelsus-therme.de

BAD LIEBENZELL

in den Saunabereich zu gelangen. Duschen können Damen und Herren gemeinsam im Saunabereich.

Es stehen Ihnen insgesamt fünf Saunen und ein Dampfbad zur Verfügung. In einer der beiden Außensaunen und der Relax-Sauna innen, finden in regelmäßigen Abständen Handaufgüsse gemäß Aufgussplan statt. In der Sauna Pinea werden sehr hochwertige Aufgussmittel verwendet: genießen Sie die herrlichen Düfte.

DIE SAUNEN

Sehr fein gestaltet ist diese Schwitzkabine, die etwa 35 Saunafreunden Platz bietet. Bei 80 °C wird hier mehrmals täglich aufgegossen. Auch wenn Ihnen der Aufguss gefallen hat, verzichten Sie auf den anschließenden Applaus, dieser stört die Entspannung in der Relax-Sauna.

DIE RELAX-SAUNA
80 °C

Gegenüber der Relax-Sauna ist die ebenso feine, kleinere Bio-Sauna, in der Sie bei 60 °C und erhöhter Luftfeuchtigkeit entspannen. In dem Raum duftet es sehr angenehm nach Zitrone, wechselnde Farblichtleuchten sorgen für weitere Entspannung.

DIE BIO-SAUNA
60 °C

© LOCHER Fotodesign & Manufaktur

Im ersten Obergeschoss finden Sie die Panoramasauna. Der Blick durch die großzügigen Verglasungen ist einfach klasse! Bei 85 °C lässt es sich hier, für die bis zu 40 Gäste, gut aushalten. Auf den Saunaofen ergießt sich regelmäßig ein automatischer Aufguss.

DIE PANORAMASAUNA
85 °C

Das Dampfbad ist – bei einer Luftfeuchtigkeit von 100 % – auf etwa 45 °C temperiert. Bei einer Größe von mehr als 10 qm finden Sie bequem Platz und können den für die Atemwege wohltuenden Wasserdampf genießen.

DAS DAMPFBAD
45 °C | 100 %

Die Blockbohlen-Sauna im Außenbereich ist auf 90 °C temperiert. Bei den heiß begehrten Aufgüssen finden sich bis zu 30 Schwitzfreunde ein. Die Fenster geben den Blick in den Sauna-Garten frei.

DIE BLOCKBOHLEN-SAUNA
90 °C

74
BAD LIEBENZELL

Paracelsus-Therme »WELLNESS – BADEN – ERHOLEN«

Paracelsus-Therme Bad Liebenzell, Reuchlinweg 4, 75378 Bad Liebenzell
07052 408-608 | 07052 408-611 | www.paracelsus-therme.de

DIE TROCKEN-SAUNA
100 °C

Die Trocken-Sauna im Außenbereich ist ebenfalls in Blockbohlen-Bauweise errichtet. Etwa 25 Gäste können hier bei 100 °C schwitzen und auf das Schwimmbecken blicken.

DAS ABKÜHLEN

Das richtige Abkühlen gehört zu einem Saunagang dazu. Die schneckenartigen Erlebnisduschen sorgen für die Frische durch die zahlreichen Seitendüsen und die Kneippschläuche. Wunderbar erfrischend ist der Gang in das Edelstahl-Tauchbecken. Ein Frischevergnügen der besonderen Art ist dann natürlich der

CRUSHED ICE

Abrieb mit Crushed Ice aus dem blau beleuchteten Eisbrunnen. Auch oben bei der Panoramasauna und im Außenbereich neben der Trocken-Sauna können Sie sich erfrischen.

DIE AUSSENANLAGE

Die Außenanlage weist eine Größe von etwa 800 qm auf. Sehr schön eingebunden in Natursteinwände gibt es auch für den sommerlichen Aufenthalt eine große Anzahl an Liegen. Das Schwimmbad wird auch im Winter temperiert. Im Becken ist eine Felsendusche zur Erfrischung integriert. Großzügig gestaltet und über 100 qm groß ist die Sonnenterrasse im Obergeschoss. Auch hier finden sich reichlich Liegemöglichkeiten und ein Ausblick, der einfach traumhaft ist.

RUHEMÖGLICHKEITEN

Über die großzügige Treppe beim Tauchbecken gelangen Sie ins Obergeschoss. Das durchgängige Farbkonzept: hell, schlammbraun und gekonnte rote Akzente, setzt sich auch hier fort. In diesem Bereich lässt sich chillen, ruhen, schlafen, entspannen, lesen oder plaudern – und für alle diese Tätigkeiten gibt es Raum. Etwa die Lounge mit den Ledersesseln und Sofas, dem großzügigen Ruheraum mit Fensterflächen und dem Schwarzwaldblickkontakt oder aber dem fensterlosen Schlafraum mit etwa zehn Schlafliegen. Saunieren und entspannen gehören zusammen, das dürfen Sie hier erleben. Ebenfalls auf dieser Ebene finden Sie ein Solarium.

Paracelsus-Therme »WELLNESS – BADEN – ERHOLEN«

Paracelsus-Therme Bad Liebenzell, Reuchlinweg 4, 75378 Bad Liebenzell
07052 408-608 | 07052 408-611 | www.paracelsus-therme.de

75
BAD LIEBENZELL

WELLNESS

Die Wellness-Anwendungen sind breit gefächert: Aromaöl- und Ayurvedische Behandlungen gibt es ebenso wie unterschiedliche Massagen: etwa Hot-Stone, Lomi-Lomi- oder Herbal-Spa-Massagen. Weitere Infos und Terminabsprache unter 07052 408-614.

EVENTS

Zur Mitternachtssauna und dem langen Badeabend bleibt die Paracelsus-Therme immer am 2. Freitag im Monat bis 00:00 Uhr geöffnet und die Saunalandschaft wird in Kerzenlicht gehüllt. Kleine Erfrischungen zum Handaufguss und der Überraschungsaufguss um 23:00 Uhr machen den Abend zu einem besonderen Erlebnis. Der Lyrik-Abend am letzten Samstag des Monats ist nicht nur für den Körper, sondern auch für die Seele eine Wohltat. Bei den vielfältigen monatlichen Themenveranstaltungen erwarten die Gäste liebevoll auf das Motto abgestimmte Wohlfühl-Pakete für alle Sinne.

GASTRONOMIE

Im Übergangsbereich der Therme zur Sauna befindet sich das Vital-Bistro Pinea. Genießen Sie frisch zubereitete Speisen aus regionalen Produkten und erfrischende Getränke in gemütlicher Wohlfühl-Atmosphäre mit Lounge-Ecken vor duftender Heukulisse und einem besonderen Wohnzimmer-Charme. Erleben Sie bei den monatlichen Themenveranstaltungen besondere Genussmomente mit den erlesenen Sonderkarten passend zum jeweiligen Motto.

ZAHLUNGSVERKEHR

Sie benötigen in der Paracelsus-Therme und der Saunalandschaft kein Bargeld, da der Verzehr auf den Chip gebucht wird.

PARKMÖGLICHKEITEN

Ihnen steht ein großer, kostenloser Parkplatz vor der Anlage zur Verfügung.

© LOCHER Fotodesign & Manufaktur

RappSoDie »RAPPSODIE LÄSST IHRE TAGTRÄUME WAHR WERDEN«

Salinenstraße 37, 74906 Bad Rappenau
07264 2069-330 | www.rappsodie.info

GEBOTEN WIRD:

| DAS RESÜMEE | Das Bad Rappenauer Solebad ist für seine voll gesättigte Starksole, die unweit des Bades aus 180 Metern Tiefe gefördert wird, weit über die Grenzen hinaus bekannt. Auf zwei Etagen haben Sie bei Wassertemperaturen von 31 – 34 °C die Wahl zwischen vier verschieden gestalteten Innen- und Außenbecken. Das vielfältige Wasser-Aktiv-Programm wird abgerundet durch Wassergymnastik, Aqua-Fitness, Body-Forming, Entspannungskurse, Baby-Schwimmen und Schwimmkurse für Groß und Klein. |

Besonders schön ist auch das exklusive Dampfbad im Solebad. Mehrmals täglich findet eine Salzpeeling-Zeremonie statt, ein Fest für Ihre Haut. Zudem wird in zwei der Schwimmbecken naturidentisches Heilwasser angeboten. Magnesium, Lithium, Selen und Zink wandeln das Solewasser noch mehr zur Quelle der Heilung und Erholung.

| DER SAUNABEREICH | Das Saunagebäude mit seiner tropfenförmigen Grundfläche und den Glasfassaden bietet spannungsvolle Ein- und Ausblicke. Es gibt drei Schwerpunktbereiche: das Restaurant mit dem atemberaubenden Blick auf die Umgebung, den etwa 2.500 qm großen Sauna-Innenbereich mit zwei Saunen, zwei Dampfbädern und allem, was zu einem erholsamen Aufenthalt notwendig ist sowie den über die Außentreppe erreichbaren Außenbereich mit drei weiteren Saunen. Nehmen Sie sich vor dem ersten Hinunterschreiten Zeit und betrachten dieses Highlight von oben! |

| DER EMPFANG | Am großzügigen Empfangsbereich erhalten Sie alle notwendigen Informationen für Ihren Aufenthalt und können bei Bedarf Badebekleidung und Accessoires kaufen. |

RappSoDie »RAPPSODIE LÄSST IHRE TAGTRÄUME WAHR WERDEN«

BAD RAPPENAU

⚲ Salinenstraße 37, 74906 Bad Rappenau
☏ 07264 2069-330 | 🌐 www.rappsodie.info

GUTSCHEINHEFT S. 5 |

Montag – Donnerstag	09:00 – 23:00 Uhr
Freitag – Samstag	09:00 – 24:00 Uhr
Sonntag & feiertags	09:00 – 20:00 Uhr

DIE ÖFFNUNGSZEITEN

	Mo – Fr	Sa, So und Feiertage
Frühstarter-Tarif*	20,00 Euro	22,00 Euro
4h-Tarif	22,00 Euro	24,00 Euro
Tageskarte	25,00 Euro	28,00 Euro

DIE PREISE

* für Ihren Aufenthalt zwischen 9:00 und 14:00 Uhr.

Der Eintritt zur Saunalandschaft beinhaltet immer die Nutzung des Sole-Hallenbades.

Gemeinsam mit den Solebadbenutzern werden die Umkleidebereiche genutzt. Ihnen stehen zahlreiche Einzelkabinen zur Verfügung. Die Reinigungsduschen im Saunabereich sind für Damen und Herren getrennt.

UMKLEIDEN | DUSCHEN

Über eine großzügige Treppe gelangen Sie vom Gastrobereich in die Sauna-Ebene. Am Infotresen, auf den Sie direkt zusteuern, erfahren Sie vom Saunameister Wissenswertes für den Aufenthalt. Hier ist auch der übersichtliche Aufguss- und Zeremonienplan, der Aufschluss gibt über zahlreiche und vor allem hochwertige Aufgusse und Zeremonien.

DIE SAUNEN

Bei 90 °C bietet diese Sauna 20 – 25 Gästen Platz. Durch die großzügige Verglasung und die Glastüre haben Sie aus der fein ausgebauten Sauna-Kabine den Blickkontakt in den Saunabereich.

DIE FINNISCHE SAUNA
90 °C | 10 %

Eine Kombination zwischen finnischem Heißluftbad und Dampfbad mit wohltuenden Kräuterdämpfen von frischen Kräutern wie Kamille, Lavendel und vielem mehr. Bei etwa 60 °C und 30 – 40 % Luftfeuchtigkeit entfalten sich die ätherischen Düfte aufs Feinste.

DIE ISLÄNDISCHE
SAUNA
60 °C | 30 %

In dem achteckigen Dampfbad finden 14 Besucher auf den mit Mosaikfliesen belegten Bänken Platz. Den mittig angeordneten Dampferzeugern sind ätherische Öle zugesetzt; die wechselnden Lichtfarben am Boden lassen Sie in eine mystische Welt abtauchen.

DAS KRÄUTER-
DAMPFBAD
43 °C

Im Januar 2010 ist die Afrika-Lounge eingeweiht worden; die Beschreibung finden Sie weiter unter. Hier finden Sie die für 50 Gäste konzipierte Savannen-Sauna. Auf dem mittig angeordneten Sauna-Ofen wird bei 90 °C regelmäßig aufgegossen. Auch in der Sauna finden sich die durchgängigen Gestaltungsmerkmale des Themas »Afrika« wieder. Durch die großzügige Verglasung blicken Sie in den Sauna-Garten.

DIE SAVANEN-SAUNA
90 °C | 20 %

78
BAD RAPPENAU

RappSoDie »RAPPSODIE LÄSST IHRE TAGTRÄUME WAHR WERDEN«

📍 Salinenstraße 37, 74906 Bad Rappenau
📞 07264 2069-330 | 🌐 www.rappsodie.info

DIE KAMINSAUNA 85 °C | 10 %	Die neue Kaminsauna bietet auf fast 70 qm Grundfläche eine Kapazität für ca. 50 Personen. Die Grundheizung erfolgt über ein mittig platzierten ummauerten Gas- Saunaaufgussofen. Die Ausstattungshighlights sind große Panoramafenster mit meditativen Blick in die Natur. Ein von drei Seiten einsehbareres Kaminfeuer sorgt für urige Gemütlichkeit. Sechs vor den Panoramafenstern angeordneten ergonomischen VIP- Liegen runden das ultimative Komfortangebot ab.
DAS DAMPFBAD 43 °C	Das zweite Dampfbad ist von der Grundfläche her rund und bietet bei feuchtigkeitsgesättigter Luft etwa zehn Gästen Platz.
DIE »KELO«-SAUNA 90 °C | 25 %	Sie betreten ein imposantes Gebäude, in dem bis zu 50 Saunafreunde gleichzeitig ins Schwitzen kommen. Die 90 °C werden von den beiden mittig angeordneten Sauna-Öfen, auf denen regelmäßig aufgegossen wird, erzeugt. Es ist ein archaisches Vergnügen in dieser »Kelo«-Sauna zu saunieren und den Duft des Holzes und die angenehme Wärme zu erfahren.
DIE PANORAMA-SAUNA 60 °C | 20 %	Das sechseckige Gebäude ist ebenfalls aus »Kelo«-Holz gefertigt und in den Teich gebaut. Durch die Fenster haben Sie einen herrlichen Blick in den Sauna-Garten. Die Bänke für die etwa 30 Gäste sind sechseckig um den Ofen angeordnet. Bei 60 °C können Sie hier entspannen.
DIE SALZSTOLLEN- SAUNA 80 °C | 20 %	Durch mächtige Stein-Gabionen gelangen Sie in den Stollen. Was Sie hier erwartet ist außergewöhnlich: Zwei der Wände sind mit Himalaya-Salzsteinen gemauert. Lassen Sie die Wände auf sich wirken und betrachten Sie die vielfältigen Farbwelten dieser Steine. Hier können maximal 12 Gäste bei 80 °C wirklich meditativ entspannen.
DER ZEREMONIENRAUM 55 °C | 50 %	Dieser ca. 55 °C warme Raum mit hoher Luftfeuchtigkeit bietet ca. 20 Personen optimale Bedingungen für die Pflege der Haut. Hier bekommen Sie das ganz Besondere. Zahlreiche exklusive Zeremonien mit den besten Essenzen der Natur.
DAS ABKÜHLEN CRUSHED ICE	Unmittelbar angrenzend an den Kaltduschbereich mit seinen Schwall- und Düsenduschen ist das Tauchbecken. Am Eisbrunnen können Sie sich mit Crushed Ice erfrischen. Auch im Außenbereich ist eine rund gemauerte Duschlandschaft. Hier können Sie sich kalt erfrischen, aber auch warm duschen. Im Winter dient der Badeteich als großes Tauchbecken.
DIE WARMWASSER BECKEN	Im oberen Bereich, bevor es die Treppen in den Sauna-Garten hinuntergeht, ist außen das etwa 20 qm große Warmsprudelbecken. Im Becken integrierte Liege- und Sitzflächen laden zum Entspannen ein. Fußbäder genießen Sie im Innenbereich und sitzen dabei auf erwärmten Steinbänken.

RappSoDie »RAPPSODIE LÄSST IHRE TAGTRÄUME WAHR WERDEN«

📍 Salinenstraße 37, 74906 Bad Rappenau
📞 07264 2069-330 | 🌐 www.rappsodie.info

DIE AFRIKA-LOUNGE

Diesen Bereich mit etwa 400 qm Grundfläche erreichen Sie von dem Außenbereich aus, der zentrale Zugang ist hinter dem Warmwasserbecken. Lassen Sie sich auf zwei Ebenen nach Afrika entführen und betrachten die ausgesuchten Gestaltungselemente: Felle, Masken, Jagdwerkzeuge oder den großen Elefanten aus Treibholz. Auch die Beistelltische und Möbel sind ganz im afrikanischen Stil gebaut.

Auf die Empore gelangen Sie über eine breite Wendeltreppe. Hier ist der Ruhebereich untergebracht. Von hier aus haben Sie eine wunderbare Aussicht auf den Sauna- Garten aber auch den Bad Rappenauer Park. Die untere Ebene dient sowohl der Entspannung am offenen Kamin als auch dem Saunieren/Pflegen in der oben beschriebenen Savannen-Sauna oder dem Zeremonienraum.

Die Afrika-Lounge ist autark, auch ausgestattet mit einem rund gestalteten Duschbereich mit einer Kübeldusche, Düsen- und Schwallbrause.

Erweiterung durch eine kombinierte Außensauna-Kaminlounge.

KAMINLOUNGE

Der Saunagarten wurde um ein neues Sauna-Ruhe-Haus erweitert. Es wurde eine neue Saunaattraktion geschaffen- die Kaminsauna (50 Plätze), sowie zusätzliche, hochwertige Ruheflächen und ein gastronomisches Angebot. Das Gebäude hat eine Gesamtfläche von 350 qm!

RappSoDie »RAPPSODIE LÄSST IHRE TAGTRÄUME WAHR WERDEN«

Salinenstraße 37, 74906 Bad Rappenau
07264 2069-330 | www.rappsodie.info

DIE AUSSENANLAGE — Im Zentrum liegt der organisch geformte Badeteich mit der Panorama-Sauna. Geprägt wird der etwa 1.500 qm große Bereich von der Aufgabenstellung Höhe zu überbrücken. Dies ist hervorragend gelungen. Gabionenwände, Natursteine und Rindenmulch prägen den ersten Eindruck. Der Bestand an alten Bäumen ist hierzu eine ideale Ergänzung. Sie finden genügend Rückzugs- und Ruheflächen auf den bereitstehenden Liegen. Imposant ist der Blick auf das oberhalb befindliche Sauna-Gebäude mit den Glasfassaden.

RUHEMÖGLICHKEITEN — Im Sauna-Innenbereich genießen Sie den Ausblick in die Ferne auf den an der Glasfassade stehenden Liegen. Im Ruheraum sind weit mehr als 20 Liegen mit Auflagen und Decken. Auch von hier aus können Sie durch Glasflächen die reizvolle Umgebung betrachten. Im Meditationsraum finden Sie Ruhe und Entspannung auf den ergonomisch geformten, erwärmten Steinliegen.

MASSAGEN | SOLARIEN — »RappSoDie-Wellness« ist Ihr Arrangement für Körper und Seele. Nehmen Sie sich Zeit für die Hot-Stone- oder Aromaölmassagen. Über die weiteren Angebote wie »Perfect Day«, »Männersache«, das »Romantische Duett« oder »RappSoDie DeLuxe« erkundigen Sie sich bitte vor Ort.

KOSMETIK — RappSoDie Kosmetik für die schönen Zeiten im Leben. Zu den Leistungen zählen: Eine ausführliche Hautdiagnose, eine vorbereitende Hautreinigung, eine schonende Tiefenreinigung, Formgebung der Augenbrauen, das Entfernen von Unreinheiten, ein ausgleichendes Wirkstoffkonzentrat, eine muskelentspannende Gesichtsmassage, eine hauttypentsprechende Maske und eine hauttypentsprechende Tagespflege.

RappSoDie »RAPPSODIE LÄSST IHRE TAGTRÄUME WAHR WERDEN«

Salinenstraße 37, 74906 Bad Rappenau
07264 2069-330 | www.rappsodie.info

BAD RAPPENAU

Zweimal im Jahr findet die romantische Saunanacht statt, mit speziellen Event-Aufgüssen, all-you-can-eat Buffet und vieles mehr. Alle Zwei Jahre wird die die heißeste Nacht des Jahres, die Silvester-Saunanacht, veranstaltet.

EVENTS

Ihr leibliches Wohl hat einen hohen Stellenwert. Mehr als 70 Plätze bietet der Gastronomiebereich. Die gelungene Kombination aus dezenten Farben, horizontalen Holzelementen und Bänken mit erfrischend bunten Kissen, die Kerzen auf allen Tischen – und nicht zuletzt das Kaminfeuer mit den gemütlichen Sesseln – all das steigert Ihr Wohlbefinden. Die Küche bietet, was das Herz begeht: Suppen, Salate, echt schwäbische Gerichte, vegetarische Gerichte, Kartoffelspezialitäten, Pasta, Fisch- und Fleischgerichte. Dazu täglich ein Frühstücksbuffet und ein wechselndes Tagesessen.

GASTRONOMIE

Sie benötigen kein Bargeld. Alle in Anspruch genommenen Leistungen werden auf Ihren Chip am Schlüssel gebucht, Sie zahlen bequem beim Verlassen der Anlage.

ZAHLUNGSVERKEHR

»RappSoDie« liegt im Kurgebiet von Bad Rappenau. Es gibt zahlreiche Parkmöglichkeiten in der Umgebung. Anfallende Parkgebühren werden an der Kasse zurückerstattet!

PARKMÖGLICHKEITEN

82 Sonnenhof-Therme

BAD SAULGAU
GUTSCHEINHEFT S. 5

»SAUNIEREN IN DER SONNENHOF-THERME, EINTAUCHEN UND ENTSPANNEN!«

Am schönen Moos, 88348 Bad Saulgau | 07581 4839-0 | www.sonnenhof-therme.de

GEBOTEN WIRD:

| DAS RESÜMEE | Vier Schwerpunktthemen bietet die Sonnenhof-Therme für Sie. Die Therme: Aus 650 m Tiefe sprudeln täglich bis zu 1,5 Millionen Liter schwefelhaltiges Quellwasser mit heilender Wirkung. Genießen können Sie dies in den sieben Thermalbecken oder in der Stille des 40 °C warmen Quellbeckens. Die Wassertemperatur der Thermalwasserbecken beträgt zwischen 28 bis 40 °C. Die Becken sind im Innen- und Außenbereich angeordnet. Genießen Sie die Massagedüsen, Nackenduschen, den Strömungskanal und Wasserfälle. Im Therapiezentrum werden Sie im Rahmen einer ambulanten Badekur oder Vorsorgeleistung unterstützt, Sie können aber auch einfach einen Wellnesstag einlegen und sich bei einer Massage in der Entspannungsinsel verwöhnen lassen. Der Kurgarten ist sehenswert: In der Kurparklandschaft können Sie im Apothekergarten Ihr Wissen auffrischen oder im Rosengarten einfach nur die Schönheit der Natur bewundern. |

DER SAUNABEREICH Die etwa 1.400 qm Grundfläche teilen sich in den 600 qm großen Innenbereich und die Saunagärten auf.

DER EMPFANG In dem Eingangsbereich wird ein breites Angebot an Kosmetik- und Pflegemitteln angeboten. Ebenso können Sie Saunatücher und Bademäntel kaufen oder auch ausleihen.

DIE ÖFFNUNGSZEITEN Die Saunalandschaft ist täglich von 9:00 – 21:00 Uhr geöffnet. Dienstags ist Damensauna, jedoch nicht an Feiertagen.

DIE PREISE Sauna einschließlich Badebereich: 3 Stunden 16,00 Euro, Tageskarte 17,50 Euro | Preisänderungen vorbehalten.

Sonnenhof-Therme

»SAUNIEREN IN DER SONNENHOF-THERME, EINTAUCHEN UND ENTSPANNEN!«

📍 Am schönen Moos, 88348 Bad Saulgau | ☎ 07581 4839-0 | 🌐 www.sonnenhof-therme.de

BAD SAULGAU

Für Saunagäste sind diese Bereiche separat und für Frauen und Männer getrennt.

UMKLEIDEN | DUSCHEN

Im Saunabereich stehen Ihnen drei Innen- und eine Außensauna zur Verfügung. Wenn Sie Dampfbäder lieben, kommen Sie im Thermenbereich auf Ihre Kosten. Hier haben Sie die Auswahl zwischen einem römischen und einem Sole-Dampfbad mit wöchentlich wechselnden Düften.

SAUNEN UND DAMPFBÄDER

Diese Finnsche Sauna ist für die maximal 15 Gäste auf 80 °C beheizt. Hier erleben Sie, erfrischende fruchtige Düfte, die Wirkung der großen Himalaja Salzkristalle über dem Saunaofen, regelmäßige Automatik Aufgüsse und das Lichtspiel von kleinen Deckenstrahlern.

DIE EUKALPYPTUS-SAUNA
80 °C

90 °C und regelmäßige Aufgüsse durch das Personal sind für die etwa 20 – 25 Personen ein Genuss. Die Aufgüsse werden mit wechselnden Düften, ab auch als Salz- und Honigaufguss durchgeführt.

DIE FINNISCHE AUFGUSS-SAUNA
90 °C

Meditativ ist es in der ebenso großen Aromasauna. Sie entspannen und schwitzen bei 60 – 70 °C ohne Aufguss, für Allergiker geeignet. Wechselndes Farblicht und Musik unterstützen Sie dabei.

DIE AROMA-SAUNA
60 °C

Aus kräftigen massiven Hölzern errichtet bietet dieser Saunaraum 20 – 25 Gästen gleichzeitig Platz. Die Temperatur beträgt 95 °C, bei den regelmäßigen Aufgüssen wird es mächtig warm. Auch hier wechseln die Düfte, unter anderem den Eisaufguss, oder es gibt den Wellness Aufguss, das heißt anschließend Früchte und einen Wellnessdrink.

DIE BLOCKHAUS-SAUNA
95 °C

Innen gibt es zwei Kaltduschbereiche mit kräftigen Schwallduschen, Düsenduschen und Kneippschläuchen. Aber auch außen bei der Blockhaussauna können Sie sich abkühlen. Neben den Duschen gibt es eine Kübeldusche und natürlich den Kneippschlauch.

KALTWASSERBEREICH

84
BAD SAULGAU

Sonnenhof-Therme
»SAUNIEREN IN DER SONNENHOF-THERME, EINTAUCHEN UND ENTSPANNEN!«
Am schönen Moos, 88348 Bad Saulgau | 07581 4839-0 | www.sonnenhof-therme.de

KALT-WARMBECKEN — Gegenüber dem Kaltduschbereich innen ist ein großes elliptisches Becken, mittig unterteilt, sodass Sie wechseln können zwischen dem erfrischenden Tauchbecken und dem Warmwasserbecken.

FUSSBÄDER — Der Form der Ellipse angepasst ist eine Wand. Hier können sie ausruhen, oder auch Wechselfußbäder wahrnehmen.

DIE AUSSENANLAGE — Das ist ein Prachtstück. Die etwa 650 qm sind im Randbereich hügelig angelegt mit einer herrlichen Vielfalt an Pflanzen, Büschen und Sträuchern. Ein elliptischer Holzsteg führt Sie durch die Anlage und zu den einzelnen Rückzugsbereichen, eingefasst von Gabionen und Pflanzen. In diesen kleinen Nischen finden Sie gemütliche Liegen, die auch auf den Rasenflächen angeordnet sind. Ein Glasdach verbindet die Blockhaussauna mit dem Innenbereich. Ein weiterer etwa 150 qm großen Saunagarten ist auf der Rückseite. Auch hier gibt es reichlich Möglichkeiten zu entspannen.

RUHEMÖGLICHKEITEN — Der große Ruheraum – mit einer sichtbaren Holzkonstruktion in dem bis zu fünf Meter hohen Raum – öffnet optisch durch die Glasfassade. Der kleinere Raum der absoluten Ruhe mit 10 Liegen grenzt an den zweiten Freiluftbereich an. Besonders erwähnenswert ist die gemütliche Kaminecke. 15 – 20 Gäste finden auf den erwärmten Bänken Platz und können dem Knistern des Holzfeuers lauschen, lesen oder sich unterhalten.

Sonnenhof-Therme

»SAUNIEREN IN DER SONNENHOF-THERME, EINTAUCHEN UND ENTSPANNEN!«

Am schönen Moos, 88348 Bad Saulgau | 07581 4839-0 | www.sonnenhof-therme.de

BAD SAULGAU

Solarien gibt es in der Therme. Massage und Wellnesstermine vereinbaren Sie bitte telefonisch im Voraus. Das Bad möchten Sie an dieser Stelle auf die Tagesangebote und Pauschalen aufmerksam machen. Hierzu gibt es einen separaten Prospekt, etwa Genießertage mit zwei Übernachtungen, Thermenbesuch, Massage, Stadtführung, etc.

MASSAGE | SOLARIEN

An der Saunatheke mit Bistrotischen gibt es frische Getränke. Sie können aber auch zwischen Suppen, Wurstsalat, Salaten und anderen Gerichten wählen. Das Essen wird im Thermenrestaurant zubereitet und zu Ihnen gebracht.

GASTRONOMIE

Den Eintritt zahlen Sie zu Beginn, alle in Anspruch genommenen Leistungen können Sie bargeldlos genießen. Es wird auf Ihren Chip gebucht, Sie zahlen beim Verlassen der Therme.

ZAHLUNGSVERKEHR

Kostenfrei und direkt an der Therme gibt es einen großen Parkplatz.

PARKMÖGLICHKEITEN

ThermalBad Überkingen »Willkommen im Wohlfühl-Ambiente«

Am Kurpark 1, 73337 Bad Überkingen
07331 61087 | 07331 951438 | www.thermalbad-ueberkingen.de

GEBOTEN WIRD:

DAS RESÜMEE	Bad Überkingen – Das symphatische Heilbad der Schwäbischen Alb! Vier eigenständige Ortsteile – Bad Überkingen, Hausen, Oberböhringen und Unterböhringen – jeder mit seinem eigenen Charakter. Nicht auf, sondern in der Schwäbischen Alb liegt es auf 428 m über dem Meer und reicht mit seinen Hängen hoch bis 751 m! Das Klima ist anerkannt gesund – eindrucksvoll belegen dies die regelmäßigen Bestätigungen des staatlich verliehenen Prädikates "Heilbad". Im Sommer herrscht schonendes Klima – im Winter reizschwaches. Hier ist die Natur noch natürlich – Der Reichtum ist unverbrauchte, von den alten Kulturformen geprägte Landschaft.	
DIE GRÖSSE	Die Größe der Saunalandschaft beträgt ca. 280 qm im Innenbereich sowie ca. 250 qm im Außenbereich.	
DER EMPFANG	Die freundlichen Mitarbeiter heißen Sie herzlich willkommen! Am Empfang informieren werden Sie gerne über die verschiedenen Eintrittsangebote, Kombiangebote wie z. B. das 3-Bäder-Ticket, Baden & Massage sowie über die dekorativ gestalteten Gutscheinarrangements – Sie haben die Möglichkeit, Bademäntel und Saunatücher auszuleihen – auch werden Ihnen Badebekleidung und -artikel zum Verkauf angeboten!	

DIE ÖFFNUNGSZEITEN		
	Montag	08:30 – 14:00 Uhr
	Dienstag – Samstag	08:30 – 22:00 Uhr
	Sonn- und Feiertags	08:30 – 21:00 Uhr

Mittwochs ist Damensauna ab 14:00 Uhr in der gesamten Saunalandschaft.

ThermalBad Überkingen »Willkommen im Wohlfühl-Ambiente«

Am Kurpark 1, 73337 Bad Überkingen
07331 61087 | 07331 951438 | www.thermalbad-ueberkingen.de

BAD ÜBERKINGEN

Eintrittspreise	Regulär	Ermäßigt*
Einzelkarte	10,40 Euro	9,90 Euro
10er-Karte	99,00 Euro	94,00 Euro
Saunazuschlag	+ 4,00 Euro	+ 38,00 Euro

DIE PREISE

*Ermäßigten Eintritt erhalten Kinder, Schüler, Studenten, Behinderte ab 50 %, Kurgäste und Bürger der Gemeinde Bad Überkingen. Ermäßigungen nur gegen Vorlage eines gültigen Ausweises.

Alle Karten ohne Zeitbegrenzung! | Feierabendtarif ab 2,5 Stunden vor Schluss (auch ermäßigt 7,00 Euro, Saunazuschlag 2,00 Euro).

Der Umkleidebereich kann sowohl von den Saunagästen wie auch den Badegästen genutzt werden. Es sind ca. 130 Garderobenschränke vorhanden. Die Duschen sind für Damen und Herren getrennt angelegt.

UMKLEIDEN | DUSCHEN

Sehr moderne und ansprechende Innenarchitektur mit Naturstein- und Holzelementen.

DIE SAUNEN

Die finnische „Kurpark-Chalet" Sauna (85 – 90 °C) liegt im Außenbereich. Die Liegewiese lädt zum Nathlos-Bräunen ein und erfreut Saunagänger und Sonnenanbeter zugleich.

»KURPARK-CHALET«-SAUNA
85 – 90 °C

Die „Kahlenstein"-Bio-Aroma-Sauna (55 – 60 °C) besticht durch die ergonomisch geformten Sitzbänke und den freien Blick zum Michelsberg. Ätherische Öle wirken über sanfte Dampfzugaben wohltuend und anregend auf Atmung und Haut.

»KAHLENSTEIN«
BIO-AROMASAUNA
55 – 60 °C

ThermalBad Überkingen »WILLKOMMEN IM WOHLFÜHL-AMBIENTE«

Am Kurpark 1, 73337 Bad Überkingen
07331 61087 | 07331 951438 | www.thermalbad-ueberkingen.de

»BRUNNENSTEIG« DAMPFBAD, 40 – 55 °C

Im „Brunnensteig"-Dampfbad beträgt die Temperatur zwischen 40 – 55 °C bei einer Luftfeuchtigkeit von ca. 80 – 100 %. Das typische Klima im Dampfbad wird durch die Erzeugung von Wasserdampf erreicht. Durch den Zusatz von ätherischen Ölen wird ein wohlfühlendes Klima, insbesondere bei Atemerkrankungen erreicht.

DAS THERMALBAD

ThermalBad Überkingen – Das vitalisierende Badeerlebnis im Wohlfühl-Ambiente – Genießen Sie natürlich sprudelndes Heilwasser! Aus über 500 m Tiefe gefördert – frisch und unverfälscht – fließt das warme Wasser aus der Quelle ins Becken.

Erholen Sie sich im wohltuend prickelnden Wasser der Mineral-Therme: Zahlreiche Düsen und Sprudeleinrichtungen laden im Außenbecken zur „Körpermassage" ein Durch den ständigen Wasserzufluss und -austausch im Becken ergibt sich der stets hohe, vitalisierende Mineraliengehalt im Bad Überkinger Thermalwasser.

ThermalBad Überkingen »WiLLKOMMEN iM WOHLFÜHL-AMBiENTE«

♀ Am Kurpark 1, 73337 Bad Überkingen
☎ 07331 61087 | 🖷 07331 951438 | 🌐 www.thermalbad-ueberkingen.de

Das Bad Überkinger Thermalwasser ist stark minerahaltig und seit dem 12. Jahrhundert für seine herausragende Qualität bekannt. Seine wertvollen Inhaltsstoffe und die wohltuende Wärme von 35 – 36 °C verbessern die Durchblutung der Haut und erhöhen den Stoffwechsel im Bindegewebe und in den Gelenken – Verspannungen und Schmerz können positiv beeinflusst werden.

Auf die Qualität des Wassers können die Bad Überkinger zu Recht stolz sein. Gleich mehrere Quellen sprudeln hier. Die Adelheidquelle (Natrium-Hydrogen-Carbonat-Säuerling), die Helfensteinquelle (Calcium-Hydrogen-Carbonat-Säuerling), die Renata-Quelle (Natrium-Sulfat-Hydrogen-Carbonat-Therme)und die Otto-Thermen I + II (Natrium-Calcium-Sulfat-Therme).

ThermalBad Überkingen »WILLKOMMEN IM WOHLFÜHL-AMBIENTE«

Am Kurpark 1, 73337 Bad Überkingen
07331 61087 | 07331 951438 | www.thermalbad-ueberkingen.de

DAS ABKÜHLEN — Zum Abkühlen bietet Ihnen das Bad Schwallbrausen, Druckbrausen sowie einen Kneippschlauch. Für den ultimativen Kältekick gibt es ein kleines Tauchbecken im Außenbereich.

DER AUSSENBEREICH — Relaxen Sie in der schön gestalteten Liegebereichen und den Sonnenterrassen am ThermalBad-Außenbecken und der Saunalandschaft mit herrlichem Blick auf den Albtrauf, den Kahlenstein und den Michelsberg. Gönnen Sie sich auf dem kleinen Barfußpfad das besondere Erlebnis der „Fußreflexzonen-Massage".

RUHEMÖGLICHKEITEN — Ruhemöglichkeiten finden Sie auf den Wärmeliegen im „Pssst"-Ruheraum bzw. im Bereich der Fußbecken, mit Blick in den Saunagarten.

WELLNESS | MASSAGEN SOLARIUM — Massagen und Krankengymnastik bietet Ihnen die Physiopraxis Reh im 1. Stock des ThermalBads.

GASTRONOMIE — Das "Bistro im Park": Wo möchten Sie sitzen – an der schön gestalteten Bar oder an kleinen Tischen im Innenbereich – auf der sonnigen Terrasse im Badebereich, in der Saunalandschaft oder im herrlich idyllischen Kurpark? Freuen Sie sich auf erfrischende Getränke, Kaffee und Kuchen, leckere Salatteller und Snacks, Vesper und warme Gerichte.

SPRUDELNDES STRENENBADEN — Lust auf Urlaubsfeeling nach Feierabend? Eine Party unter freiem Himmel mit Blick in die Nacht voller Sterne und Entspannung im angenehm warmen Wasser. Das ThermalBad wird jeden ersten Donnerstag im Monat von 18:00 bis 23:00 Uhr zur Party-Location: Cocktails gibt es direkt an der Poolbar, chillige Musik macht das Leben leicht und wem es zu heiß wird, der kann sich ein kühles Fassbier zapfen lassen – dazu gibt es herzhafte Snacks und leckeres Essen – was braucht man mehr zum Glücklichsein? Nichts! Und in der Saunalandschaft warten Überraschungsaufgüsse, die den Gästen so richtig einheizen!

ThermalBad Überkingen »Willkommen im Wohlfühl-Ambiente«

Am Kurpark 1, 73337 Bad Überkingen
07331 61087 | 07331 951438 | www.thermalbad-ueberkingen.de

BAD ÜBERKINGEN

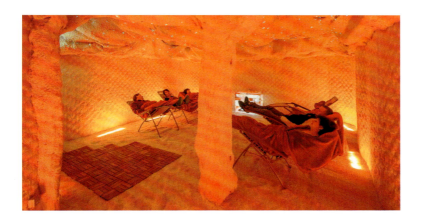

Herrlich entspannt ist es an jedem dritten Mittwoch im Monat von 18:00 bis 23:00 Uhr beim „Entspannenden Wellness-Baden" – hier stehen die Besucherinnen im Vordergrund! Der Saunabereich ist mittwochs ab 14:00 Uhr den Damen vorbehalten. Wohlfühlbaden mit sanfter Entspannungsmusik, leckeren Cocktails und Baden unter freiem Himmel. Sanfte Aufgüsse, Peelings im Dampfbad und eine Gesichtsmaske in der Sauna sind die besonderen Höhepunkte des Wellnessbadens.

ENTSPANNENDES WELLNESSBADEN

Entspannung pur erwartet Sie beim Besuch der original "Totes-Meer-Salzgrotte". Die positiven und wohltuenden Effekte in der Salzgrotte in Kombination mit sanften Licht- und Klangeffekten führen schon nach kurzer Zeit – zu einer angenehmen Entspannung. Um auch Kindern diese positiven Wirkungen zu ermöglichen haben gibt es spezielle Familienzeiten. Auf Entspannungsliegen können Sie bei beruhigender Musik, angenehmer Beleuchtung und im Ambiente einer "echten Grotte" 45 Minuten entspannen. Die Raumfeuchtigkeit liegt bei maximal 50 % und die Raumtemperatur beträgt angenehme 22 – 24 °C.

ORIGINAL "TOTES-MEER SALZGROTTE"

Einzeleintritt: 11,50 Euro | 5er Karte: 52,00 Euro |Kinder bis 5 Jahre in Begleitung eines zahlenden Erwachsenen sind frei | Kinder von 6 – 17 Jahre, Behinderte ab 50 %, Schüler/Studenten gegen Vorlage eine gültigen Ausweises: Einzeleintritt: 9,00 Euro 5er Karte: 40,00 Euro.

DIE PREISE

Eine Terminreservierung ist erforderlich aber auch kurzfristig möglich: Tel. (07331) 61087. | Montag von 09:00 – 11:00 Uhr, Dienstag – Samstag von 10:00 – 19:00 Uhr, Sonn- und Feiertag von 10:00 – 18:00 Uhr.

DIE ÖFFNUNGSZEITEN

Finden Sie aktuell unter www.thermalbad-ueberkingen.de

EVENTS

Direkt beim ThermalBad befinden sich kostenlose Parkplätze und Stellplätze für Wohnmobile.

PARKMÖGLICHKEITEN

AlbThermen »QUELLE DER ERHOLUNG«

Bei den Thermen 2, 72574 Bad Urach
07125 9436-0 | www.albthermen.de

GEBOTEN WIRD:

DAS RESÜMEE Das natürliche Thermal-Mineralwasser kommt aus 770 Metern Tiefe in die Becken. Sie baden in reinem Quellwasser bei Temperaturen zwischen 32 °C und 38 °C. Der Thermenbereich wurde 2007 um zahlreiche Angebote erweitert und zum Teil auch neu gestaltet.

Im Innenbecken können Sie bei 33 – 35 °C Wassertemperatur die regelmäßigen Wassergymnastik-Angebote wahrnehmen, oder aber das große Außenbecken mit 34 °C nutzen. Wohltuend sind hier die unterschiedlichen Massagedüsen. Im kleinen Außenbecken entspannen Sie bei 38 °C Wassertemperatur. Von der Empore mit zahlreichen Liegen haben Sie einen herrlichen Blick auf die Umgebung. Der Wellnessbereich wartet mit einem großen Angebot auf. Im Meditationsbecken mit einer Tiefe von nur 80 cm ruhen Sie auf Bänken, die in das Becken integriert sind, und können der Entspannungsmusik lauschen – ein ganz besonderes Erlebnis. Das Massagebecken, natürlich auch mit Thermalwasser gefüllt, lädt Sie mit zahlreichen Sprudeldüsen zum Aufenthalt ein.

Im Wellnessbereich stehen eine textile Sauna und ein textiles Dampfbad zur Verfügung. Ergänzt wird der Wellnessbereich durch die Waldlounge und ein umfassendes Massageangebot. Informieren Sie sich über das breit gefächerte Angebot auf der Internetseite oder direkt in den »AlbThermen«.

DER SAUNABEREICH Über eine Treppe gelangen Sie in den Saunabereich. In dem etwa 500 qm großen Innenbereich erwarten Sie zwei Saunen und das Dampfbad, im Außengelände vier weitere Schwitzräume.

AlbThermen »QUELLE DER ERHOLUNG«

Bei den Thermen 2, 72574 Bad Urach
07125 9436-0 | www.albthermen.de

DIE ÖFFNUNGSZEITEN

Saunalandschaft	
Montag – Donnerstag	09:30 – 22:00 Uhr
Freitag und Samstag	09:30 – 23:00 Uhr
Sonntag und feiertags	09:30 – 21:00 Uhr

Thermenlandschaft	
Montag – Donnerstag	08:30 – 22:00 Uhr
Freitag und Samstag	08:30 – 23:00 Uhr
Sonntag und feiertags	08:30 – 21:00 Uhr

Damen-Sauna: Dienstag von 9:00 – 14:00 Uhr. Nicht in den Schulferien.

DIE PREISE

Tageskarte 21,80 Euro. Samstag, Sonntag und feiertags 1,00 Euro Aufschlag. Die Zehnerkarte kostet 174,00 Euro. In den Preisen ist die Nutzung der Thermen und Saunawelt enthalten.

UMKLEIDEN | DUSCHEN

Die Saunagäste nutzen den Umkleidebereich gemeinsam mit den Thermenbesuchern, ebenso die neu gestalteten Duschbereiche, die für Damen und Herren getrennt sind.

DIE SAUNEN
DIE ALB-SAUNA

Auf 80 °C temperiert bietet diese Sauna-Kabine etwa 15 bis 20 Gästen Platz. In dieser Trocken-Sauna finden keine Aufgüsse statt.

DIE BIO-SAUNA
55 °C | 60 %

Diese fein ausgebaute Niedertemperatur-Sauna ist bei einer Luftfeuchtigkeit von 60 % auf 55 °C erwärmt. Etwa 15 Gäste kommen hier gemeinsam ins Schwitzen. In der Decke eingelassene Strahler erzeugen ein äußerst angenehmes Licht.

DAS DAMPFBAD

Im großzügigen Dampfbad finden 15 Personen Platz. Wände und Sitzflächen sind gefliest. Genießen Sie bei feuchtigkeitsgesättigter Luft die entspannende Wirkung des Dampfbades.

DIE HÜTTEN-SAUNA
90 °C

15 Gäste finden hier Platz. Durch das kleine Fenster und den Glasausschnitt in der Türe gelangt Tageslicht in die Sauna.

94 AlbThermen »QUELLE DER ERHOLUNG«
BAD URACH
Bei den Thermen 2, 72574 Bad Urach
07125 9436-0 | www.albthermen.de

DAS NESTLE 90 °C	Ebenfalls bei 90 °C finden in der großen, für 60 Personen konzipierten Sauna Aufgüsse statt. Mit wechselnden Aromen und auch mit gestoßenem Eis wird hier stündlich aufgegossen.
DIE »URACHER SCHMIEDE« DAS STEINBAD 45 °C	In der rustikal gemauerten »Uracher Schmiede«, einem Steinhaus im Außenbereich, gibt es zwei Besonderheiten: Erwärmte Steinbänke und ein Natursteinboden vermitteln im Steinbad archaische Gemütlichkeit. Die maximal zehn bis zwölf Gäste, die hier gleichzeitig Platz finden, sehen zunächst einen mit Steinen gefüllten Kessel über einer Flamme. Sobald die Steine aber erhitzt sind, wird der Kessel wie von Zauberhand mit lautem Zischen in einen großen, mit Wasser gefüllten Kupferkessel eingetaucht. Das ist einerseits sehr schön anzusehen, und sorgt andererseits für Feuchtigkeit und Wärme wie bei einem Aufguss. Die beim Ausbau der Sauna verwendeten Steine sorgen durch die Wärmeabstrahlung für eine sehr angenehme, auf etwa 45 °C erwärmte Raumluft.
DIE »SCHWITZSTUBE« 50 °C | 60 %	Treten Sie in die »Schwitzstube« mit Holzschalung und gemütlichen Holzbänken für 15 Gäste ein. Der Raum ist 50 °C warm, die Luftfeuchtigkeit von 60 % rührt von einem Kessel her, der an einer gemauerten Säule in der Raummitte aufgehängt ist.
DAS ABKÜHLEN	Im Außenbereich gibt es Schwallduschen und den Kneippschlauch. Die sehr schön gestaltete Kaltduschlandschaft im Innenbereich verfügt über Schwall- und Düsenduschen. Zusätzliche Duschen stehen im Bereich der großen Aufgus-Sauna zur Verfügung.
DIE TAUCHBECKEN	Für den Gast, der es richtig kalt mag, gibt es innen und außen jeweils ein Tauchbecken.
DAS KNEIPPEN	Diese Form der Kur wird in den »AlbThermen« groß geschrieben. Vier Bottiche für das Fußbad stehen zur Verfügung. Dieser Platz ist auch wie geschaffen für ein »Schwätzchen« zwischendurch. Zusätzlich gibt es ein aus Natursteinen gestaltetes Kaltlaufbecken.

AlbThermen »QUELLE DER ERHOLUNG«

Bei den Thermen 2, 72574 Bad Urach
07125 9436-0 | www.albthermen.de

BAD URACH

Natürlich ist dieses Becken auch mit Thermalwasser gefüllt. Hier können Sie einige Züge schwimmen und das angenehm temperierte Wasser genießen. Die Liegen um das Becken laden zum Ruhen ein, eine Glasfront ermöglicht den Blick in den Sauna-Garten.	DAS SCHWIMMBAD
In dem etwa 400 qm großen Sauna-Garten sind die beschriebenen Saunen und natürlich Rasen und Liegemöglichkeiten zum Entspannen.	DIE AUSSENANLAGE
Im Innen- und Außenbereich der Sauna-Landschaft finden Sie zahlreiche Liegen für Ihre Entspannung. Selbstverständlich können Sie auch die Ruhe- und Liegebereiche in den Thermen nutzen.	RUHEMÖGLICHKEITEN
Eine Übersicht über das komplette Wellness- und Massageangebot erhalten Sie am besten auf der Internetseite der »AlbThermen« oder vor Ort. Im Saunabereich und im Thermenbereich gibt es je ein Solarium für die nahtlose Bräune.	MASSAGEN	SOLARIEN
Das Bistro im Saunabereich bietet Ihnen die zur Erfrischung notwendigen Getränke an. Die Gastronomie in den Thermen hält verschiedene Gerichte und Salate für Sie bereit.	GASTRONOMIE
Die in Anspruch genommenen Leistungen werden auf Ihren Schlüssel gebucht, Sie zahlen bequem beim Verlassen der Thermen.	ZAHLUNGSVERKEHR
Kostenlose Parkplätze gibt es in der Immanuel-Kant-Straße von Montag bis Sonntag zwischen 07:00 – 19:00 Uhr für 5 Stunden mit Parkscheibe. Die Parkplätze Kurzentrum sind von Montag bis Freitag kostenlos. Samstag, Sonntag und feiertags kostet es 3 Euro für den gesamten Tag.	PARKMÖGLICHKEITEN

FitnessPoint SportPalast »JOiN – ACTiVE – LiFESTYLE«

📍 Lortzingstraße 6, 88330 Bad Waldsee
☎ 07524 13 13 | 🌐 SportPalast.info

GEBOTEN WiRD:

| DAS RESÜMEE | Für alle aktiven oder aktiv gebliebenen Personen bietet die größte Sport- und Freizeitanlage der Region eine Saunalandschaft auf rund 600qm. Auf zwei Stockwerken laden die große Dachterrasse, das Kalttauchbecken und die Kaltbrausen, verschiedene Ruheräume, hochwertige Gesundheitsliegen sowie der beliebte Getränke-Aufzug zum Verweilen ein. Ein besonderer Hingucker ist der Stein-Garten im Zen-Stil, in dessen Mitte der große, steinerne Buddha Ruhe und Entspannung vermittelt.

Der FitnessPoint SportPalast ist eine Multifunktionsanlage und bietet zudem einen großen Fitness-Park mit speziellen Trainingskonzepten inkl. Geld-zurück-Garantie auf Trainingserfolg und Rundum-Betreuung durch Physiotherapeuten und qualifizierte Trainer. Zudem gibt es ein prall gefülltes Kursprogramm mit ca. 30 Kursstunden pro Woche wie zum Beispiel Wirbelsäulen-Gymnastik, Dr. Wolff Rückenzirkel, Pilates, Zumba, Yoga, Spinning, Bauch-Beine-Po u.v.m. Einige dieser Kurse sind auch von Krankenkassen mit bis zu 100 % bezuschussbar. Außerdem bietet der Palast Squash, Badminton, Billard und eine große Kletterhalle. Zur Bräunung lädt das integrierte Solar-Center ein. |

DIE GRÖSSE — Die Saunaanlage bietet über 550 qm Erholungsbereich. Auf der Sonnenterrasse auf dem Dach kann man auf ca. 25 qm verweilen.

DER EMPFANG — Eingecheckt wird an der Rezeption des FitnessPoint SportPalasts. Hier erhält man auch den Zugang zu den Spinds in der großzügigen Umkleide. Interessierte finden hier auch einen Shop für Freizeit- und Sportbekleidung sowie Sport-Equipment.

FitnessPoint SportPalast »JOiN – ACTiVE – LiFESTYLE«

Lortzingstraße 6, 88330 Bad Waldsee
07524 13 13 | SportPalast.info

BAD WALDSEE

Die Saunaanlage verfügt über optimale Öffnungszeiten für Berufstätige. Entspannt wird Montag bis Freitag bis Mitternacht – am Wochenende bis 22 Uhr.

DIE ÖFFNUNGSZEITEN

Montag und Mittwoch	15:00 – 24:00 Uhr
Dienstag und Donnerstag	08:30 – 24:00 Uhr
Freitag	15:00 – 22:00 Uhr
Samstag	14:00 – 22:00 Uhr
Sonntag	10:00 – 22:00 Uhr

Besonders interessant sind die günstigen Tagespreise und verschiedene Rabattmodelle für Vielnutzer. Für die Sauna-Tageskarte bezahlt man gerade einmal 12,90 Euro. Es gibt zudem 11er-Karten und verschiedene Abo-Modelle, um als regelmäßige/r Saunagänger/in viel Geld zu sparen.

DIE PREISE

Damen- und Herren sind getrennt. Auch die Warmwasser-Duschen, denn sie befinden sich direkt in der Umkleide. Jede/r Kunde/Kundin erhält einen persönlichen Spind für Wertsachen und Bekleidung. Kaltschwallbrausen befinden sich in der Saunalandschaft. Hier gibt es keine Geschlechtertrennung – auch beim Kalttauchbecken nicht.

UMKLEIDEN | DUSCHEN

Es befinden sich zwei finnische Saunakabinen mit 90 °C in der Anlage. Eine große, neu eingebaute Gemischt-Kabine sowie eine kleinere Frauensauna.

DIE SAUNEN

Zur Abkühlung werden mehrere Kaltschwallbrausen und ein Kalttauchbecken geboten.

DAS ABKÜHLEN

Hierfür steht neben dem Tauchbecken mit Stufenvorrichtung auch zusätzlich ein Kneippschlauch zur Verfügung.

DAS KNEIPPEN

FitnessPoint SportPalast »JOIN – ACTIVE – LIFESTYLE«

Lortzingstraße 6, 88330 Bad Waldsee
07524 13 13 | SportPalast.info

DIE AUSSENANLAGE
Eine Sonnenterrasse mit ca. 25 qm steht für alle Gäste zur Verfügung. Hier findet man bei netter Aussicht selbstverständlich auch Bestuhlung und Liegen vor.

RUHEMÖGLICHKEITEN
Es gibt drei Ruhebereiche mit hochwertigen Gesundheitsliegen, um einfach mal entspannt die Beine hoch zu legen und einen weiteren Ruhebereich mit original norddeutschen Strandkörben. Zudem steht die Sonnenterrasse als Ruhemöglichkeit zur Verfügung.

WELLNESS | MASSAGEN
Interessierte können bei Expertin Charo Lorenzo eine professionelle, schmerzfreie Haarentfernungs-Behandlung via Blitzmethode buchen. Bitte mindestens 3 Tage vorher hierfür anmelden.

ZUSATZANGEBOTE
Solarien sowie die oben genannten umfangreichen Sportmöglichkeiten stehen per Einzeleintritt, 11er-Karte oder Abonnement zur Verfügung.

EVENTS
Immer wieder werden auch unterschiedlichste Events veranstaltet. Zu beachten ist hier der Aushang in der Anlage oder die Website.

ZAHLUNGSVERKEHR
Die Bezahlung erfolgt beim Auschecken in Bar. Kartenzahlung ist nicht möglich. Notfalls kann auch per Abbuchung bezahlt werden. Während des Aufenthalts muss kein Bargeld mitgeführt werden. Es wird alles komfortabel auf den Spindschlüssel gebucht. Über den Getränkeaufzug bestellen die durstigen Kunden bequem per Sprachleitung in der Gastronomie ihre gewünschten Getränke, welche dann komfortabel mit dem Getränkeaufzug in den ersten oder zweiten Stock der Sauna fahren.

PARKMÖGLICHKEITEN
Die Anlage verfügt über 65 kostenlose Stellplätze. Sollten diese aufgebraucht sein, gibt es einen zweiten Parkplatz mit ca. 100 kostenlosen Stellplätzen. Ältere Personen mit Gehschwierigkeiten können direkt vor der Eingangstür parken.

FitnessPoint SportPalast »JOIN - ACTIVE - LIFESTYLE«

Lortzingstraße 6, 88330 Bad Waldsee
07524 13 13 | SportPalast.info

Besonders den Frauen wird in der Partneranlage »FitnessPoint Lady« in Weingarten ein entspannendes Programm geboten. Ob Massagen oder in der finnischen Sauna relaxen – hier ist für jede Frau was dabei. Weiter Informationen finden Interessierte unter www.fitnesspoint-lady.com.

DIE PARTNERANLAGE

100 Vital Therme »DIE THERME, DIE BEWEGT«

BAD WILDBAD
GUTSCHEINHEFT S. 7

Bätznerstr. 85, 75323 Bad Wildbad
07081 303-253 | 07081 303-100 | www.vitaltherme-wildbad.de

GEBOTEN WIRD:

DAS RESÜMEE	Bad Wildbad ist auch heute noch eine bedeutende Schwarzwald-Kurstadt, wenngleich der Anteil der Kur im letzten Jahrzehnt stark rückläufig war. So war die Vital Therme als „Thermalbewegungsbad" einstmals führend in Deutschland für Kurgäste mit all ihren Problemen am Bewegungsapparat. Heute steht die Vital Therme, mit ihrem Slogan, „die Therme, die bewegt" vorallem für gezielte Aqua-Trainings, von Aqua-Biking über das Aqua-Fitness bis zum Aqua-Relax reichen. Dass hier eine kleine Sauna-Anlage nicht fehlen darf, sowie ein textiles Dampfbad gehört zum Gesundheitsverständnis der Therme. In der Region gilt die Therme als sehr preisgünstig, besonders auch für Saunagäste und Gesundheitsbewusste, die das große im Preis inbegriffene Trainingsangebot gerne in Anspruch nehmen.
DIE GRÖSSE	Die Therme ist ca. 6.000 qm groß, die Aussenflächen mit Liegewiesen mit einbezogen.
DER EMPFANG	In der Kassenhalle können bei Bedarf auch Badeartikel gekauft werden, Badetücher- und Mäntel können geliehen werden.
DIE ÖFFNUNGSZEITEN	Täglich 9:00 – 19:00 Uhr, Dienstag und Donnerstag bis 21:00 Uhr, Freitag bis 20:00 Uhr. Sauna werktags ab 13:00 Uhr, Samstag, Sonn-und Feiertags ab 9:30 Uhr. Mittwochs Damensauna. Kinder unter 6 Jahren sind im Saunabereich nicht zugelassen.
DIE PREISE	3 Stunden 10,50 Euro inkl. Sauna, Tageskarte 13,00 Euro inkl. Sauna.
UMKLEIDEN	Es stehen ca. 250 Kleiderschränke zur Verfügung, eine Vielzahl an Umkleiden auch für Behinderte und Familien. Saunagäste ziehen sich in der Thermenumkleide um.

Vital Therme ›Die Therme, die bewegt‹

101
BAD WILDBAD

 Bätznerstr. 85, 75323 Bad Wildbad
 07081 303-253 | 07081 303-100 | www.vitaltherme-wildbad.de

Duschen gibt es nach dem Umkleidebereich für Männer und Frauen getrennt und vor dem Hauptbecken. Im Saunabereich finden sich weitere getrennte Duschen. Alle Warm-Duschen sind ausschliesslich mit Wildbader Thermalwasser versorgt, was einen positiven Effekt für Haut, Körper und Gelenke bewirkt.

DUSCHEN

Der Saunabereich ist nur über eine Vielzahl von Treppen erreichbar und daher nicht barrierefrei. Er befindet sich im Untergeschoß, ist dennoch voll verglast und hat eine separate Liegewiese zum hüllenlosen Sonnen. Es gibt eine Aufgusssauna mit 85 °C und eine finnische Sauna mit 70 °C. Beide Saunen haben einen Blick in den Saunagarten und in die Schwarzwaldumgebung. In der heisseren Sauna finden alle zwei Stunden Aufgüsse statt.

DIE SAUNEN

Das Dampfbad befindet sich im Badebereich und ist deshalb nur mit Badekleidung zu nutzen. Direkt daneben kann man sich unter einer herrlichen kalten Regendusche abduschen, das angenehme Thermalbecken befindet sich gegenüber.

DAS DAMPFBAD

Im Saunabereich gibt es einen separaten Raum mit Kübeldusche, Kneipp-Schlauch und Kalt- und Warmwasserbrause.

DAS ABKÜHLEN

Es gibt drei Thermalbecken, ein Innenbecken, ein Aussenbecken und ein Saunabecken. In der großen voll verglasten Panorama-Badehalle finden die Aquatrainingseinheiten statt, wogegen das Aussenbecken mit Massagedüsen, Sprudelbank und Wasserfall ausgestattet ist. Die Temperaturen reichen von 32 °C innen und 34 °C aussen und im Saunabecken. Auch das Saunabecken befindet sich in einer voll verglasten Halle mit Blick in den Schwarzwald. Die Becken sind mit dem berühmten Wildbader Thermalwasser gespeist und erhalten so viel Frischwsser zugeführt, dass sie innerhalb 24 Stunden frisch befüllt sind, was insbesondere für den Bewegungsapparat förderlich ist, da so die wertvollen Mineralstoffe und Spurenelemente des Wassers bis in die tiefsten Hautzellen einwirken.

SCHWIMMBÄDER

Im Saunabereich sind zahlreiche Ruheliegen in der voll verglasten Halle mit Blick nach draussen. Ein zusätzlicher Raum der Stille lädt zum Ruhen ein. Weitere Ruhemöglichkeiten befinden sich im Badebereich in einer separaten Ruhehalle.

RUHEMÖGLICHKEITEN

Solarien gibt es auf der Galerie in der großen Badehalle. Die Therme verfügt auch über einen Wellness- und Gesundheitsbereich, in dem auch von Dienstag – Freitag verordnungsfähige Heilmittelanwendungen, wie Massagen und Naturfangobäder angeboten werden.

WELLNESS | SOLARIEN

Es gibt einen Getränkeautomat für warme Getränke und Suppen, sowie einen Kaltgetränke- und Snack-Automaten. Innerhalb des Bades mit Bargeld, an der Kasse werden auch EC-Karten akzeptiert.

ZAHLUNGSVERKEHR

Die Vital Therme hat ein gleichnamiges Parkhaus, das direkt gegenüber der Therme liegt. Bei Besuch drei Stunden kostenfrei, jede weitere Stunde 1 Euro.

PARKMÖGLICHKEITEN

102 Palais Thermal »SINNLICH ORIENTALISCHE WELLNESS«

BAD WILDBAD
GUTSCHEINHEFT S. 7

Staatsbad Wildbad | Bäder- und Kurbetriebs-GmbH | Kernerstraße 1 | 75323 Bad Wildbad
07081 303-301 | 07081 303-100 | www.palais-thermal.de

GEBOTEN WIRD:

| DAS RESÜMEE | Einst als königlicher Badetempel für den württembergischen König Wilhelm I. als »Graf-Eberhard-Bad« errichtet, wurde das Gebäude von 1990 bis 1995 zum »Palais Thermal« umgebaut und saniert. Sie erleben eine Zeitreise von Architektur und Denkmalpflege zu einem modernen Saunabad. Von außen beeindruckt der streng geschnittene zweigeschossige Baukörper in roter glatter Sandsteinquaderung in romantisierendem Klassizismus, der im Inneren in eine orientalische Architektur mit überschlanken Säulen des Innenhofes übergeht. Das Gebäude ist ein Erlebnis. Sie erhalten hier einen Eindruck der Badekultur des 19. Jahrhunderts. Im Erdgeschoss sind die Bäder – die später ausführlicher beschrieben werden – untergebracht. Weiter die »Maurische Halle«, das Badmuseum, die Umkleiden, Solarien und Duschen; im Obergeschoss findet sich dann die Sauna-Landschaft, ein Bewegungsbad und der Wellnessbereich sowie der Zugang zum neuen Panoramadeck mit drei Ebenen, dem Außenpool und weiteren Saunen. |

DIE GRÖSSE Die Gesamtanlage ist etwa 5.000 qm groß, aufgeteilt in die beschriebenen Ebenen.

DER EMPFANG In der großzügigen Empfangshalle ist die Kasse untergebracht. Hier können Sie bei Bedarf Sauna-Handtücher und Bademantel ausleihen und auch Pflegemittel erwerben.

DIE ÖFFNUNGSZEITEN Montag bis Freitag von 11:00 – 22:00 Uhr | Samstag, Sonntag und feiertags von 10:00 – 22:00 Uhr. Kinder unter 12 Jahren haben keinen Zutritt.

DIE PREISE 3 Stunden Therme/Sauna 22,00 Euro | Tageskarte Therme/Sauna 27,00 Euro | Samstag, Sonntag und Feiertage +1,50 Euro. Es gibt weitere Sondertarife, den

Palais Thermal »SINNLICH ORIENTALISCHE WELLNESS«

Staatsbad Wildbad | Bäder- und Kurbetriebs-GmbH | Kernerstraße 1 | 75323 Bad Wildbad
07081 303-301 | 07081 303-100 | www.palais-thermal.de

Abendtarif und Wertkarten – erkundigen Sie sich bitte vor Ort. (Änderungen vorbehalten)

Insgesamt stehen etwa 260 Umkleideschränke zur Verfügung, Damen und Herren kleiden sich in gemeinsamen Bereichen um, es stehen Umkleidekabinen zur Verfügung. Innerhalb der Anlage gibt es eine Vielzahl von Ablagen.

DAS UMKLEIDEN

Die Duschen sind im Erdgeschoss, getrennt für Damen und Herren. Es bestehen aber auch im Obergeschoss Möglichkeiten, sich warm und reinigend zu duschen.

DAS DUSCHEN

In der Anlage gibt es sieben Saunen und ein Dampfbad.

DIE SAUNEN

Mit einem Elektro-Ofen auf 95 °C erwärmt bietet dieser Schwitzraum etwa 12 bis 15 Saunafreunden Platz. Die Sauna ist in Elementbauweise errichtet, der Ofen mit Keramik verkleidet. Große, bodentiefe und rahmenlose Verglasungen lassen nach außen blicken.

DIE FINNISCHE SAUNA
95 °C

Ebenfalls in Elementbauweise errichtet, ist diese Sauna von innen mit massiver Zirbelkiefer ausgekleidet. Die ätherischen Öle dieses Holzes verleihen dem Sauna-Raum seinen unverwechselbaren Duft. Der Elektro-Ofen erwärmt diesen Raum für die etwa 12 Gäste auf 80 °C, große Scheiben und die Glastüre sorgen für den »Außenkontakt«.

DIE ZIRBEL-SAUNA
80 °C

Der hohe Sauna-Raum mit vier Sitzebenen ist durch eine Wärmewand auf 50 °C, bei 50 % Luftfeuchte, temperiert. Farblichter bieten in diesem Raum den maximal 25 Gästen Entspannung.

DIE BIO-SAUNA
50 °C | 50 %

Palais Thermal »SINNLICH ORIENTALISCHE WELLNESS«

Staatsbad Wildbad | Bäder- und Kurbetriebs-GmbH | Kernerstraße 1 | 75323 Bad Wildbad
07081 303-301 | 07081 303-100 | www.palais-thermal.de

DIE MEDITATIONS-SAUNA
75 – 80 °C | 30 %

Die Meditations-Sauna finden Sie im Bereich des Bewegungsbeckens. Bei 75 – 80 °C erfolgt über einen Mechanismus halbstündlich ein Aufguss, dadurch beträgt die Luftfeuchtigkeit in dieser Sauna etwa 30 %. Etwa 40 Gäste können den Aufenthalt bei harmonischen Klängen genießen.

DIE FINNISCHE AUFGUSS SAUNA
90 °C

Von der Meditations-Sauna aus führt eine Treppe auf eine Empore und die Dachterrasse, wo sich auch dieser Sauna-Raum befindet. Der Sauna-Raum ist für maximal 75 Gäste großzügig gestaltet. Der Saunaofen, der den Raum auf 90 °C erwärmt, wird stündlich vom Personal ein Aufguss mit wechselnden Düften vorgenommen. Zu bestimmten Zeiten gibt es Überraschungen, wie etwa Obst nach dem Saunagang.

DIE SAUNA-LOUNGE
80 °C

Ein Sauna-Hinterwand-Ofen erwärmt diesen Raum für die etwa 12 Gäste auf 80 °C. Sehr gelungen sind die einzigartigen Sitzmöbel in Schollenform mit einer stimmungsvollen Beleuchtung. Die Mischung von dunklem Altholz und hellen Sitzmöbeln wirkt zukunftweisend. Lassen Sie sich überraschen.

DIE PANORAMA-SAUNA
90 °C

Mit einem phantastischen Blick auf den Wildbader Sommerberg, trifft diese Sauna den Geschmack jedes Panoramafans. Eine riesige Glasfront schafft Ausblick und das Design ist hochmodern und wirkt wie aus einem Guss. Ein Saunaofen erwärmt diese Sauna für etwa 14 Gäste auf 90 °C.

DAS DAMPFBAD

Das Dampfbad zeichnet sich durch beheizte Sitzbänke aus, welche sehr angenehmen Sitzkomfort bieten. Genießen Sie den Farbwechsel im Deckengewölbe, während der Dampf die Poren der Haut öffnet und auf die Atemwege frei und geschmeidig wirkt.

Palais Thermal »SINNLICH ORIENTALISCHE WELLNESS«

Staatsbad Wildbad | Bäder- und Kurbetriebs-GmbH | Kernerstraße 1 | 75323 Bad Wildbad
07081 303-301 | 07081 303-100 | www.palais-thermal.de

DAS ABKÜHLEN

Das macht wirklich Freude. Die beiden zentralen Kaltbereiche verfügen jeweils über ein Tauchbecken. Neben der sehr aufwendigen Gestaltung dieser Tauchbecken verfügen beide über den Luxus, dass sie über Treppenstufen – und nicht die häufig üblichen Leitern – betreten werden können. An Duschen finden Sie alles, was das Herz begehrt: Schwallduschen, Druckdüsenduschen, Kneippschläuche und Warmduschen. Weitere Erlebnisduschen finden Sie im Außenbereich auf dem neuen Panoramadeck in Ebene 3.

ICE LOUNGE

Beeindruckendes Abkühlfeature mit einzigartiger, unverwechselbarer Eisoptik, unterstützt durch ein Multimedia System.

CRUSHED ICE

Erfrischend kalt und zugleich angenehm weich fühlt sich das Crushed Ice auf der Haut an. Knapp unter dem Gefrierpunkt liegt die Eistemperatur – ideal, um die Haut nach dem Gang zum Tauchbecken damit abzureiben.

DAS KNEIPPEN

Die Kneipp-Warmfußbäder können Sie an schön gestalteten Becken genießen.

DIE AUSSENANLAGE | DAS PANORAMADECK

Das Panorama Deck erstreckt sich über drei Ebenen mit herrlichem Ausblick auf den Sommerberg mit gleichnamiger Bergbahn. Im 1. Obergeschoss zwischen den beiden Kaltbereichen erreichen Sie den Freiluftbereich des Panorama Decks Ebene 1 mit einigen Liegen, um sich nach dem Saunagang mit Frischluft zu versorgen. Von Ebene 1 gelangen Sie über zwei Treppen zur Ebene 2 des neuen Panorama Decks, mit Zugang zur Finnischen Aufguss Sauna und Liegemöglichkeiten. Über einen Aufzug oder zwei weitere Treppen erreichen Sie die Ebene 3 des Panorama Decks mit weiteren Saunen, Liegemöglichkeiten und einem Außenpool.

BAD WILDBAD

Palais Thermal »SINNLICH ORIENTALISCHE WELLNESS«

Staatsbad Wildbad | Bäder- und Kurbetriebs-GmbH | Kernerstraße 1 | 75323 Bad Wildbad
07081 303-301 | 07081 303-100 | www.palais-thermal.de

DIE SCHWIMMBÄDER
Dieser Begriff ist für das Angebot des »Palais Thermal« nicht angebracht. Es sind Bäder. Im Obergeschoss ist ein nahezu 200 qm großes Bewegungsbecken, die Bad-Landschaft finden Sie im Erdgeschoss. Die Bäder mit ihren Rundsäulen, Mosaiken, der Formensprache und der Stimmung zu beschreiben ist an dieser Stelle nicht möglich: Verschaffen Sie sich selbst ein Bild. Unterschiedlichste Bäder laden bei Wassertemperaturen von 34 – 38 °C ein: das »Fürstenbad«, ein großes Damen- und Herrenbad, ein kleines Damen- und Herrenbad und zahlreiche Variationen mehr. Die Begriffe stammen aus der Zeit des 19. Jahrhunderts; heute werden die Bäder natürlich von Damen und Herren gemeinsam genutzt. Der Außenpool auf dem Panoramadeck zum Entspannen ein.

RUHEMÖGLICHKEITEN
Hinter den originalen, nahezu drei Meter hohen Türen verbergen sich die Ruheräume im 1. Obergeschoss. Schon der Name lässt Sie in die Räume ehrfurchtsvoll eintreten: »Fürstensuite«. Hier verbergen sich gediegene Räume mit körpergerecht geformten Liegen. Ein weiterer Ruheraum befindet sich neben der orientalischen Sauna. Dieser ist ebenfalls orientalisch eingerichtet, mit Stoffen an Decke und Wänden. Ruheliegen finden Sie an zahlreichen anderen Plätzen, etwa dem Bewegungsbad, in der »Maurischen Halle« und an vielen Stellen mehr.

Palais Thermal »SINNLICH ORIENTALISCHE WELLNESS«

Staatsbad Wildbad | Bäder- und Kurbetriebs-GmbH | Kernerstraße 1 | 75323 Bad Wildbad
07081 303-301 | 07081 303-100 | www.palais-thermal.de

BAD WILDBAD

Ein Solarium gibt es im ersten Obergeschoss im Wellnessbereich: Das Wellness-Angebot ist umfassend: Nachtkerzenölbad, klassische Massage, Wasser-Shiatsu, Seifenbürstenmassage, Mocca-Peeling, Hot-Stone-Massage, Traubenkernöl-Massage und weitere Angebote warten auf Sie. Eine Reservierung ist vor Ort, wie auch frühzeitig telefonisch und online möglich.

WELLNESS | SOLARIEN

Im Gastronomiebereich erhalten Sie Erfrischungen und kleine Gerichte, die Sie auch in der angrenzenden »Maurischen Halle« zu sich nehmen können.

GASTRONOMIE

Alle Anwendungen können Sie bargeldlos per Chip zahlen, den Sie beim Eintritt erhalten.

ZAHLUNGSVERKEHR

In der Nähe gibt es zwei Parkhäuser, in denen Sie beim Besuch der Therme vergünstigt parken können. Vergessen Sie beim Verlassen des Bades nicht, den Parkschein an der Thermenkasse entwerten zu lassen.

PARKMÖGLICHKEITEN

Vitalium-Therme »ADIEU ALLTAG!«

Karl-Wilhelm-Heck-Straße 8, 88410 Bad Wurzach / Allgäu
07564 304-250 | 07564 304-254 | www.vitalium-therme.de

DAS RESÜMEE Ganz entspannt im Hier und Jetzt. Genießen Sie die ruhige, erholsame Atmosphäre der Thermalbade- und Saunalandschaft in der Vitalium-Therme mit der wohltuenden Wirkung des Bad Wurzacher Thermalwassers. Das Thermalbad mit Innen- und Außenbecken (32 °C), Liegebecken und Whirlpool (35 °C), Sprudelbänken und Massagedüsen lädt zum genüsslichen Verweilen ein. Auch der Wintergarten mit Blick ins Grüne und das Sonnendeck am Außenbecken werden sicher bald Ihre neuen Lieblingsplätze.

Lassen Sie Stress und Hektik hinter sich und öffnen Sie die Türen zu Ihrer Oase der Ruhe und entdecken das beliebte Wohlfühlhaus mit einer Vielfalt an ausgewählten Wellnessangeboten sowie einer Infrarotkabine, einer Hydrojetmassage Liege und einem Shiatsu-Massagesessel.

Das Bad Wurzacher Thermalwasser ist rund 12.000 Jahre alt. Der heilsame Quell sprudelt als fluoridhaltiges Natrium-Hydrogenkarbonat-Wasser mit einer Temperatur von 34 °C an die Erdoberfläche. Hier in der Vitalium-Therme entfaltet es seine wohltuende Wirkung.

UMGEBUNG Inmitten der malerischen voralpinen Allgäuer Hügellandschaft, fernab vom hektischen Alltag der Großstädte findet in Bad Wurzach jeder sein Lieblingsplätzchen.

Für Besucher erschließen sich die Landschaft und die Historie des Rieds bei Spaziergängen auf dem Torflehrpfad, dem Besuch des Oberschwäbischen Torfmuseums oder bei einer Fahrt mit dem historischen „Torfbähnle".

Vitalium-Therme »ADIEU ALLTAG!«

Karl-Wilhelm-Heck-Straße 8, 88410 Bad Wurzach / Allgäu
07564 304-250 | 07564 304-254 | www.vitalium-therme.de

Auch Kultur gehört zu Bad Wurzach einfach dazu. Das berühmte Barocktreppenhaus im Wurzacher Schloss, die klassizistische Pfarrkirche St. Verena und die barocke Wallfahrtskirche auf dem Gottesberg reihen sich in die Sehenswürdigkeiten entlang der Oberschwäbischen Barockstraße ein.

Die Gesamtgröße der Vitalium-Therme beträgt 3.200 qm.

DIE GRÖSSE

Im Eingangs- bzw. Kassenbereich können Sie Badeaccessoires, -bekleidung sowie Kosmetikartikel kaufen. Ebenfalls stehen Ihnen Bademäntel und Handtücher zum Verleih zur Verfügung. Für die Dauer des Aufenthalts erhalten Sie ein Medium/Chip der Ihren Schrank schließt und auf den weitere Leistungen (z.B. Speisen und Getränke) aufgebucht werden können (bargeldlose Zahlung in der Vitalium-Therme).

DER EMPFANG

Täglich: 10:00 – 22:00 Uhr | Montag ist Damensauna.

DIE ÖFFNUNGSZEITEN

DIE PREISE

Saunalanschaft inkl Thermalbad		Thermalbad
2 Stunden	14, 00 Euro	7,00 Euro
4 Stunden	16,00 Euro	9,00 Euro
Tageskarte	17,00 Euro	10,00 Euro

Mo-Do ab 18:00 Uhr Uhr: 15,00 Euro | Solerelaxraum (40 Min. Anwendung): 8,00 Euro

Es stehen Herren- und Damenumkleiden sowie Sammelumkleiden zur Verfügung. Die Duschräumlichkeiten im Umkleidebereich sind nach Geschlecht getrennt. Zusätzlich bietet die Saunalandschaft gemeinschaftlichen Duschen und spezielle Erlebnisduschen an.

UMKLEIDEN | DUSCHEN

In der großzügigen Saunalandschaft sorgen vier verschieden temperierte Saunen für Abwechslung. Egal ob Saunaeinsteiger oder Aufgusserfahren – hier finden Sie Ihre Lieblingssauna.

DIE SAUNEN

Vitalium-Therme »ADIEU ALLTAG!«

BAD WURZACH / ALLGÄU

Karl-Wilhelm-Heck-Straße 8, 88410 Bad Wurzach / Allgäu
07564 304-250 | 07564 304-254 | www.vitalium-therme.de

RIEDSAUNA
95 °C

Riedsauna (Finnische Aufguss-Sauna) – Temperatur 95 °C | Hier erwarten Sie stündliche Aufgusszeremonien mit ausgewählten Düften und Specials wie Salzpeeling, Saunacreme, saisonale Früchte und erfrischende Getränke.

WURZARIUM
50 °C | 55 %

Wurzarium (Bio-Farblichtsauna) – Temperatur 50 °C, Luftfeuchtigkeit 55 % | Diese Sauna ist perfekt für Sauna-Einsteiger geeignet. Durch die geringe Temperatur kommt der Körper schonender und gleichmäßiger ins Schwitzen. Außerdem wird durch das wechselnde Lichtfarbspiel das persönliche Wohlgefühl verstärkt, musikalische Hintergrundmusik dient der zusätzlichen Entspannung.

RÖMISCHES SCHWITZBAD
60 °C | 10 %

Römisches Schwitzbad – Temperatur 60 °C, Luftfeuchte max. 10 % | Bei dieser Sauna handelt es sich um einen Raum mit angenehm temperierten Bänken. Die Sauna ist eine wahre Wohltat bei Verspannungen im Rücken und super geeignet für das Aufwärmen zwischen den Saunagängen. Entspannen Sie in angenehmer Atmosphäre mit Hintergrundmusik.

SONNENTAU-SAUNA
80 °C | 10 %

Sonnentau-Sauna (Finnische Farblichtsauna) – Temperatur 80 °C, Luftfeuchte max. 10 % | In dieser Sauna erwartet Sie ein stündlich stattfindender automatischer Aufguss, dieser ist eine tolle Alternative zum klassischen Aufguss. Durch das wechselnde Lichtfarbspiel wird das persönliche Wohlgefühl zusätzlich verstärkt.

DAMPFBAD
45 °C | 100 %

Dampfbad (im Thermalbereich) – Temperatur 45 °C bei 100 % relativer Luftfeuchtigkeit | Dieses Dampfbad befindet sich im Thermenbereich und wird mit Badebekleidung genutzt. Sie erwartet warmer, aufsteigender Dampf der mit erfrischenden Düften wie Eukalyptus und Minze angereichert ist.

Vitalium-Therme »ADIEU ALLTAG!«

Karl-Wilhelm-Heck-Straße 8, 88410 Bad Wurzach / Allgäu
07564 304-250 | 07564 304-254 | www.vitalium-therme.de

Ideal zur Lösung von muskulären Verspannungen und zur Stoffwechselverbesserung.

INFRAROTKABINE

Zur individuellen erfrischenden Abkühlung nach jedem Saunagang stehen Ihnen mehrere Kalt- bzw. Erlebnisduschen (Polareisnebel, Tropenregen, Schwalldusche), ein Tauchbecken sowie ein Eisbrunnen und eine Felsendusche im Innen- und Außenbereich zur Verfügung.

DAS ABKÜHLEN

Im Thermen- und Saunabereich können Sie sich auf bereit stehenden Liegen an der frischen Luft nach dem Saunagang erholen und die Entspannung wirken lassen.

DER AUSSENBEREICH

Das Sonnendeck im Thermenbereich ist ideal für ein Sonnenbad.

DAS SONNENDECK

Zum Entspannen – Verweilen – Träumen laden die lichtdurchfluteten Ruheräume in den beiden Bereichen Therme und Sauna ein und schaffen so das richtige Wohlfühlflair.

RUHEMÖGLICHKEITEN

Sie brauchen eine Auszeit vom Alltag? Dann tauchen Sie ein in eine Welt der inneren Ruhe und Harmonie. Die erfahrenen Masseure und Therapeuten im Wohlfühlhaus sorgen für eine vollkommene Entspannung – abgestimmt auf Ihre Wünsche und die ausgewählte Anwendung. Die Auswahl der Qualitätsleistungen ist vielfältig. Gerne werden Sie vor Ort oder auch telefonisch vor Ihrer Anreise beraten.

WELLNESS I MASSAGEN

Vitalium-Therme »ADIEU ALLTAG!«

Karl-Wilhelm-Heck-Straße 8, 88410 Bad Wurzach / Allgäu
07564 304-250 | 07564 304-254 | www.vitalium-therme.de

ZUSATZANGEBOTE
Wer träumt nicht manchmal von einem Tag am Meer? Die Vitalium-Therme hat für Sie das Meeresklima im neuen Sole-Relaxraum eingefangen. Entspannen Sie auf bequemen Liegen und erleben Sie die positiven Effekte eines Tages im Seeklima. Ultraschallvernebler erzeugen einen samtfeinen Solenebel, dessen kleinste Partikel bis tief in die Atemwege vordringen. Zusätzlich werden die Mineralien über die Haut aufgenommen. Spüren Sie die wohltuende Wirkung auf Ihre Atemwege und Ihre Haut.

Nehmen Sie kostenfrei am Wassergymnastikangebot teil und bringen Sie Ihren Kreislauf auf eine gelenkschonende Art in Schwung um anschließend die Entspannung zu verstärken. Mo. – Fr. 14:30 & 19:30 Uhr, Sa., So. & Feiertage 11:30 & 19:30 Uhr.

MASSAGELIEGEN
Für eine kleine Massage zwischendurch stehen im Thermal- und Saunabereich Massageliegen zur Verfügung.

SHIATSU RÜCKENMASSAGESESSEL
Eine Massage bestimmter Akupunkturpunkte im Bereich der Wirbelsäule zur Verbesserung des Energieflusses und Stimulation der inneren Organe.

HYDROJET- MASSAGELIEGE
Eine stark aktivierende und straffende Wasserstrahlmassage zur muskulären Lockerung und Förderung der Durchblutung.

MOOR
Ein Gesundheitsurlaub in Bad Wurzach hat Tradition. Als das erste Moorheilbad Baden-Württembergs wendet die Therme bereits seit 1936 die heilende und wohltuende Wirkung des sogenannten „Schwarzen Goldes" an. Das Prädikat „staatlich anerkanntes Moorheilbad" erhielt die Stadt 1950.

Bis heute ist die Therapie mit frisch gestochenem Naturmoor ein wesentlicher Bestandteil eines Kur- oder Gesundheitsaufenthalts in Bad Wurzach. Das Moo-

Vitalium-Therme »ADIEU ALLTAG!«

Karl-Wilhelm-Heck-Straße 8, 88410 Bad Wurzach / Allgäu
07564 304-250 | 07564 304-254 | www.vitalium-therme.de

rangebot steht Ihnen in verschiedenen Angeboten zur Auswahl. Angefangen von einem Moor-Schnupperbad bis hin zu mehrwöchigen Arrangements.

Gerne werden Sie vor Ihrer Anreise über die angebotenen Specials informiert: Kleines- und großes Moor-Paket, Moor-Wellnesspackung oder Moor-Ganzkörperpeeling, Moor-Schnupperbad oder einem Holzzuber-Moorbad zu zweit.

In den Monaten Oktober bis März lädt Sie das Bad an jedem letzten Samstag im Monat zu den langen Thermen- und Saunanächten ein (Öffnungszeit jeweils bis 24:00 Uhr). Kommen Sie hier in den Genuss speziell abgestimmter Aufgusszeremonien, Wellnessanwendungen und vielen Specials zum entsprechenden Event-Thema. **EVENTS**

Jeden Montag ist die Saunalandschaft von 17:00 – 22:00 Uhr nur für die weiblichen Gäste reserviert. (außer an Feiertagen) **DAMENSAUNA**

Für den kleinen Hunger und Durst bietet Ihnen die Erfrischungsbar „Blaue Lagune" eine umfangreiche Getränkekarte und köstliche kleine Snacks für den Hunger zwischendurch. **GASTRONOMIE**

Die Bezahlung in der Vitalium-Therme und Saunalandschaft funktioniert komplett bargeldlos. Alle Leistungen werden bequem auf Ihren Chip gebucht und Ihnen beim Verlassen der Therme berechnet. **ZAHLUNGSVERKEHR**

Rund um die Vitalium-Therme gibt es drei größere PKW-Stellplätze die Ihnen kostenfrei zur Verfügung stehen. Von diesen erreichen Sie das Bad ganz bequem nach 200 – 350 Metern zu Fuß. Direkt vor der Therme stehen zwei kostenfreie Parkplätze für Schwerbehinderte sowie einige kostenpflichtige Kurzzeitparkplätze zur Verfügung. **PARKMÖGLICHKEITEN**

114 Axis Fitness & Wellness »WELLNESS IN FAMILIÄRER ATMOSPHÄRE«

BALINGEN
GUTSCHEINHEFT S. 7

Klingenbachstraße 6, 72336 Balingen Engstlatt
07433 16321 | 0159-06386067 (Whatsapp) | www.axis-balingen.de

GEBOTEN WIRD:

DAS RESÜMEE	Die Wellnessanlage ist in ein wirklich familiäres Fitnessstudio eingebettet. Es wird seit 20 Jahren von der Familie Sickinger geführt. Sie legt höchsten Wert auf Service und gute Betreuung und vor allem auf eine schöne familiäre Atmosphäre, die zum Wohlfühlen und Entspannen einlädt. Das Axis Fitness & Wellness befindet sich im ländlichen Gebiet der Schwäbischen Alb. (Gewerbegebiet Grund – geschützte Atmosphäre)
DIE GRÖSSE	Der Innenbereich besitzt eine Größe von 200 qm, der Außenbereich weist weitläufige 800 qm auf.

DIE ÖFFNUNGSZEITEN

Freizeitcenter		Saunaanlage	
Montag – Freitag	08:00 – 22:30 Uhr	Montag – Freitag	10:00 – 22:00 Uhr
Samstag	13:00 – 18:00 Uhr	Samstag	13:00 – 17:30 Uhr
Sonntag und Feiertag	09:30 – 18:00 Uhr	Sonntag und Feiertag	09:30 – 17:30 Uhr

Geschlossen: Neujahr, Ostersonntag, Heiligabend, 1. Weihnachtsfeiertag, Silvester, Damensauna ist am Donnerstag von 10:00 – 17:00 Uhr.

DIE PREISE

Tageskarte	13,50 Euro
10er-Karte	119,00 Euro
Saunaabo	9,90 Euro/Woche
Tageskarte mit Fitness	19,00 Euro

UMKLEIDEN | DUSCHEN Männer- und Frauenumkleiden sowie „Reinigungsduschen" sind getrennt. Der Kaltwasserbereich ist zusammengelegt.

Axis Fitness & Wellness »WELLNESS IN FAMILIÄRER ATMOSPHÄRE«

BALINGEN

📍 Klingenbachstraße 6, 72336 Balingen Engstlatt
📞 07433 16327 | 💬 0159-06386067 (Whatsapp) | 🌐 www.axis-balingen.de

Den Namen hat die Sauna „Kelo" vom finnischen Kiefernholz. In diesem 90 °C heißen Schwitzraum können 30 Personen einen Platz finden und bei hoher Temperatur sowie geringen Luftfeuchte den Kreislauf anregen. Es finden regelmäßige Aufgüsse statt.

DIE SAUNEN
KELOSAUNA
90 °C | CA. 10 %

Hier die Aufgusszeiten:

Montag – Freitag	19:00 Uhr, 20:00 Uhr & 21:00 Uhr
Zusätzlich am Mittwoch	11:00 Uhr & 12:00 Uhr
Samstag	15:00 Uhr & 16:15 Uhr
Sonntag	11:00 Uhr & 12:00 Uhr

Wenn die Finnische Sauna zu heiß ist und das Dampfbad ein zu hohe Luftfeuchtigkeit besitzt, dann ist ein Gang in die Niedertemperatursauna genau richtig. Bei 75 °C und einer Feuchte von ca. 10 % wird der Kreislauf wenig belastet und der Körper wird schonend erwärmt.

FINNISCHE NIEDER-
TEMPERATURSAUNA
75 °C | CA. 10 %

Axis Fitness & Wellness »WELLNESS iN FAMiLiÄRER ATMOSPHÄRE«

BALINGEN

Klingenbachstraße 6, 72336 Balingen Engstlatt
07433 16327 | 0159-06386067 (Whatsapp) | www.axis-balingen.de

INFRAROT-KABINE	Durch langwelliges Licht dringt die Wärme der Infrarot-Kabine bis in die Tiefe des Körpers vor und entwickelt dort heilende Kräfte.
DAS ABKÜHLEN	Der Schwimmteich der Wellnessanlage im Außenbereich liegt wunderschön eingebettet in einem naturbelassenen Ambiente und lädt zum Abkühlen ein. Sonnenliegen am Beckenrand verführen zu erholsamen Sonnenbädern. Weitere Möglichkeiten des Abkühlens können in Form von Innen- und Außenduschen sowie einer Eimerdusche genossen werden. Auch ein Fußbad steht Ihnen zur Verfügung.
DAS KNEIPPEN	Zwei kneippsche Fußbäder warten auf ihren Einsatz – unter anderem kann eine Anwendung den Kreislauf stabilisieren, die Durchblutung fördern und gegen chronisch kalte Füße helfen.
DER AUSSENBEREICH	Die 800 qm große Außenanlage besitzt neben dem Schwimmteich und den Außenduschen auch eine großzügige Liegewiese und eine Grillhütte.
SCHWIMMBÄDER	Im Schwimmbad können bei einer Wassertemperatur von ca. 30 °C gemütliche Runden gezogen werden.
RUHEMÖGLICHKEITEN	Ein heller und freundlicher Ruheraum in warmen Farben und einer Fensterfront zum Saunagarten lädt zum ausgiebigen Entspannen ein. Sonnenliegen auf der Liegewiese und ein zweiter separater Außenbereich ermöglichen die Ruhefindung an der frischen Luft.
WELLNESS	MASSAGEN	Auch Massagen sind im Axis Fitness & Wellness möglich. Der Masseur des Hauses kümmert sich um die körperlichen Belange der Gäste und massiert mit Herzblut. Vereinbaren Sie einen Termin und überzeugen Sie sich selbst.

Axis Fitness & Wellness »WELLNESS IN FAMILIÄRER ATMOSPHÄRE«

Klingenbachstraße 6, 72336 Balingen Engstlatt
07433 16327 | 0159-06386067 (Whatsapp) | www.axis-balingen.de

Zwei Mal im Jahr findet ein Physiotag in der Wellnessanlage statt (März/April und September/Oktober). Dort werden spezielle Saunaaufgüsse, Kneipgüsse, sowie Massagen von Physiotherapeuten angeboten. Das Alles ist komplett kostenfrei. Gäste des Saunaführers dürfen auch daran teilnehmen, müssen sich vorher allerdings anmelden und/oder sich einen Termin zur Massage geben lassen. — **EVENTS**

Interessante und leckere Wellnessdrinks und -shakes erwarten Sie an der Fitnesstheke. — **GASTRONOMIE**

Die in Anspruch genommenen Leistungen werden in bar bezahlt. — **ZAHLUNGSVERKEHR**

Parkplätze finden Sie direkt an oder entlang der Straße vor der Anlage. — **PARKMÖGLICHKEITEN**

Mehr Eindrücke und Informationen finden Sie unter: www.axis-balingen.de — **MEHR INFORMATIONEN**

118 Therme Jordanbad »MENSCH FREU DICH«

BIBERACH
GUTSCHEINHEFT S. 9

Im Jordanbad 2, 88400 Biberach an der Riß
07351 343-100 | therme@jordanbad.de | www.jordanbad.de

GEBOTEN WIRD:

DAS RESÜMEE

47 °C heiß entspringt das schwefel- und fluoridhaltige Thermalwasser aus 1.000 Meter Tiefe und entfaltet seine wunderbare Wirkung. Genießen Sie die Thermalinnen- und Außenbecken mit Massagedüsen und Nackenduschen. Im Thermalbad entspannen Sie mit Unterwassermusik und Lichtspielen in der Thermenkuppel. Die Therme Jordanbad lädt Sie zu einer Traumreise ans Tote Meer ein. Erholen Sie sich im Thermalwasser mit echtem Salz vom Toten Meer bei 35 °C. Spüren Sie die wohltuende Wirkung des Salzes aus dem Toten Meer (4 %). Gönnen Sie Ihrem Körper und Ihrer Haut eine ganz besondere Auszeit und lassen Sie sich von Sprudelsitzen und -liegen im Salzwasser massieren – vor allem an Sommertagen bei geöffnetem Glasdach!

Der Quelltopf mit 39 °C lädt zum Abschalten und Entspannen ein. Das Dampfbad und die einzigartige Wärmeinsel bieten Ihnen ein zusätzliches Plus für Ihre Gesundheit. Im Bereich des Aromapools befinden sich Solarien für eine nahtlose Bräune durch das Lichtwellengerät "Collagen Anti-Aging". Im Bereich des Aromapools stehen Ihnen zwei Infrarotkabinen für bis zu drei Personen zur Verfügung. Das und vieles mehr verspricht Erholung und Regeneration. Das Familienbad bietet für kleine und größere Gäste Spaß und Abwechslung. Sich mit Mama und Papa Hand in Hand auf der gelben Breitrutsche in die Fluten stürzen oder in der Röhrenrutsche den Geschwindigkeitsrekord des Tages aufstellen – das Familienbad bietet Badespaß für die ganze Familie!

DIE GRÖSSE

Tauchen Sie ein – Erholung und Badespaß auf über 9.000 qm. Thermal-, Sole- und Familienbad sind durch eine Lärmschutzwand getrennt.

Therme Jordanbad »MENSCH FREU DICH«

📍 Im Jordanbad 2, 88400 Biberach an der Riß
☎ 07351 343-100 | ✉ therme@jordanbad.de | 🌐 www.jordanbad.de

DIE ÖFFNUNGSZEITEN

Thermal-, Sole- und Familienbad	
Sonntag – Donnerstag	09:00 – 22:00 Uhr
Freitag – Samstag, Tag vor jedem Feiertag	09:00 – 23:00 Uhr

Saunaland mit Saunadorf	
Sonntag – Dienstag	10:00 – 22:00 Uhr
Mittwoch – Samstag, Tag vor jedem Feiertag	10:00 – 23:00 Uhr

Die Badezeit endet 30 Minuten vor Badschließung. Letzter Einlass 60 Minuten vor Badschließung.

An Feiertagen und in den Ferien gelten die regulären Öffnungszeiten wie oben beschrieben.

DIE PREISE

Saunaland mit Saunatarif inkl. Thermal- Sole- und Familienbad
Erwachsene: Frühtarif 20,90 Euro | 4 Std.-Tarif 24,40 Euro | Tageskarte 26,90 Euro | Abendtarif 22,90 Euro.

Aktuelle Eintrittspreise und Sondertarife finden Sie auf der Website unter www.jordanbad.de.

BIBERACH

120 Therme Jordanbad »MENSCH FREU DICH«

📍 Im Jordanbad 2, 88400 Biberach an der Riß
📞 07351 343-100 | ✉ therme@jordanbad.de | 🌐 www.jordanbad.de

UMKLEIDEN | DUSCHEN — Auch das Duschzentrum, mit 12 verschiedenen Erlebnisduschen, bietet einen zusätzlichen Wohlfühleffekt nach dem Saunieren. Sich einfach wohl fühlen gemäß dem Motto: „Mensch freu dich!"

DIE SAUNEN — Das Saunadorf lädt zum Verweilen und Relaxen ein.

FINNISCHE SAUNA — In der großen finnischen Aufguss-Sauna können Sie stündlich ein vielfältiges Sauna-Aufgussprogramm genießen.

KAMINSAUNA KRÄUTERSAUNA — Kamin- und Kräutersauna überzeugen mit flackerndem Kaminfeuer und kräuterdurchfluteter Schwitzkabine.

INNENSAUNA — Der Innenbereich der Saunalandschaft überzeugt durch wohliges Ambiente mit großzügigen Ablage- und Sitzflächen, einem neuen Ruheraum, dem Kaminzimmer, und der neu gestalteten Dampfgrotte. Drei weitere Schwitzkabinen, unterschiedlich temperiert, erweitern das Angebot auf insgesamt sechs Schwitzkabinen.

DIE AUFGÜSSE — Die abwechslungsreichen Aufgusszeremonien reichen von Aroma-Aufgüssen über Schönheits-Aufguss bis zu Relax- und Entspannungs-Aufgüssen. Lassen Sie sich außerdem von pflegenden Körperpeelings und Cremes verwöhnen. Die Aufgüsse finden zu jeder vollen Stunde in der großen finnischen Aufguss-Sauna im Außenbereich statt. Eine detaillierte Auflistung finden Sie im Sauna-Aufgussplan. Zusätzlich werden Ihnen täglich zwei Aufgüsse in der Innensauna angeboten.

DAS ABKÜHLEN — Im Wasserzentrum neben der der Finnischen Außensauna können Sie sich mit 12 verschiedenen Erlebnisduschen und Kneippschläuchen abkühlen. Im Außenbereich gibt es drei unterschiedlich temperierte Tauchbecken und es steht jederzeit Crushed Ice für eine erfrischende Abkühlung zur Verfügung. Ein weiteres Kalt-Tauchbecken steht Ihnen im Innenbereich zur Verfügung.

Therme Jordanbad »MENSCH FREU DICH«

📍 Im Jordanbad 2, 88400 Biberach an der Riß
📞 07351 343-100 | ✉ therme@jordanbad.de | 🌐 www.jordanbad.de

121
BIBERACH

Die Therme Jordanbad besitzt einen großzügigen Außenbereich mit Sonnenliegen, Natursee und Tauch- sowie Thermalbecken.

DER AUSSENBEREICH

Genießen Sie nach dem Saunieren Ruhe und Erholung mit fernöstlichem Flair im Japan-Garten mit Bambus, japanischen Bonsai-Bäumen und bequemen Relaxliegen oder träumen Sie in der mediterranen Ruhe-Oase von südlichen Gefilden.

RUHEMÖGLICHKEITEN

Der neue Ruheraum "Kaminzimmer" bietet Entspannung pur bei flackerndem Kaminlicht. An die Wände projiziertes Blattwerk entführt Sie in tropische Gefilde. Das Kaminzimmer lädt zum Erholen und Träumen ein.

Die neu angelegten Ruheterrassen im Außenbereich bieten ausreichend Platz, um bei warmen Temperaturen rund um den Naturteich zu entspannen. Genießen Sie die Parkanlage, den Blick über das Saunadorf und das Ausspannen an der frischen Luft!

Um das leibliche Wohl kümmert sich das Restaurant der Therme Jordanbad. Denn nach ausgiebigen Saunagängen bleibt das Magenknurren nicht aus. Auch vegetarische und vegane Gerichte werden vom Restaurant bereitgestellt.

GASTRONOMIE

Die Bezahlung findet bequem nach dem Saunieren über einen Chip am Ausgang statt. Sie können mit EC-Karte bezahlen.

ZAHLUNGSVERKEHR

Ihnen stehen zahlreiche kostenfreie Parkplätze zur Verfügung. Ebenso stehen Ihnen zwei PKW-Parkplätze mit E-Ladestationen zur Verfügung.

PARKMÖGLICHKEITEN

122

BIETIGHEIM-BISSINGEN
GUTSCHEINHEFT S. 9

Bad am Viadukt »VOM ALLTAG ABSCHALTEN«

Holzgartenstrasse 26, 74321 Bietigheim-Bissingen
07142 7887 440 | www.baeder-swbb.de

GEBOTEN WIRD:

DAS RESÜMEE
Auf halber Strecke zwischen Heilbronn und Stuttgart sollten Sie unbedingt Halt machen in Bietigheim-Bissingen. In der zweitgrößten Stadt des Landkreises Ludwigsburg steht, verkehrstechnisch günstig gelegen nahe der A 81 und B 27, das Bad am Viadukt. Hier bieten sich in Sportbecken samt Sprungturm sowie vielen kindgerechten Angeboten und auf der tollen 52 Meter langen Innenrutsche Möglichkeiten für nahezu alle Wasserbegeisterte.

Und draußen wartet für die Besucher das Soleaußenbecken mit einer Wassertemperatur bis zu 30 °C. Aber das Schönste: Bodentiefe Fenster sorgt auch drinnen dafür, dass Sie sich wie draußen fühlen.

DER EMPFANG
Hier ist das Ausleihen von Bademänteln möglich. Zudem gibt es einen kleinen Shop, indem es allerhand in seinen Besitz zu bringen gibt. Beispielsweise können Sie hier Schwimmbrillen oder auch Schwimmflügel käuflich erwerben.

DER SAUNABEREICH
„WOW!", das fällt dem Besucher im Saunabereich des Bades direkt als erstes ein. Wunderbar großzügig gestaltet präsentiert sich dieser Teilabschnitt. Und er kann wirklich glänzen. Drei verschiedene Sauna-Bereiche, eine Dampfgrotte, ein geschützter Außenbereich und helle geschützte Umkleidemöglichkeiten laden zu einem erholsamen Saunatag ein, der alle sieben Sinne auf die richtige Bahn lenken wird.

Ein weiteres Highlight sind die täglich wechselnden Klangbilder. Langeweile ist in der Anlage am Viadukt ein Fremdwort. Alles ist dazu sehr modern und stilvoll eingerichtet.

Bad am Viadukt »VOM ALLTAG ABSCHALTEN«

Holzgartenstrasse 26, 74321 Bietigheim-Bissingen
07142 7887 440 | www.baeder-swbb.de

DIE ÖFFNUNGSZEITEN

Winter (April-Oktober)

Montag	14:00 – 22:00 Uhr
Dienstag	10:30 – 22:00 Uhr*
Mittwoch	10:30 – 22:00 Uhr
Donnerstag	10:30 – 15:00 Uhr*
	15:00 – 22:00 Uhr
Freitag	10:30 – 22:00 Uhr
Sams-, Sonn- & Feiertag	08:00 – 22:00 Uhr

Sommer (Mai-September)

Montag	14:00 – 22:00 Uhr
Dienstag	10:30 – 22:00 Uhr*
Mittwoch	10:30 – 22:00 Uhr
Donnerstag	10:30 – 15:00 Uhr*
	15:00 – 22:00 Uhr
Freitag	10:30 – 22:00 Uhr
Sams-, Sonn- & Feiertag	08:00 – 20:00 Uhr

*Damensauna

Kassenschluss: Eine Stunde vor Ende der Badezeit. Saunazeit: maximal 4 Stunden, Sauna + Schwimmen max. 5.5 Stunden.

DIE PREISE

	Tageskarte	Kurztarif (2,5 Std.)	10er-Karte
Sauna	12,10 Euro	7,50 Euro	108,90 Euro
Sauna inkl. Schwimmen	14,90 Euro	9,20 Euro	134,10 Euro

Ermäßigungen und die Preise für die Benutzung des Bad-Bereiches ersehen Sie bitte aus der übersichtlich und gut strukturierten Homepage.

UMKLEIDEN | DUSCHEN

Verschiedene Kaltwasserduschen stehen Ihnen an der Holzgartenstraße zur Verfügung. Und die weitgehend angenehme Gestaltung des Inneren ist auch im Umkleidebereich ersichtlich. Hell und freundlich ist's hier. Von Stil versteht man etwas im Württembergischen. Bademantel vergessen? Kein Problem, sowohl Bademäntel als auch Handtücher können im Bad geliehen oder gekauft werden.

DIE SAUNEN

FINNISCHE SAUNA 90 °C

Sehr geräumig präsentiert sich die finnische Sauna in der Anlage. Mit bis zu 90 °C wird Ihnen hier standesgemäß ordentlich eingeheizt. Die Aufgüsse, die stündlich wechseln, bieten genügend Abwechslung. Hierfür sorgt eine reichhaltige Auswahl an Düften.

Bad am Viadukt »VOM ALLTAG ABSCHALTEN«

BIETIGHEIM-BISSINGEN — 124

Holzgartenstrasse 26, 74321 Bietigheim-Bissingen
07142 7887 440 | www.baeder-swbb.de

DAS SANARIUM®
70 °C | 60 – 70 %

Wem die klassische finnische Sauna zu warm ist, dem sei das Sanarium im Hause ans Herz gelegt. In dieser sanften Sauna-Variante geht es im Speziellen um das Wohlbefinden des Saunagängers. Aufgrund der milden Temperaturen von 60 - 70 °C und der Luftfeuchtigkeit von 60 – 70 % ist sie ideal zur Regeneration. Hierzu trägt auch das dauerhaft wechselnde Licht bei. Der Kreislauf beruhigt und die Atemwege erholen sich vom stressigen Alltagstrott.

DIE DAMPFGROTTE
45 – 50 °C

In der hauseigenen Dampfgrotte herrschen Temperaturen von 45 - 50 °C.

DIE KRÄUTERSAUNA
85 °C

Wöchentlich werden hier die Düfte ausgetauscht. In der badeigenen Kräutersauna, in der bis zu 85 °C herrschen, gibt es einen wohltuenden Mix aus verschiedenen Kräuterextrakten und Düften. Ausruhen und Entspannen steht auch hier im Vordergrund. Die Wirkung dieser Sauna kann aber auch sehr anregend sein.

Bad am Viadukt »VOM ALLTAG ABSCHALTEN«

Holzgartenstrasse 26, 74321 Bietigheim-Bissingen
07142 7887 440 | www.baeder-swbb.de

BIETIGHEIM-BISSINGEN

Abkühlung ist natürlich ein ganz wichtiger Punkt bei Sauna-Besuchen. Ohne geht's nicht, das weiß jeder von Ihnen. Und das weiß auch die Sauna in der Stadt an der Enz. Hier ist besonders das Personal super ausgebildet. Fragen zum Ablauf, wann Sie wie etwas am besten abkühlen, beantwortet man Ihnen dort gerne. Und das Ambiente ist ebenfalls optimal. Erst den Körper mit dem Wasserschlauch abspritzen oder einen Gang laufen, anschließend Gebrauch machen von der schönen kalten Schwalldusche. Sie fühlen sich im Anschluss wie neu geboren.

DAS ABKÜHLEN

Zur Vorbereitung auf den Saunagang eignen sich im Bad am Viadukt natürlich auch Fußbäder optimal. Die Abwehrkräfte werden so mobilisiert, der Kreislauf abermals in Schwung gebracht. Der Saunabereich wartet hierfür mit zusätzlichen Bereichen.

DIE FUSSBÄDER

Auf einer von zahlreichen Liegen haben Sie im wohltuend beleuchteten Ruheraum ausreichend Platz für sich selbst. Lassen Sie in behaglicher Stimmung alle Fünfe doch einfach mal gerade sein. Wirklich wohltuend.

RUHEMÖGLICHKEITEN

Dass das Bad am Viadukt Stadt großen Wert auf das Innenleben und die Ausstattung legt, ist auch in der saunaeigenen Snackbar rasch ersichtlich. Die im herzlichen braun-weiß gestrichene Snackbar mit ihren gemütlichen Sitzmöglichkeiten lässt den Magen im Handumdrehen jubeln. Und wer nach einer kühlen Erfrischung lechzt: Auch allerhand kühle Getränke können Sie hier zu sich nehmen. Eine einladende Atmosphäre.

GASTRONOMIE

Im Bad am Viadukt können Sie sowohl mit Bargeld als auch mit einer EC-Karte bezahlen.

ZAHLUNGSVERKEHR

Direkt neben dem Bad finden Sie darüber hinreichend viele Parkplätze. Sehr idyllisch gelegen direkt neben dem Viadukt.

PARKMÖGLICHKEITEN

Bad Blau »DAS WOHLFÜHLBAD«

📍 Boschstraße 12, 89134 Blaustein
☎ 07304 802-162 | 🖨 07304 802-169 | 🌐 www.badblau.de

GEBOTEN WIRD:

DAS RESÜMEE

Die Stadt Blaustein befindet sich am Rande der Schwäbischen Alb, nicht weit von der historischen Stadt Ulm entfernt. Das romantische Flüsschen Blau, das nur wenige Kilometer entfernt im weltberühmten Blautopf beim Kloster Blaubeuren entspringt, hat auch dem gemütlichen Freizeitbad seinen Namen geliehen. Das »Bad Blau« ist ein beliebter Treffpunkt vor allem für junge Familien.

Zum Schwimmen steht ein großes Sportbecken bereit, 25 Meter lang und mit fünf Bahnen. Weiterhin gibt es ein Erlebnisbecken sowie ein Sole-Außenbecken, mollige 34 °C warm. Sprudelliegen, Massagedüsen, Nackenduschen und Bodensprudler sorgen für Abwechslung. Auch im Textil-Dampfbad oder im Whirlpool wärmt man sich gerne auf. Für Abenteuerlustige gibt es außerdem eine Großrutsche, die sich auf über 80 Metern Länge ins Erlebnisbecken schlängelt.

Im Sommer steht weiterhin eine schöne Liegewiese mit Kneipp-Tretbecken zur Verfügung. Die Kleinen tummeln sich im Kinderbecken mit Elefantenrutsche und Wasserspielen oder im Babybecken. Falls Sie also mit Kindern unterwegs sind: Für diese ist bestens gesorgt, während Sie die Saunalandschaft besuchen.

DER SAUNABEREICH

Die Saunalandschaft des »Bad Blau«, die vor wenigen Jahren komplett erneuert wurde, bietet sieben Schwitzräume – davon eine große Mahtava-Sauna, eine Lapland-Sauna mit Holzofen und eine Kelo-Sauna im gemütlichen Garten. Die Gesamtfläche beträgt rund 1.000 qm, davon etwa 600 qm im Innenbereich.

Bad Blau ›DAS WOHLFÜHLBAD‹

📍 Boschstraße 12, 89134 Blaustein
☎ 07304 802-162 | 📠 07304 802-169 | 🌐 www.badblau.de

BLAUSTEIN

Am Eingangs-Counter erhalten Sie ein Chip-Armband. Hier können Sie Badezubehör erwerben, wie Handtücher, Badeschuhe, Kamm oder Bürste und natürlich Duschgel, Shampoo und vieles mehr. Wenn Sie Ihre Sauna-Handtücher vergessen haben, gibt es ebenfalls eine Möglichkeit, diese gegen Gebühr auszuleihen. Sie können auch einen ersten Blick aufs Badegeschehen werfen und sich am Kiosk mit kleinen Erfrischungen versorgen.

DER EMPFANG

Gemischte Sauna: Dienstag bis Donnerstag, Samstag, Sonn-Feiertage von 09:00 – 21:00 Uhr, Freitag von 09:00 – 23:00 Uhr. Damensauna: Montag

DIE ÖFFNUNGSZEITEN

Sauna & Bad	1,5 Stunden	Tageskarte
Erwachsene	14,00 Euro	18,00 Euro
Kind (ab 6 Jahren)	11,50 Euro	14,50 Euro
Kinder (unter 6 Jahren)		immer nur 3,50 Euro

DIE PREISE

Schüler und Studenten bis 28 Jahre, Azubis, WDLs, ZDLs und Behinderte (ab 50 %) erhalten 1,00 Euro Ermäßigung. | Sonderpreise für Jahreskarten und Gruppen. Geburtstagskinder bis 18 Jahre haben freien Eintritt. | Mit der 10er-Sauna-Karte erhalten Sie einen Bonus-Besuch kostenlos.

Die Umkleiden für die Saunagäste sind in einem separaten Bereich untergebracht. Man erreicht sie durch eine Schranke rechts neben den Hallenbad-Umkleiden. Für Damen und Herren stehen getrennte Umkleiden und Duschen zur Verfügung.

UMKLEIDEN | DUSCHEN

Im Innenbereich gibt es vier Schwitzräume, im Freiluftbereich drei weitere Saunen. Die Aufgüsse finden jeweils abwechselnd in den beiden Außen-Saunen statt. Den Aufgussplan finden Sie neben der Ausgangstür zum Saunagarten.

DIE SAUNEN

128 **Bad Blau** »DAS WOHLFÜHLBAD«
BLAUSTEIN
Boschstraße 12, 89134 Blaustein
07304 802-162 | 07304 802-169 | www.badblau.de

BIOSAUNA 60 – 70 °C	Etwa 15 Schwitzfreunde finden bei 60 – 70 °C gleichzeitig Platz. Das kleine Fenster lässt einen Blick in den Saunagarten zu.
DIE PANORAMA-SAUNA 85 °C	Ein holzbefeuerter Kaminofen und die aus grauem Stein gemauerte Wand sorgen für eine besondere Atmosphäre in der Panorama-Sauna. Hier herrschen etwa 85 °C. 20 Plätze auf zwei gegenüberliegenden Stufen stehen bereit. Durch ein großes Fenster können Sie einen Blick auf die Bäume und das Außen-Tauchbecken werfen.
DAS SANARIUM® 55 – 60 °C	Sie entspannen bei einer Temperatur zwischen 55 – 60 °C und 60 % Luftfeuchtigkeit. Musik und Farblicht-Spotlights unterstützen für die maximal 10 Gäste den erholsamen Aufenthalt.
DAS SOLE-DAMPFBAD	In der großzügigen, mit grünem Mosaik gekachelten Dampfkammer wird heiße Luft erzeugt. Etwa 12 – 15 Besucher können das Dampfbad auf zwei Sitzebenen genießen.
DIE RUNDSTAMM-SAUNA 100 °C	Im Außenbereich finden Sie eine »Kelo«-Holz-Sauna. Das kleine Schild im Innenraum gibt Auskunft über die Herkunft: »Original aus Kuusamo, Lappland«. Saunieren in »Kelo«-Holz-Saunen ist ein Erlebnis. In dem auf bis zu 100 °C aufgeheizten Raum finden etwa 30 Gäste Platz. Auf dem Sauna-Ofen sind eine große Menge Vulkansteine aufgelegt. Alle zwei Stunden jeweils zur halben Stunde werden die Gäste mit Handaufgüssen verwöhnt. Zwei kleine Fenster lassen den Blick nach außen frei.
DIE MAHTAVA-SAUNA 80 – 90 °C	Die neue MAHTAVA-Sauna im Garten bieten einen großen Schwitzraum mit Platz für rund 80 Personen. Hier werden regelmäßig auf dem großen Ofen bei einer Temperatur von etwa 80 – 90 °C Aufgüsse zelebriert.
DIE LAPLAND-SAUNA 70 – 80 °C	Die Lapland-Sauna wird mit einem Holzofen auf 70 – 80 °C von den Gästen selbst beheizt. Die Sauna bietet bis zu 12 Personen Platz, die sich gerne unterhalten und gerne auch ein Getränk mit in die Sauna nehmen können. Wichtigste Regel dabei ist, bleibe so lange es dir gut tut.

Bad Blau »DAS WOHLFÜHLBAD«

Boschstraße 12, 89134 Blaustein
07304 802-162 | 07304 802-169 | www.badblau.de

DAS ABKÜHLEN

Zur Abkühlung laden die Kaltduschen neben dem Dampfbad ein, mit einer Düsen-Druckdusche, Schwallduschen und natürlich dem Kneippschlauch. Hier finden Sie auch zwei elegante Erlebnisduschen in blauem Mosaik sowie ein durch kleine Glasmosaiken schimmerndes Tauchbad. Ein zweites Tauchbecken mit richtig kaltem Wasser ist im Außenbereich zwischen den Außen-Saunen zu finden. Hier ist auch eine Außen-Dusche und das Kneippbecken zu nutzen. Ein weiteres Kneipp-Tretbecken ist im textilen Sommerbad zu nutzen.

DIE WARMBECKEN

Im 34 °C warmen, runden Relax-Becken lässt sich nach der Abkühlung herrlich entspannen. An den neu gestalteten acht Fußbecken mit beheizten Sitzflächen haben Sie einen »Rund-um-Blick« auf die Innen-Saunen. Bringen Sie unbedingt auch Ihre Badebekleidung mit, um die Warmbecken im Erlebnisbad genießen zu können.

DER AUSSENBEREICH

Die Außenanlage ist in zwei Zonen gegliedert. Im größeren Bereich finden Sie eine MATAVA-Sauna, eine Kelo- Sauna, ein Tauchbecken, die Felsendusche sowie zahlreiche Liege- und Sitzmöglichkeiten zum Ausruhen und zur Kommunikation. Ein weiterer Gartenteil mit Liegestühlen, Holzdeck der Lapland-Sauna und dem Eventbereich, etwas abgeschieden, erschließt sich Ihnen über

Bad Blau »DAS WOHLFÜHLBAD«

Boschstraße 12, 89134 Blaustein
07304 802-162 | 07304 802-169 | www.badblau.de

einen Weg parallel zum Sauna-Bistro. Der Saunagarten ist abwechslungsreich mit Sträuchern, Bäumen und Büschen gestaltet. Besonders angenehm ist es, im Sommer unter einem alten Akazienbaum auf einer Bank zu verweilen. Vorhanden ist auch eine Grillstelle neben der Lapland-Sauna, die bei Events zum Einsatz kommt.

RUHEMÖGLICHKEITEN Im großen Ruhebereich mit zahlreichen Liegemöglichkeiten findet sich auch eine große, beheizte Steinliegefläche als Wärmebank zur Entspannung. Wer es noch ruhiger haben möchte, dem steht ein zusätzlicher Ruheraum mit weiteren Liegeplätzen und zwei Wasserbetten zur Verfügung.

WELLNESS | SOLARIEN Von der neuen komfortablen Lounge, in der sich nach dem Saunagang herrlich entspannen lässt, gelangen Sie – ohne Umweg über den Badebereich – zu den Massagen. Vereinbaren Sie bitte rechtzeitig einen Termin. Das Solarium, die Infrarotkabinen und die »Sonnendüne« mit Wärmelampen finden Sie auf der Galerie in der Badelandschaft.

Bad Blau »DAS WOHLFÜHLBAD«

Boschstraße 12, 89134 Blaustein
07304 802-162 | 07304 802-169 | www.badblau.de

BLAUSTEIN

EVENTS

Im neuen Eventbereich wird Glühlachs und Feuerkaffee serviert, aber auch andere Events finden im Jahresablauf statt. Schauen Sie auf die Internetseite, um die Termine nicht zu verpassen – echte Highlights, die viel Freude machen.

GASTRONOMIE

Der Zugang zum Sauna-Café erfolgt barrierefrei direkt vom Anwendungsbereich aus. Hier werden Erfrischungen und Kleinigkeiten für Sie bereitgehalten. Das Angebot des Bistros im Badbereich umfasst abwechslungsreiche Tagesessen, frisch für Sie zubereitet, oder auch selbst gebackenen Kuchen für die Kaffeepause.

ZAHLUNGSVERKEHR

Während des Aufenthalts können Sie Dienstleistungen und Verzehr wahlweise bar bezahlen oder auf Ihren Chip aufbuchen. Dann zahlen Sie erst beim Verlassen des Bades. Ein Nachzahlautomat ist zusätzlich integriert worden.

PARKMÖGLICHKEITEN

Für den Sommer sehr angenehm sind die zahlreichen, Schatten spendenden Bäume auf dem kostenfrei nutzbaren Parkplatz.

132 Stadtbad Ditzingen »DEM ALLTAG ENTFLIEHEN«

Gyulaer Platz (Navi Adresse Hohenstaufenstraße 3), 71254 Ditzingen
07156 951216 | www.ditzingen.de

DITZINGEN
GUTSCHEINHEFT S. 9

GEBOTEN WIRD:

DAS RESÜMEE
Das Ditzinger Stadtbad bietet sowohl für Sport- als auch Freizeitschwimmer ideale Voraussetzungen. Mit dem 25-Meter Kombibecken, das heißt Schwimmer- und Nichtschwimmerteil, sowie einer 1-Meter-Sprungplattform findet jeder, wonach ihm beliebt. Das neue Kinderplanschbecken bietet eine Fülle an Spielmöglichkeiten.

DER SAUNABEREICH
Die im Herbst 2011 eröffnete Saunalandschaft im Obergeschoss erstreckt sich über 300 qm. Eine durchgängig stimmige Architektur mit einer gekonnten Mischung aus klaren Linien und rund geformten Wänden und Bodengestaltungen, zieht sich durch die gesamte Anlage.

Warme Farben und Holzelemente stimmen schon bei der Ankunft auf Wellness ein. Ins Auge fallen ebenso farblich in Szene gesetzte Funktionsbereiche, etwa die grundsätzlich mit blauen Mosaikfliesen ausgestatteten Duschen sowohl im Innen- als auch im Außenbereich. Sie haben die Wahl zwischen drei Saunen innen und einer weiteren im Saunagarten.

DER EMPFANG
Der Empfang ist nicht personenbesetzt. Ihr Ticket können Sie am Kassenautomat erwerben. Bei Problemen bedienen Sie die Sprechanlage und ein Mitarbeiter hilft Ihnen gerne weiter. Falls Sie möchten, können Sie bei den Mitarbeitern des Hauses Bademäntel zu einem günstigen Preis käuflich erwerben.

Stadtbad Ditzingen »DEM ALLTAG ENTFLIEHEN«

133 DITZINGEN

📍 Gyulaer Platz (Navi Adresse Hohenstaufenstraße 3), 71254 Ditzingen
📞 07156 951216 | 🌐 www.ditzingen.de

DIE ÖFFNUNGSZEITEN

Saunalandschaft	Winterzeit	Sommeröffnungszeiten*
Montag	16:00 – 21:00 Uhr	geschlossen
Dienstag	11:00 – 21:00 Uhr	11:00 – 21:00 Uhr
Mittwoch (Damensauna)	09:00 – 22:00 Uhr	09:00 – 22:00 Uhr
Donnerstag	11:00 – 21:00 Uhr	13:30 – 21:00 Uhr
Freitag	11:00 – 22:00 Uhr	13:30 – 22:00 Uhr
Samstag	09:00 – 22:00 Uhr	09:00 – 22:00 Uhr
Sonntag	09:00 – 19:00 Uhr	09:00 – 19:00 Uhr

*letzte Mai-Woche bis Ende Sommerferien | Im Zeitraum von Oktober – April bietet die Sauna Ihnen Events an wie Grillen (Freitag) und die Lange Saunanacht (Samstag) im 4-wöchigen Rhythmus.

DIE PREISE

Sauna und Bad werden zusammen gebucht. 3 Stunden 9,50 Euro (Lange Saunanacht 13,00 Euro), Tageskarte 11,00 Euro. Bitte beachten Sie die Öffnungszeiten vom Schwimmbad.

UMKLEIDEN | DUSCHEN

Mit einem Wort: gediegen. Die stimmigen Farben der tiefblauen, zum Teil transparenten Umkleideschränke des von Frauen und Männern gemeinsam genutzten Umkleidebereiches, werden mit diesem Adjektiv treffend beschrieben. Von hier aus gelangen Sie unmittelbar in die nun getrennten Sanitärbereiche. Umkleidekabinen im kräftigen rot sowie blickdichten transparenten Wänden finden Sie im angrenzenden Raum.

DIE SAUNEN

DAS SANARIUM
58 °C | 55 %

58 °C und eine Luftfeuchtigkeit von ca. 55 % sind für den Einstieg optimal. Gesundheitlich unterstützt wird der Aufenthalt von der positiven Wirkung der wechselnden Farblichter und den herrlich duftenden Aromen, die hier verdampfen.

DIE FINNISCHE SAUNA
90 °C

Hier geht es für die bis zu 20 Gäste heißer zu. 90 °C und ein Automatikaufguss mit Duft, der immer zur halben Stunde aktiv wird, sind ein Garant für das Schwitzvergnügen. Diese Schwitzkabine ist ebenfalls, wie alle anderen, mit edlem Holz ausgekleidet.

DIE PANORAMA-SAUNA
57 °C

57 °C und eine erhöhte Luftfeuchtigkeit laden auch hier zum längeren Verweilen ein. Durch die im oberen Wanddrittel angeordneten Fenster haben bis zu 25 Saunafreunde einen sehr schönen Blick auf die umstehenden Bäume.

DIE AUSSEN-SAUNA
95 °C

Hier geht es wirklich heiß her. Schon die Temperatur von 95 °C ist eine Ansage. Wenn dann noch stündlich vom Personal aufgegossen wird, sollten Sie in Deckung gehen. Das ist natürlich durchaus nur positiv gemeint, denn die Aufgüsse werden mit Liebe für die bis zu 25 Schwitzfreunde zelebriert. Gewedelt wird u.a. auch mit einer Fahne, die Aufgussmittel duften sehr angenehm und wechseln stündlich: Das macht Freude!

134 Stadtbad Ditzingen »DEM ALLTAG ENTFLIEHEN«

DITZINGEN

📍 Gyulaer Platz (Navi Adresse Hohenstaufenstraße 3), 71254 Ditzingen
📞 07156 951216 | 🌐 www.ditzingen.de

DAS KNEIPPEN

Da, wo geschwitzt wird, können Sie sich auch abkühlen. Innen gibt es Kübel-, Schlauch- und Schwallbrausen und einen wunderbaren Eisbrunnen. Im Außenbereich im Freien gelegene Außenduschen und einen schönen Nebelgang – fein zerstäubtes Wasser kühlt Sie zart herunter: Das hier Geschriebene lesen nutzt da nicht – es gilt, es auszuprobieren.

Unmittelbar nach dem Betreten der Saunalandschaft sind rechts die Fußbäder angeordnet. Auf der erwärmten Bank ist hier auch ein schönes Plätzchen zum Plaudern.

DER SAUNAGARTEN

Achten Sie mal auf die wirklich schönen Natursteine, die als Gehwegplatten eingesetzt wurden. Diese ziehen sich durch bis ins Innere der Saunakabine. Der mehr als 300 qm große Saunagarten ist ein Kleinod: Rasenflächen, der Barfußpfad, der sich kreisrund durch Bäume schlängelt, Blumenbeete, Gräser, Bäume, eine Trennwand zum Schwimmbad aus Weidengeflecht – und Ruhe! Zwei Gebäude zieren den Bereich. Das Duschgebäude mit den zu Beginn beschriebenen blauen Mosaikfliesen, wird von einem freischwebenden, runden, begrünten Dach gekrönt. Das Saunagebäude besteht aus einer Kombination aus runden Titanzink-Säulen (die sich ebenfalls bei dem Duschgebäude wieder finden), Sichtbeton und Holz – klasse gemacht!

Stadtbad Ditzingen »DEM ALLTAG ENTFLIEHEN«

Gyulaer Platz (Navi Adresse Hohenstaufenstraße 3), 71254 Ditzingen
07156 951216 | www.ditzingen.de

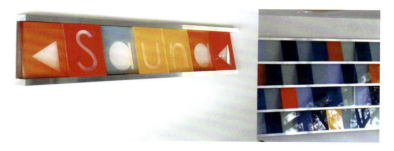

Entspannt zurückziehen können Sie sich im Ruheraum im Innenbereich. Für die Entspannung zwischendurch gibt es Liegen im Bereich der großen Fensteranlage. Weitere Liegen finden sich im Saunagarten.

RUHEMÖGLICHKEITEN

»Atempause« – der Name ist Programm. Vereinbaren Sie unter 07156-170570, oder direkt vor Ort einen Termin. »Atempause« bietet ein breites Angebot an Massage- und Wellness-Behandlungen.

MASSAGEN

Getränke und kleine Snacks gibt es in Selbstbedienung am Automaten. Die Firma heißkalt und frisch, ein Anbieter aus Nürtingen sorgt stets für den regelmäßigen Nachschub. Bei der Mitternachtssauna gibt es eine erweiterte, themenorientierte Speisen- und Getränkeauswahl.

GASTRONOMIE

Sie zahlen die neben dem Eintritt kostenpflichtigen Zusatzleistungen (z. B. Massagen) in bar.

ZAHLUNGSVERKEHR

Im Umfeld des Stadtbades parken Sie kostenfrei. Bitte denken Sie an die notwendige Parkscheibe.

PARKMÖGLICHKEITEN

Saunalandschaft des Ellwanger Wellenbads
»ERHOLUNGSPAUSE VOM ALLTAG«

Rotenbacher Str. 37, 73479 Ellwangen | 07961 84700 | www.ellwanger-wellenbad.de

GEBOTEN WIRD:

DAS RESÜMEE Das im Jahre 1982 in der Kernstadt Ellwangen eröffnete Hallenbad ist heute weitaus mehr als eine einfache Schwimmhalle. Als besondere Attraktion gilt die Wellenanlage im Hauptbecken, woraus der heutige Namen „Ellwanger Wellenbad" abzuleiten ist. Neben der vorwiegenden Orientierung in Richtung Familien- sowie Sport- und Freizeitbad verfügt das Ellwanger Wellenbad über eine moderne und hochwertig ausgestattete Saunalandschaft. Sowohl für Erwachsene als auch für Kinder jeden Alters bietet das Wellenbad ein passendes Freizeitprogramm an.

DER SAUNABEREICH Im Jahr 2013 wurde die Saunalandschaft des Ellwanger Wellenbads einer Komplettsanierung unterzogen. Auf einer Gesamtfläche von rund 700 qm stehen den Saunabesuchern zwei Blockhaussaunen, zwei Sanarien, zwei Ruheräume sowie eine Solekabine zur Verfügung. Der hell und freundlich gestaltete Außenbereich mit 120 qm lädt zur Erholung und Entspannung ein und bietet den Gästen Gelegenheit zum längeren Verweilen.

DER EMPFANG Auch einen spontanen Besuch in der Saunalandschaft ermöglicht die Saunatasche, welche mit allen wichtigen Gegenständen zum Saunaaufenthalt ausgestattet ist. Die Saunatasche ist gegen eine Gebühr leihweise zu mieten oder auf Wunsch der Gäste erwerbbar.

DIE ÖFFNUNGSZEITEN Die Saunalandschaft des Ellwanger Wellenbads hat dienstags von 09:00 – 22:00 Uhr, mittwochs bis freitags von 13:00 – 22:00 Uhr, samstags von 09:00 – 22:00 Uhr sowie sonntags von 09:00 – 20:00 Uhr geöffnet. Die Dienstage sind ausschließlich für Frauen vorbehalten. Zu den übrigen Zeiten findet gemischter Betrieb statt.

Saunalandschaft des Ellwanger Wellenbads
»ERHOLUNGSPAUSE VOM ALLTAG«

📍 Rotenbacher Str. 37, 73479 Ellwangen | ☎ 07961 84700 | 🌐 www.ellwanger-wellenbad.de

3-Stunden-Tarif	13,00 Euro	**DIE PREISE**
Tagestarif	14,50 Euro	
Abendtarif (2h vor Schließung)	11,00 Euro	

Der Eintritt für die Saunalandschaft gestattet den Zutritt in die Schwimmhalle.

Der Umkleidebereich für Saunagäste wird von Frauen und Männern gemeinsam genutzt und befindet sich im Untergeschoss des Wellenbads. Die Vorreinigungs-Duschen schließen sich an und sind in einen Damen- und Herrenbereich getrennt.

UMKLEIDEN | DUSCHEN

Mit 60 °C und 50 % Luftfeuchtigkeit sind die beiden Sanarien auch für Sauna-Neulinge sehr gut geeignet. Bis zu 25 Gäste finden in den beiden Kabinen Platz. Das wechselnde Farbenspiel an den Decken schafft eine gemütliche Wohlfühlatmosphäre.

DIE SAUNEN
DIE SANARIEN®
60 °C | 50 %

Die Solekabine ist nicht nur die flächenmäßig kleinste, sondern mit knapp 40 °C die temperaturgeringste Sauna. Maximal 10 Plätze stehen in dem Warmluftbad für

DIE SOLEKABINE
40 °C | 15 %

Saunalandschaft des Ellwanger Wellenbads
›ERHOLUNGSPAUSE VOM ALLTAG‹

Rotenbacher Str. 37, 73479 Ellwangen | 07961 84700 | www.ellwanger-wellenbad.de

Gäste zur Verfügung. Das Highlight hierbei ist die über ein Gradierwerk fließende Sole, welche die Luft zusätzlich mit feinsten Salzkristallen versetzt.

DIE BLOCKHAUSSAUNEN
90 °C | 5 – 7 %

Die finnische Außensaunen bieten ideale Voraussetzungen für Aufgüsse. In den beiden Blockhaussaunen herrscht eine Raumtemperatur von rund 90 °C, die von jeweils einem zentralen Ofen erzeugt wird. Zusammen finden bis zu 50 Saunagäste in den beiden Anlagen Platz. Die stündlich stattfindenden Aufgüsse runden den Aufenthalt für Saunaliebhaber besonders ab.

DAS DAMPFBAD
45 °C | 100 %

Das im Außenbereich angelegte Dampfbad bringt mit gerade einmal 45 °C, dafür mit 100 % Luftfeuchtigkeit maximal 15 Saunabesucher schnell ins Schwitzen. Duftende Saunaaromen sorgen für freie Atemwege und angenehme Atmosphäre.

DAS ABKÜHLEN

Nach dem Aufguss lädt ein Tauchbecken zur Abkühlung ein. Anschließend bieten farblich beleuchteten Erlebnisduschen eine angenehme Erfrischung. Des Weiteren dient der im Zentrum der Sauna gelegene Eisbrunnen zur Abkühlung des Körpers.

RUHEMÖGLICHKEITEN

Auf über 100 qm stehen zahlreiche Liegeplätze für Erholung und Entspannung bereit. Der tolle Ausblick in den Saunagarten garantiert einen gemütlichen und wohltuenden Aufenthalt.

Saunalandschaft des Ellwanger Wellenbads
»ERHOLUNGSPAUSE VOM ALLTAG«
Rotenbacher Str. 37, 73479 Ellwangen | 07961 84700 | www.ellwanger-wellenbad.de

In der separaten Wellness-Oase können Sie sich mit Massagen sowie Wellnessbehandlungen verwöhnen lassen. Termine können bereits im Voraus vereinbart werden. (www.ellwanger-wellenbad.de)

WELLNESS | MASSAGEN

In regelmäßigen Abständen finden Motto-Saunanächte im Ellwanger Wellenbad statt.

Genaue Informationen finden Sie auf der Homepage www.ellwanger-wellenbad.de.

EVENTS

Bei den Kassendamen können Sie den Eintritt in die Saunalandschaft sowohl in bar als auch elektronisch mit EC-Karte erwerben.

ZAHLUNGSVERKEHR

Kostenlose Parkplätze stehen den Bade- und Saunagästen rund um das Ellwanger Wellenbad in unmittelbarer Nähe sowie in ausreichender Anzahl zur Verfügung.

PARKMÖGLICHKEITEN

140 Merkel'sches Schwimmbad

ESSLINGEN
GUTSCHEINHEFT S. 9

»DEM HIMMEL SO NAH – ÜBER DEN DÄCHERN VON ESSLINGEN«

📍 Mühlstraße 6, 73728 Esslingen | ☎ 0711 3907-700 | 🌐 www.merkelsches-schwimmbad.de

GEBOTEN WIRD:

DAS RESÜMEE

Im Herzen von Esslingen finden Sie das 1907 von dem Geheimen Kommerzienrat Oskar Merkel gestiftete »Merkel'sche Schwimmbad«. Im Zuge der Baumaßnahmen wurde das Jugendstilgebäude mit seiner Jugendstilornamentik, seinen filigranen Fenstern, der herrlichen Gewölbedecke sowie der umlaufenden Empore originalgetreu mit viel Liebe zum Detail restauriert. Auch das Jugendstil-Thermalbad erstrahlt in neuem Glanz. Genießen Sie – wohltemperiert mit 34 °C – das quellfrische Mineral-Thermalwasser aus der eigenen Quelle. Der besondere Mix – für die Fachleute unter den Besuchern ein »Natrium-Calcium-Chlorid-Sulfat-Mineralthermalsäuerling« – sprudelt aus 200 Metern Tiefe aus dem Boden. Im Jahr 2007 wurde auch das historische Dampfbad wieder in Betrieb genommen: Originalgetreu, bis ins Detail restauriert präsentiert sich das Römisch-Irische Dampfbad wieder in seiner alten Pracht. Umrahmt von Steingutfliesen in hellblau-opaker Glasur, originalen Kapitellen, Säulchen und Gurtbögen mit hübschen Verzierungen an der Decke schwitzen Sie stilecht bei 42 °C in reinem Jugendstil. Ein Luft-Sole-Gemisch im Inhalationsraum lässt Sie tief durchatmen und macht die Atemwege frei. Die Abkühlung genießen Sie im authentischen Kaltwasserbecken.

Die vom deutschen Sauna-Bund e.V. zertifizierte Sauna- und Wellnesslandschaft umfasst zwei Etagen, die durch eine filigrane Glastreppe miteinander verbunden sind. Von der Dachterrasse haben Sie einen herrlichen Blick auf die Altstadt und die Umgebung. Die stimmige Konzeption und die sehr gelungene Materialauswahl mit einer gekonnten Mischung aus Keramik, Natursteinen, Glasmosaik und farbig gestalteten Wänden lassen Sie in eine Oase der Entspannung und des Wohlbehagens eintauchen.

Merkel'sches Schwimmbad
»DEM HIMMEL SO NAH – ÜBER DEN DÄCHERN VON ESSLINGEN«

Mühlstraße 6, 73728 Esslingen | 0711 3907-700 | www.merkelsches-schwimmbad.de

Auf den beiden Etagen beträgt die Gesamtgröße ca. 900 qm, worin drei Außenbereiche enthalten sind, die später beschrieben werden.

DIE GRÖSSE

Sie erhalten am Empfang Ihren Chip, der das Drehkreuz freigibt und den Sie dann mit dem Schrankschlüssel im Umkleidebereich verbinden. Nun verfügen Sie über ein Medium, mit dem Sie bargeldlos alle Leistungen in Anspruch nehmen können.

DER EMPFANG

DIE ÖFFNUNGSZEITEN

	Damensauna	Gemischte Sauna
Montag	13:00 – 22:00 Uhr	
Dienstag		08:00 – 22:00 Uhr
Mittwoch	08:00 – 13:00 Uhr	
Donnerstag		08:00 – 22:00 Uhr
Freitag	08:00 – 15:00 Uhr	15:00 – 23:00 Uhr
Samstag		08:00 – 23:00 Uhr
Sonntag und Feiertags		08:00 – 21:00 Uhr

Grundtarif: 3 Stunden 13,50 Euro | Jede weitere halbe Stunde kostet 0,90 Euro bis zum Erreichen von 17,10 Euro (Tageskarte).

DIE PREISE

Im 1. Obergeschoss befinden sich die in mehrere Einzelräume aufgeteilten Umkleidemöglichkeiten, die für Damen und Herren getrennt sind. Insgesamt stehen etwa 150 Schränke zur Verfügung. Vor den – ebenfalls für Damen und Herren getrennten – großzügigen Duschen ist eine interessante Ablage aus beleuchteten Glaselementen platziert.

UMKLEIDEN | DUSCHEN

Merkel'sches Schwimmbad
»DEM HIMMEL SO NAH – ÜBER DEN DÄCHERN VON ESSLINGEN«

Mühlstraße 6, 73728 Esslingen | 0711 3907-700 | www.merkelsches-schwimmbad.de

DIE SAUNEN — Sie haben die Auswahl zwischen fünf Saunen, einem Dampfbad, einem »Laconium« und einem »Tepidarium«. Alle Saunen und Bäder sind themenbezogen gestaltet. Im Außenbereich sind in einem Holzhaus zwei Saunen untergebracht.

DIE KAMIN-SAUNA
85 °C | 0 % — Die Kamin-Sauna – modern/rustikal – ist als reine Trocken-Sauna mit 0 % Luftfeuchte auf 85 °C temperiert. In der mit Natursteinen gemauerten Wand sind zwei Sauna-Öfen mit vielen Sauna-Steinen und ein Ofen mit offener Flamme hinter einer Glasscheibe untergebracht. Dieser Anblick erzeugt für die maximal 40 Gäste Gemütlichkeit.

DIE STEINHAUS-SAUNA
85 °C | 30 % — Im gleichen Gebäude, nur getrennt durch den Raum, in dem sich die Duschen befinden, ist die Steinhaus-Sauna untergebracht. Der Ausbau hier: rustikal mit Schwartenbrettern. Die Temperatur beträgt 85 °C bei etwa 30 % Luftfeuchtigkeit. Die maximal 30 Personen können den automatischen Aufguss genießen.

INNENBEREICH — Die nachfolgend beschriebenen Saunen sind im Innenbereich zu finden.

Merkel'sches Schwimmbad
»DEM HIMMEL SO NAH – ÜBER DEN DÄCHERN VON ESSLINGEN«
Mühlstraße 6, 73728 Esslingen | 0711 3907-700 | www.merkelsches-schwimmbad.de

ESSLINGEN

In der Aktiv-Sauna findet stündlich ein Handaufguss statt. Dieser Sauna-Raum bietet Platz für etwa 25 Personen, der mit Granitsteinen verkleidete Sauna-Ofen beheizt diesen Schwitzraum auf ca. 94 °C.

DIE AKTIV-SAUNA
90 °C | 10 %

Wie auch die übrigen Saunen ist die Mental-Sauna in Elementbauweise errichtet. Mit einer Wärmewand werden hier 60 °C bei etwa 60 % Luftfeuchtigkeit erzeugt. 15 – 20 Gäste können sich bei Vogelgezwitscher und Waldgeräuschen entspannen.

DAS MENTAL-BAD
60 °C | 60 %

Gelbes Licht sorgt in der Aroma-Sauna für stimmungsvolle Atmosphäre. Die 75 °C werden von der Wärmewand erzeugt, die etwa 15 % Luftfeuchtigkeit sind erfüllt von aromatischen Düften.

DAS AROMA-BAD
75 °C | 15 %

Das Dampf- und Packungsbad besteht aus einem Vorraum mit Duschen und Reinigungsmöglichkeiten. Diese sind für die Körperreinigung nach den Packungen notwendig. Erkundigen Sie sich vor Ort über die Möglichkeiten und zu den zusätzlichen Kosten. Das Dampfbad selbst ist als Halbkreis gebaut und bietet in vier Einzelsegmenten acht bis zehn Gästen gleichzeitig Platz. Die Gestaltung mit einer Lichtdecke und dem Glasmosaik ist sehr gelungen.

DAS DAMPFBAD
80 °C | 100 %

Gegenüber dem Dampfbad finden Sie den für etwa acht Personen ausgebauten Raum, komplett mit erwärmten Natursteinbänken aus brasilianischem Marmor und einer großen Fußauflage in der Raummitte. Angenehme 40 °C bei einer Luftfeuchtigkeit von 45 % lassen langsam entspannen. Die bündig in die Wände eingelassenen Lichtelemente sorgen für wechselnde Lichtstimmungen.

DAS »LACONIUM«
40 °C | 45 %

Merkel´sches Schwimmbad
»DEM HIMMEL SO NAH – ÜBER DEN DÄCHERN VON ESSLINGEN«

Mühlstraße 6, 73728 Esslingen | 0711 3907-700 | www.merkelsches-schwimmbad.de

DAS »TEPIDARIUM« — In dem auf Körpertemperatur erwärmten »Tepidarium« stehen Ihnen etwa zehn gefliese, ergonomisch geformte und temperierte Wärmeliegen zur Verfügung. In der Mitte des Raumes ist ein Brunnen aufgestellt, bei dessen Plätschern Ruhe und Harmonie einkehren.

DAS ABKÜHLEN — Kaltduschen sind jeweils da, wo sie notwendig sind. Auf der ersten Ebene eine Kaltduschlandschaft mit Schwall- und Düsenduschen und natürlich dem Kneippschlauch. Beim Dampfbad gibt es eine Kalt- und Warmdusche, im Außenbereich beim Kaltbecken und auch im Sauna-Haus außen sind ebenfalls Duschen angeordnet.

DIE TAUCHBECKEN — Je nachdem, auf welcher Ebene Sie sich befinden, haben Sie die Auswahl zwischen zwei Tauchbecken: auf der ersten Ebene bei den Kaltduschen – klein aber kalt, im Außenbereich zusätzlich ein großzügiges Tauchbecken von etwa zwei mal vier Metern unter freiem Himmel.

Merkel'sches Schwimmbad
»DEM HIMMEL SO NAH – ÜBER DEN DÄCHERN VON ESSLINGEN«
Mühlstraße 6, 73728 Esslingen | 0711 3907-700 | www.merkelsches-schwimmbad.de

ESSLINGEN

Schon wenn Sie die Anlage betreten, sehen Sie auf dem Weg zur Dusche den Eisbrunnen, in welchem zu Ihrer Erfrischung ständig neues Eis produziert wird.

CRUSHED ICE

Auch an die Kneipp-Anwendung wurde gedacht: Auf der Ebene eins sitzen Sie auf erwärmten Bänken und können die kreislaufanregenden Fußwechselbäder genießen.

DAS KNEIPPEN

Wenn Sie über die Glastreppe die zweite Ebene erreicht haben ist im Zwischentrakt, auf dem Weg nach außen, ein großzügiger Whirlpool installiert.

DER WHIRLPOOL

Der Saunabereich im »Merkel'schen Schwimmbad« verfügt über drei Außenbereiche: auf der Ebene eins, vom Bistro aus, geht es auf eine kleine Dachterrasse mit Bistrotischen; auf der Ebene zwei gibt es ebenfalls eine Dachterrasse mit einigen Liegen und den dritten Bereich, in dem Sie die Saunen, das Tauchbecken und auch Liegen finden.

DIE AUSSENANLAGE

Ein Ruheraum mit etwa zehn Liegen ist abgeschieden im Bereich hinter dem »Tepidarium«, hier herrscht Ruhe! Wenn Sie über die Glastreppe Ebene zwei erreicht haben, sehen Sie unmittelbar den großen, lichtdurchfluteten Ruheraum mit seinen großzügigen Glasfronten.

RUHEMÖGLICHKEITEN

Mit dem vielseitigen Wellnessprogramm wird der Besuch zu einem Erlebnis. Aqua-Training, hawaiianische Lomi-Lomi-Massage, »Hamam«-Massage oder ganzheitliche Wellness-Massagen sind nur ein Auszug aus dem umfangreichen Angebot. Eine Gesamtübersicht finden Sie auf der Internetseite und in den Prospekten im »Merkel'schen Schwimmbad«.

MASSAGEN

An der Sauna-Bar gibt es frische Säfte, zahlreiche weitere Getränke, unterschiedliche knackige Salate und weitere kleine Stärkungen.

GASTRONOMIE

Wie beschrieben können Sie den Aufenthalt bargeldlos über Ihren Chip-Coin genießen. Gezahlt wird – bis auf den Eintritt – beim Verlassen des Bades.

ZAHLUNGSVERKEHR

Direkt neben dem »Merkel'schen Schwimmbad« gibt es einen Parkplatz. Aber auch nur wenige Gehminuten entfernt ist das Parkhaus »Küferstraße/Altstadt«, in dem Sie – in Abhängigkeit von Ihrer Aufenthaltsdauer – eine Ermäßigung erhalten.

PARKMÖGLICHKEITEN

Volle Erstattung der Parkgebühren bei Nutzung des Parkplatzes am Neckarfreibad.

146 F.3 Fellbach »FAMILIEN- UND FREIZEITBAD«

FELLBACH
GUTSCHEINHEFT S. 11

Esslinger Straße 102, 70734 Fellbach
0711 794850 | www.f3-fellbach.de

GEBOTEN WIRD:

DAS RESÜMEE Dem Alltag entfliehen, neue Energie tanken und die Seele baumeln lassen – Erleben Sie unvergessliche Momente bei einem Kurzurlaub im modernsten Erlebnisbad der Region. Das F.3 ist in drei Bereiche gegliedert. Neben der außergewöhnlichen Saunawelt mit acht unterschiedlichen Schwitzräumen und großem Saunagarten umfasst das F.3 Angebot eine Sportwelt und eine Erlebniswelt.

Die Sportwelt beinhaltet ein Kombibecken mit 25m Bahnen, Sprunganlage, Kletterwand und Lehrschwimmbecken. Während der Freibadsaison lässt das gut 1.000 qm große Sommerfreibecken mit fünf 50m langen Bahnen Sportschwimmerherzen höher schlagen. Für die Jüngsten ist auf dem ca. 10.000 qm großen Freibadgelände eine großzügige, maximal 60cm tiefe Wasserfläche mit Matschplatz, Rutsche und zahlreichen Wasserattraktionen angelegt. Die weitläufige Liegewiese lädt zum entspannten Sonnenbaden ein.

In der Erlebniswelt erwarten Sie unterschiedlich warm temperierte Erlebnisbecken mit zahlreichen Wasserattraktionen wie Massageliegen und -sitzen, Bodensprudlern und Wasserspeiern, sowie ein liebevoll angelegter Kleinkinderbereich mit Schiffchenkanal. Zudem gibt es ein Soleaußenbecken mit Strömungskanal und ein Riesen-Whirlpool. Für Nervenkitzel sorgen die Loopingrutsche mit Raketenstart, die Reifenrutsche „Aqua Racer" und eine Turborutsche. Abgerundet wird das Erlebnisangebot durch zahlreiche Liegemöglichkeiten und dem Familienrestaurant.

DIE GRÖSSE Die Gesamtgröße des F.3 Familien- und Freizeitbad Fellbach beträgt mehr als 35.000 qm, die weitläufige Saunawelt allein erstreckt sich auf etwas über 12.000 qm.

F.3 Fellbach »Familien- und Freizeitbad«

Esslinger Straße 102, 70734 Fellbach
0711 794850 | www.f3-fellbach.de

FELLBACH

An der Kasse im Foyer erhalten Sie einen Chipcoin, der sowohl den Schrank verschließt als auch im gesamten F.3 als Zahlungsmittel eingesetzt wird. Jeder Schrank kann verschlossen werden, die Schranknummer ist aus Sicherheitsgründen nicht auf dem Chipcoin vermerkt, bei Verlust sind Wertsachen somit gesichert. Falls die Schranknummer vergessen wird, kann sie am Empfang oder in der Schwimmmeisterinfo ausgelesen werden. Es werden Bademäntel und Handtücher verliehen, im hauseigenen Shop werden diverse Badeartikel und Badebekleidung angeboten.

DER EMPFANG

Sonntag bis Donnerstag und an Feiertagen	09:00 – 22:00 Uhr
Freitag und Samstag	09:00 – 23:00 Uhr
Frühschwimmen Indoor Donnerstag Freibad (während der Sommersaison)	ab 07:00 Uhr 07:30 – 20:00 Uhr

DIE ÖFFNUNGSZEITEN

2 Stunden-Aufenthalt	18,90 Euro
4 Stunden-Aufenthalt	22,90 Euro
Tageskarte	25,90 Euro

DIE PREISE

Es gibt Ermäßigungen für Kinder / Jugendliche und in Form von 10er- und Jahreskarten.

Es stehen 1.500 abschließbare Schränke, 128 Wertschließfächer, 60 separate Umkleiden, vier Sammelumkleiden und Familienumkleiden zur Verfügung. Es gibt behindertengerechte Umkleiden, Duschen und Toiletten. Herren- und Damenduschen sind voneinander getrennt.

UMKLEIDEN | DUSCHEN

Mit acht wunderschönen Saunen und Dampfbädern, angefangen beim Infrarotraum 32 °C bis zur fast 60 qm großen Kelo-Sauna mit 80 °C, erfüllt die F.3 Saunawelt selbst höchste Ansprüche passionierter Saunagänger. Mit dem 160 qm großen Sole- Außenbecken, einem 20 qm großen Whirlpool, zahlreichen Ruhemög

DIE SAUNEN

F.3 Fellbach »Familien- und Freizeitbad«

Esslinger Straße 102, 70734 Fellbach
0711 794850 | www.f3-fellbach.de

lichkeiten und einem phantastischen Kaminzimmer mit offener Feuerstelle wird die Zeit auch zwischen den Saunagängen nicht langweilig. Das textilfrei nutzbare Solebecken hat eine Temperatur von ca. 34 °C und verfügt über zahlreiche Wasserattraktionen wie Bodensprudler, Wasserspeier und Massagesitze. Innere Einkehr und totale Harmonie lassen sich im liebevoll und großzügig angelegten Saunagarten finden. Die gesamte Saunawelt ist textilfrei.

DER INFAROTRAUM

Vier SensoCare-Sensoren messen berührungslos an jedem der sechs Infrarotsitze die Hauttemperatur um die Intensität der Infrarot-C-Strahlen optimal und individuell an den Körper anzupassen. Sobald Sie sich zurück lehnen startet das Programm vollautomatisch. Empfohlen wird eine Anwendung jeden zweiten Tag für die Dauer von 20 Minuten.

DAS DAMPFBAD
48 °C | 100 %

Mit einer Luftfeuchtigkeit von 100 % und einer durchschnittlichen Temperatur von 48 °C wirkt sich ein Besuch im Dampfbad positiv auf Haut, Haare und Atmungsorgane aus. Die Bedingungen im Dampfbad bilden die ideale Grundlage zu einer umfassenden körperlichen Regeneration und lindern Verspannungen und Nervosität.

DIE TROCKENSAUNA
90 °C

Die geringe Luftfeuchtigkeit von ca. 25 % und die Temperatur von ca. 90 °C machen die Trockensauna zu einem klassischen Schwitzraum. Wechselnde Düfte unterstützen das besondere Wohlgefühl. Durch die Latten der Bänke kann die Luft sehr gut zirkulieren, was dafür sorgt, dass es immer heißer wird, je höher man sitzt. In dieser Sauna werden nur vereinzelt Aufgüsse angeboten um die niedrige Lufttemperatur zu erhalten.

AUFGUSSSAUNA
80 °C

Mit 80 °C liegt die Aufgusssauna im mittleren Bereich der F.3 Temperaturskala. Bei einer Größe von knapp 40 qm fasst die Aufgusssauna ca. 50 Personen Hier finden regelmäßig Meditationsaufgüsse mit sanfter Entspannungsmusik statt. Als Zusatz werden zum Aufguss im Wechsel kühlende Eisbrillen, Mentholkristalle und verschiedene Überraschungen gereicht.

F.3 Fellbach »FAMILIEN- UND FREIZEITBAD«

Esslinger Straße 102, 70734 Fellbach
0711 794850 | www.f3-fellbach.de

Die Biosauna hat eine den Organismus schonende Temperatur von 60 °C, die Luft wird durch Verdampfer befeuchtet um den regenerativen Effekt zu verstärken. Bei einer Größe von knapp 25 qm fasst die Biosauna ca. 30 Personen. Hier finden keine Aufgüsse statt. Die Entspannung wird durch Farbwechsel-installationen und leiser Musik unterstützt.

DIE BIOSAUNA
60 °C

Die Temperatur von 75 °C wird von vielen moderaten Saunagängern als sehr angenehm empfunden. Die Salzsauna hat eine Größe von 34 qm, ca. 50 Personen finden gleichzeitig einen Platz. 1,5 Tonnen Salz und Salzblöcke geben Salzionen in die Luft ab – sehr angenehm bei Atemwegserkrankungen. Der Salzaufguss ist eine pflegende Anwendung für den ganzen Körper. Nach dem ersten Durchgang wird eine Salz Öl Mischung zum Abreiben gereicht. Der Körper nimmt Mineralstoffe und Spurenelemente auf, der Stoffwechsel wird angeregt. Das wohltuende und gut riechende Öl bildet einen Schutzfilm, dieser fettet, pflegt, erwärmt, entwässert und entspannt die Haut gleichmäßig und gibt ihr Feuchtigkeit zurück. Nach dem Einreiben erfolgt Teil Zwei des Aufgusses. Die Salz-Öl-Mischung verbleibt währenddessen auf der Haut und kann so seine volle Wirkung entfalten.

DIE SALZSAUNA
75 °C

F.3 Fellbach »Familien- und Freizeitbad«

Esslinger Straße 102, 70734 Fellbach
0711 794850 | www.f3-fellbach.de

DIE KELOSAUNA
80 °C

Mit einer Temperatur von 80 °C und fast 60 qm Platz ist die Kelosauna das absolute Highlight im Saunaprogramm des F.3 und fasst bis zu 70 Personen. Hier finden unter anderem die F.3 Spezialaufgüsse XXL statt. Das Besondere und Charakteristische bei dem diesem Aufguss sind die über 3 Runden von Fächer zur Fahne gehenden und die anschließende Erfrischung (Abkühlung durch eine kalte Dusche und Kneippguss). Zudem wird mit doppelter Menpower gewedelt. Dieser Aufguss ist nur für geübte Saunagänger geeignet.

DIE REBENSAUNA
80 °C

Die Rebensauna bietet mit 26 qm ca. 45 Personen Platz. Die Temperatur liegt bei 80 °C. Passend zum Thema der Rebensauna werden hier zu den Aufgüssen Traubenkernpeelings angeboten. Fellbach ist bekannt für seinen Weinanbau und den daraus resultierendem guten Wein. Dieses Thema wird bei diesem Aufguss erneut aufgegriffen und deshalb wird nach dem Aufguss eine einmalige Weintraubenpeeling-Gesichtsmaske angeboten. Weintrauben enthalten zahlreiche Vitamine, unter anderem die Klassiker A, C und E. Sie stärken das Immunsystem, welche in der kalten Jahreszeit wichtig sind um Erkältungskrankheiten vorbeugen zu können. Durch das sanfte Einmassieren des Peelings auf die warme offenporige Haut löst sich die oberste Hautschicht, so dass die Haut jünger und geschmeidiger wird. Die Gesichtsmaske nach dem Aufguss noch 10 min einwirken lassen und dann unter der Dusche abspülen.

DER SAUNAGARTEN

Auf über 10.000 qm erstreckt sich der weitläufige und liebevoll angelegte Saunagarten. Mit Blick auf die Weinberge lässt es sich hier herrlich entspannen. Sonnendecks und schier unbegrenzte Sitz- und Liegemöglichkeiten bieten ganzjährig viel Platz zum Ruhen und Regenerieren. Im Sommer ein wahres Paradies zum ungestörten Sonnenbaden lädt der Saunagarten mit drei Außensaunen und dem 34 °C warmen Soleaußenbecken auch und gerade im Winter zum Erholen und Kraft tanken ein!

DAS ABKÜHLEN

Zentral im Innenbereich der Saunawelt befindet sich ein großer Eisbrunnen. Hier steht jederzeit Crushed Ice zur Abkühlung bereit. Vis-á-vis befinden sich paarweise angeordnete Kalt-Warm-Fußbecken. Ebenfalls in unmittelbarer Nähe bietet das Tauchbecken die Möglichkeit zur Ganzkörperabkühlung. Zusätzlich zu den regulären Reinigungsduschen gibt es sowohl im Saunagarten, als auch im Innenbereich verschiedene Erlebnisduschen zur Abkühlung.

RUHEMÖGLICHKEITEN

Drei abgeschlossene Ruheräume mit etlichen Liegen, Ruhebetten und Sitzecken bieten Raum und Gelegenheit zum ungestörten Ruhen zwischen den Saunagängen. Weitere Liegen, Sonnendecks und Ruhemuscheln stehen sowohl innen als auch im Saunagarten in den offenen Bereichen zur Verfügung.

WELLNESS OASE

Wer pure Entspannung sucht, der findet sie im außergewöhnlichen Wohlfühlambiente der Wellness Oase direkt in der Saunawelt. In drei harmonisch in die

F.3 Fellbach »FAMILIEN- UND FREIZEITBAD«

 Esslinger Straße 102, 70734 Fellbach
 0711 794850 | www.f3-fellbach.de

Saunalandschaft integrierten Massageräumen werden von sorgfältig geschulten Mitarbeitern eigens von Kahraman Massagen entwickelte Aromaöl Massagen, ayurvedische Behandlungen und exotische Anwendungen angeboten – hier fällt es leicht in tiefe Entspannung zu gleiten und Körper und Geist in Einklang zu bringen. Ihr Wohlbefinden ist in den besten Händen.

EVENTS

An jedem ersten Samstag eines Monats findet die lange Saunanacht statt. Jeweils mit eigenem Motto versehen, bieten die Saunanächte zum Thema passende Spezialaufgüsse und besondere Attraktionen, wie z.B. Künstler, Licht- oder Feuershows, Therapeuten und Trainer. Auf den Themenabend abgestimmte gastronomische Angebote schaffen den kulinarischen Rahmen, passende Düfte und Wellnessanwendungen runden das Angebot ab. Besondere Lichtinstallationen, viele Überraschungen und eine harmonische musikalische Untermalung machen jede Saunanacht zu einem ganz besonderen Highlight.

GASTRONOMIE

Kulinarische Bedürfnisse werden im Saunarestaurant erfüllt. Mit Blick auf den Garten lassen sich hier in entspannter Atmosphäre vielfältige saisonale Erfrischungen, Snacks und schmackhafte Köstlichkeiten genießen. Saunagästen stehen zudem sowohl das Familienrestaurant als auch die Freibadgastronomie zur Verfügung.

ZAHLUNGSVERKEHR

Alle in der Sauna- und Erlebniswelt in Anspruch genommenen Leistungen werden auf den Chip-Coin gebucht und erst bei Verlassen des F.3 beglichen. Im Freibadbereich kann auch mit Bargeld bezahlt werden.

PARKMÖGLICHKEITEN

Für F.3 Gäste stehen direkt am Gebäude 300 kostenlose PKW Stellplätze und sechs behindertengerechte Parkplätze zur Verfügung. Das Parkticket wird beim Eintritt ins Bad entwertet. Zusätzlich vorhanden sind knapp 250 Fahr- und Motorradstellplätze und 6 Wohnmobilstellplätze.

152 FILDORADO

Fildorado »GENIESSE DIE VIELFALT«

Mahlestraße 50, 70794 Filderstadt-Bonlanden
0711 772066 | 0711 777395 | www.fildorado.de

GUTSCHEINHEFT S. 11

GEBOTEN WIRD:

DAS RESÜMEE
Das Fildorado Filderstadt steht für Vielfalt und bietet mit Erlebnisbad, 5-Sterne Saunalandschaft, 5-Sterne Fitness Club sowie abwechslungsreich gestaltetem Freibad Wohlfühlmomente für die ganze Familie. In der Erlebnishalle erleben Besucher mit Blackhole-, Reifen- und Schanzenrutsche Spaß & Spannung, dazu kommen ein Wellenbecken mit Regendusche und Wellen bis zu 1 m Höhe, Strömungskanal, Kinderbecken mit separatem WC, Wickelraum und einer Wärmebank, 25 m Sportbecken sowie das 33 – 34 °C warme Thermalbecken, das über eine Schleuse vom Innenbereich aus zu erreichen ist. Das Erlebnisbad bietet aber noch eine ganze Reihe weiterer Attraktionen wie etwa eine Schwimmschule, Wellness-Geräte, regelmäßige Aqua-Fitness-Kurse, Pool-Partys »for kids!«, actionreiche Ferienprogramme, das beliebte Meerjungfrauenschwimmen und individuell wählbare "Rundum-Sorglos-Pakete" für Kindergeburtstage, wahlweise mit Animation und Gastronomie. Sowohl die Bade- als auch die Saunalandschaft des Fildorado ist behindertengerecht und barrierefrei ausgebaut.

DIE GRÖSSE
Die 5-Sterne Saunalandschaft verfügt über einen exklusiven separaten Zugang und erstreckt sich insgesamt über eine Fläche von 6.000 qm inklusive einem einmalig schönen Saunagarten und einer Dachterrasse. Die Saunalandschaft umfasst zwei Gebäudeteile, die über eine Glastür im Erdgeschoss sowie über eine Dachterrasse im Obergeschoss miteinander verbunden sind. Im Außenbereich befindet sich zudem ein weiterer, frei stehender Saunakubus. Den Saunagästen steht auch ein nur ihnen zugänglicher Umkleideriegel zur Verfügung.

DIE REZEPTIONEN
Das Fildorado bietet mit dem separaten Saunazugang und der Erlebnisbad-Rezeption seinen Gästen zwei Möglichkeiten, die Anlage zu betreten. Im Foyer des

Fildorado »GENIESSE DIE VIELFALT«

Mahlestraße 50, 70794 Filderstadt-Bonlanden
0711 772066 | 0711 777395 | www.fildorado.de

FILDERSTADT

Erlebnisbads ist der Aquasel-Shop integriert, in dem Sie Badezubehör, Dusch- und Pflegeprodukte und anderes mehr kaufen können. An der Erlebnisbad-Rezeption sind Fildorado Fan-Artikel erhältlich. Der exklusive, sehr ansprechend gestaltete Saunazugang verfügt zudem über eine Media-Lounge sowie eigene Parkplätze für die Saunagäste direkt vor dem Eingang.

Mo. – Sa. von 09:00 – 22:30 Uhr, So. und Feiertag 09:00 – 21:00 Uhr. Damensauna in der »Club-Sauna« Di. von 09:00 – 22:30 Uhr, Do. von 09:00 – 14:00 Uhr.

DIE ÖFFNUNGSZEITEN

5-Sterne Saunalandschaft inkl. Erlebnisbad: Mo. – Fr. 3 Stunden 18,70 Euro, Verlängerung 1,15 Euro je 20 Min., Tagestarif 25,60 Euro ab 300 min. Abendkarte ab 20 Uhr 13,70 Euro. Samstag, Sonntag und feiertags jeweils 1,10 Euro Aufschlag. Preise für Wertkarten sowie weitere Ermäßigungen finden Sie im Internet oder erfragen Sie bitte vor Ort. Preiserhöhungen vorbehalten.

DIE PREISE

Die Saunagäste verfügen über einen separaten Umkleideriegel mit getrennten Duschen und WCs für Damen und Herren sowie eine eigene Umkleide und Dusche für Behinderte. Für die Erlebnisbadnutzer steht eine große und ausreichende Anzahl Spinde sowie Umkleiden im Erlebnisbadbereich zur Verfügung.

UMKLEIDEN | DUSCHEN

Sie haben die Wahl zwischen acht Saunen und drei Dampfbädern. Dem Aufgussplan entnehmen Sie die Zeiten und Düfte. Es wird ein breites Aufgussprogramm angeboten mit ständig wechselnden Düften, regelmäßigen Eisaufgüssen oder Salzabrieb. Zudem gibt es für die Saunagäste kostenfreie Wohlfühl-Zeremonien in der Meditations- & Panorama-Sauna!

DIE SAUNEN

Fildorado »GENIESSE DIE VIELFALT«

FILDERSTADT

Mahlestraße 50, 70794 Filderstadt-Bonlanden
0711 772066 | 0711 777395 | www.fildorado.de

DIE CLUB-SAUNA
60 – 85 °C

Der Bereich der »Club-Sauna« ist eine in sich geschlossene Einheit, die auch exklusiv gemietet werden kann. Erkundigen Sie sich bitte im »Fildorado«. Die Vario-Sauna-Kabine für etwa 30 – 35 Personen wird mit 60 – 85 °C beheizt; hier kommen Sie auch in den Genuss der Farblicht-Stimulation. Weiterhin steht Ihnen hier ein Rasulbad für sechs Personen zur Verfügung. Entspannung finden Sie im Ruheraum »Terra«.

Selbstverständlich verfügt der Bereich sowohl über Warm- als auch Kaltduschen. Von der »Club-Sauna« aus haben Sie einen direkten Zugang zu einem kleinen, separaten Sauna-Garten mit Tauchbecken.

DIE VITAL-SAUNA
85 – 90 °C

Der große Doppel-Sauna-Ofen in der Raummitte erwärmt diesen Schwitzraum für die maximal 50 – 60 Gäste auf 85 – 90 °C, es werden hier vom Personal Aufgüsse zelebriert. Im oberen Bereich können Sie auf breiten Liegeflächen entspannen.

DIE MEDITATIONS-
SAUNA
80 °C

Die mit wechselndem Farblicht hinterleuchtete Glaswand und der beleuchtete Kupferdom an der Decke sorgen für ein ganz spezielles Ambiente. Bei 80 °C können bis zu 40 Gäste gleichzeitig der entspannenden Musik lauschen. Jede halbe Stunde findet ein Automatikaufguss statt.

Fildorado »Genieße die Vielfalt«

Mahlestraße 50, 70794 Filderstadt-Bonlanden
0711 772066 | 0711 777395 | www.fildorado.de

FILDERSTADT

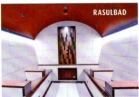

25 – 30 Gäste werden bei 60 °C und 40 % Luftfeuchtigkeit mit unterschiedlichen Düften verwöhnt. Mit Farblicht-Stimulation.	**DIE AROMA-SAUNA** 60 °C
In grün/schwarz gefliestes Dampfbad mit gewölbter Decke und Sternenhimmel in wechselnden Lichtfarben. Ein besonderes Highlight für die max. 15 Gäste: Bei wechselnden aromatischen Düften beträgt die Temperatur 45 – 48 °C, die Luftfeuchtigkeit 100 %.	**DAS NEBELBAD** 45 – 48 °C
Im Rasulbad mit 45 – 48 °C und 100 % Luftfeuchtigkeit werden zu bestimmten Zeiten (gegen Aufpreis) verschiedene orientalische Rasul-Anwendungen durchgeführt.	**DAS RASULBAD** 45 – 48 °C
Im Außenbereich fallen ein weiteres großes Gebäude sowie ein freistehender Kubus aus Sichtbeton und Glas ins Auge, in denen sich folgende Saunen und ein weiteres Dampfbad befinden:	**AUSSENBEREICH**
Bei einer Temperatur von 90 – 95 °C wird vom Personal für die maximal 40 – 50 Gäste aufgegossen. Der mit wärmespeichernden Sandsteinen ummauerte Sauna-Ofen steht zentral in der Raummitte.	**DIE EVENT-SAUNA** 90 – 95 °C

156 Fildorado »GENIESSE DIE VIELFALT«
FILDERSTADT

Mahlestraße 50, 70794 Filderstadt-Bonlanden
0711 772066 | 0711 777395 | www.fildorado.de

PANORAMA-SAUNA

DIE PANORAMA-SAUNA
80 – 85 °C

Einfach nur schön: so kann man den Rundumblick aus den großen Fenstern der Panorama-Sauna (80 – 85 °C) am besten beschreiben. In dem modern und großzügig gestalteten Schwitztempel finden für max. 70 Personen ebenfalls Aufguss-Zeremonien statt. Hier gibt's im wahrsten Sinne des Wortes »Platz zum Liegen«. Für traumhaftes Ambiente sorgen edles Wenge-Holz, eine strahlenförmig angelegte Holzdecke und organisch geformte breite Liegeflächen. Freitags können Sie zusätzlich eine kostenfreie Gong-Zeremonie genießen.

DAS CALDARIUM
45 – 48 °C

Das Caldarium-Dampfbad ist mit 45 – 48 °C und 100 % Luftfeuchtigkeit eine ziemlich runde Sache: Dank indirekter Beleuchtung und seiner flammend schönen Gestaltung bietet es die ideale Kulisse für alle, die sich stilvoll in angenehme Wärme hüllen lassen möchten.

DIE KAMIN-SAUNA
90 °C

Die Kamin-Sauna ist im zweiten Außengebäude zu finden. Die gemütliche Atmosphäre in der Kamin-Sauna wird zum einen von den unbesäumten, massiven »Kelo«-Holzbrettern erreicht, zum anderen von der – echten – Holzfeuerflamme hinter Glas. Diese urgemütliche Trockensauna können bei 90 °C etwa 40 Gäste gleichzeitig genießen und dabei wunderbar entspannen.

DIE GOLDBERGWERK-SAUNA
85 – 90 °C

Diese Saunakabine ist in ganz Süddeutschland einzigartig und zeichnet sich durch ein ganz besonderes Ambiente aus. Saunafans finden hier Felswände, eine echte Lore, Grubenlampen, Werkzeuge und beleuchtete Goldadern vor. Immer zur Viertel- und Dreiviertelstunde erfolgt in der 85 – 90 °C heißen Trockensauna ein automatischer Aufguss.

DAS ABKÜHLEN

Zum Abkühlen finden Sie alles, was das Herz begehrt: Kübeldusche, Schwall- und Druckduschen – natürlich auch Kneippschläuche. Und wem es dann noch nicht reicht, der reibt sich am Crushed-Ice Brunnen mit frischem Eis ab. Für den ultimativen Kältekick gibt es zwei Tauchbecken, je eines im Innen- und eines im Außenbereich der »Club-Sauna«.

Fildorado »Geniesse die Vielfalt«

📍 Mahlestraße 50, 70794 Filderstadt-Bonlanden
☎ 0711 772066 | 📠 0711 777395 | 🌐 www.fildorado.de

157
FILDERSTADT

SAUNAGARTEN AUF RUND 4.000 QM

Im Innenbereich befinden sich vor einer gefliesten Wärmebank Keramik-Wannen für Fußwechselbäder; im Außenbereich können Sie mit »Storchenschritten« durch das Kneipp-Laufbecken eilen. Beides ein Genuss!

DAS KNEIPPEN

Einen Wechsel zwischen Kalt- und Warmbecken können Sie im Außenbereich genießen. Mit ein paar kräftigen Schwimmzügen durch das 20 °C kalte und schön geformte Kaltbecken, dann ins direkt daneben gelegene Warmbecken bei 34 – 36 °C. Hier können Sie auf den integrierten Sitzflächen die angenehmen Massagesprudler genießen. Schauen Sie auch mal in der Dunkelheit vorbei, denn blaue Unterwasser-LED's schaffen eine stimmungsvolle Atmosphäre.

KALT- UND WARMBECKEN 34 – 36 °C

Im Außenbereich erwartet Sie ein schön angelegter, großzügig gestalteter Saunagarten, der mit zahlreichen bequemen Liegestühlen, Liegepodesten sowie mit attraktiven Lounge-Inseln ausgestattet ist. Als Sonnenschutz dienen große Sonnen- und Strohschirme. Eine attraktive Feuerstelle, umgeben von passenden Sitzgelegenheiten, sorgt für weitere stilvolle Outdoor-Erlebnisse.

DIE AUSSENANLAGE

SAUNA-EVENT

SAUNA-BAR

158 FILDERSTADT — Fildorado »GENIESSE DIE VIELFALT«

Mahlestraße 50, 70794 Filderstadt-Bonlanden
0711 772066 | 0711 777395 | www.fildorado.de

RUHEMÖGLICHKEITEN — Insgesamt stehen den Saunagästen im Fildorado fünf unterschiedlich gestaltete Ruheräume zur Verfügung. Die Räume »Terra«, »Aqua«, »Natura«, »Flamma« und »Salounge« bieten jeweils ein ganz eigenes Wohlfühlambiente. Im Ruheraum »Aqua« stehen zudem fünf Wasserbetten zur Verfügung und ein sehr ansprechend gestaltetes Salzwasseraquarium zieht die Aufmerksamkeit auf sich. Der Ruheraum »Natura« ist in der Farbe Grün gehalten und bietet mit einer großen Fensterfront »über Eck« einen wunderbaren Blick in den Saunagarten. Im Ruheraum »Flamma« erwarten sie luxuriöse Liegen, kuschelweiche Decken und ein attraktiver Ethanol-Kamin.

RUHERAUM »SALOUNGE« — Hier ermöglichen exklusive Liegen und gesunde Aerosole aus Trockensalz Entspannung auf höchstem Niveau. Die Salounge ist täglich geöffnet und kostenfrei nutzbar. Freitags können Sie zusätzlich eine kostenfreie Klangschalen-Therapie genießen.

MASSAGEN | SOLARIEN — Das Team im Wellnessbereich des Fildorado sorgt für besondere Massage-Erlebnisse und hält ein großes Angebot an hochwertigen klassischen und außergewöhnlichen Massagen wie beispielsweise Ayurveda-, Hot Stone- oder Hamam-Seifenschaum-Massagen sowie Arrangements bereit. Auf derselben Ebene stehen auch ein Solarium, eine »dreamwater lounge« sowie eine Infrarotkabine zur Verfügung (gegen Aufpreis).

FITNESS CLUB — Der 5-Sterne Fildorado Fitness Club bietet ein umfangreiches Kursangebot (rund 60 Kurse/Woche inkl. Aqua-Fitness-Kursen & Schwimmtechnik-Training) und flexible Mitgliedschaften, zudem ist – je nach Club-Tarif – die kombinierte Nutzung von

Fildorado »GENIESSE DIE VIELFALT«

📍 Mahlestraße 50, 70794 Filderstadt-Bonlanden
☎ 0711 772066 | 🖨 0711 777395 | 🌐 www.fildorado.de

FILDERSTADT

Fitness Club und Erlebnisbad und/oder Saunalandschaft möglich. Viele Serviceleistungen wie beispielsweise eine Freibadsaisonkarte, Mineralgetränke, reservierte Parkplätze, top ausgebildete Trainer, ein umfangreicher Gesundheits-Check, ein Milon-Gerätezirkel, ein modernster Technogym-Gerätepark u.v.m. sind in den Mitgliedschaften bereits enthalten.

EVENTS

Besuchen Sie doch mal die Internetseite des »Fildorado« unter www.fildorado.de: hier präsentiert das Bad regelmäßig tolle Veranstaltungen, Aktionen und Gewinnspiele. Absolute Highlights für alle Saunafans: die regelmäßig stattfindenden Sauna Erlebniswochen mit außergewöhnlichen Duft- und Aufgussvariationen, Langen Sauna Nächten und themenbezogenen Dekorationen.

GASTRONOMIE

In der Sauna-Bar mit direktem Zugang zur Dachterrasse, zur Panorama-Sauna, dem »Caldarium« und dem Ruheraum »Flamma«, gibt es leichte, gesunde und leckere Kost. Das große Badrestaurant mit einer umfassenden Speisekarte befindet sich im Erlebnisbad, außerdem gibt es noch eine Fitness-Lounge und im Sommer einen Freibad-Kiosk.

ZAHLUNGSVERKEHR

Sie können alles bargeldlos genießen. Der Transponder, den Sie zu Beginn erhalten, ist der Schlüssel für Ihren Umkleideschrank. Sie nutzen ihn auch bei Inanspruchnahme von Leistungen. Bezahlt wird alles – auch der Eintritt – beim Verlassen der Anlage. Fildorado-Besucher haben außerdem die Möglichkeit, Wertkarten in Höhe von 100 Euro, 250 Euro oder 500 Euro zu erwerben, mit denen alle Dienstleistungen im Sport- und Badezentrum (außer Beiträge im Fitness Club) bezahlt werden können. Obendrein profitieren Erlebnisbad- und Wellness/SPA-Nutzer dabei von gestaffelten Rabatten auf den Einzeleintritt. Die Karte ist wiederaufladbar und kann problemlos im Webshop erworben werden.

PARKMÖGLICHKEITEN

Ausreichend Parkplätze finden Sie auf dem Fildorado-Gelände, sie können kostenlos genutzt werden. Direkt vor dem separaten Saunazugang gibt es weitere kostenfreie Parkplätze für die Saunagänger. Außerdem verfügt der Fildorado Parkplatz über vier Stellplätze für Wohnmobile.

160 Barbarossa-Thermen

GÖPPINGEN
GUTSCHEINHEFT S. 11

»SAUNAWELT | WELLNESSOASE | BADEARENA | VERWÖHNANGEBOTE«

Lorcher Str. 44, 73033 Göppingen | 07161 6101-630 | www.barbarossa-thermen.de

GEBOTEN WIRD:

DAS RESÜMEE

Die »Barbarossa-Thermen« sind zum einen nach dem römischen Badeprozedere der Schwitzbäder (Thermen) benannt und zum anderen nach Kaiser Friedrich »Barbarossa«, der diese Badetradition – am Gründungspunkt der Stauferdynastie, 1.000 Jahre nach den Römern – wieder aufleben ließ.

Die Barbarossa-Thermen bieten ein breites Angebot, das jeden Gast begeistert: Die Saunawelt mit drei verschiedenen Innensaunen, einem Eisbrunnen und zwei Blockhaus-Saunen mit besonderer Atmosphäre im Sauna-Garten, die Wellnessoase als textiler Bereich mit Warmluftträumen, Dampfbad und einem herrlichen Außenbecken sowie die qualifizierten Therapeuten die mit wohltuenden Massagen den Gast verwöhnen. Für die sportlichen Schwimmer steht in der Badearena ein 25-m-Schwimmerbecken bereit. Die 1-, 3- und 5-m-Sprunganlage ergänzt das Angebot. Das Erlebnisbecken mit Strömungskanal, Wasserpilz, Bodensprudler, Nackenduschen sowie Massagedüsen bietet für Jung und Alt das Passende: Spiel, Spaß und Erholung! Im Lehrbecken bieten die Barbarossa-Thermen und ihren Kooperationspartnern verschiedenste Kurse wie Schwimmenlernen, Wassergymnastik, Babyschwimmen und vieles mehr an. Die vorhandenen Wassertiefen von ca. 0,6 – 1,55 m sind auch für ungeübte Wasserratten problemlos zu meistern. Die rund 57 Meter lange Riesenrutsche ist ein weiteres Highlight in der Badearena. Die Kurven und Jumps bieten ein Rutschgefühl der Extraklasse. Eine elektronische Zeitmessanlage mit Rutschzeit, Tagesbestzeit sowie genereller Bestzeit, bietet einen zusätzlichen sportlichen Anreiz. Für die kleinsten Planscher gibt es im neugestalteten Kind-Eltern-Bereich das Planschbecken mit der Elefanten-Rutsche „Elli", Flusslauf, Wasserfall und verschiedene Wasserspielen.

Barbarossa-Thermen
»SAUNAWELT | WELLNESSOASE | BADEARENA | VERWÖHNANGEBOTE«

📍 Lorcher Str. 44, 73033 Göppingen | ☎ 07161 6101-630 | 🌐 www.barbarossa-thermen.de

GÖPPINGEN

Die Wellness- und Sauna-Landschaft erstreckt sich auf 1.200 qm, dazu kommen mit 2.000 qm der schöne Saunagarten und der großzügig angelegte Wellnessgarten mit einem attraktiven Außenbecken.

DER SAUNABEREICH

Von hier aus erreichen Sie die vier Bereiche. Hier kann der Gast Sauna-Handtücher und Bademäntel ausleihen oder erwerben.

DER EMPFANG

Saunawalt: Täglich 09:00 – 22:00 Uhr

DIE ÖFFNUNGSZEITEN

Für alle Bereiche gilt: Einlassende 60 Minuten vor Öffnungszeitende. Badeschluss 15 Minuten vor Öffnungszeitende. Bitte beachten Sie etwaige Sonderöffnungszeiten im Rahmen der Ferien, Veranstaltungen, Events ... Diese finden Sie immer tagesaktuell im Internet.

Therme	2 Stunden	4 Stunden	Tageskarte
	14,70 Euro	15,70 Euro	16,70 Euro

DIE PREISE

Alle Sauna-Eintritte umfassen die Saunawelt, Wellnessoase und Badearena. Am Umkleideschrank erhalten Sie ein Transponderarmband, das Ihnen ermöglicht sich in der Anlage frei zu bewegen. Wird eine 2- bzw. 4-Stunden-Karte zeitlich überschritten, wird automatisch vor dem Verlassen der Anlage der entsprechende Nachzahlbetrag am Automaten verlangt.

Damen und Herren können sich in getrennten Bereichen umkleiden. Es stehen im Saunabereich jeweils ca. 80 Schränke zur Verfügung. Weitere Umkleidemöglichkeiten sind über den Zugang zur Badearena vorhanden.

UMKLEIDEN | DUSCHEN

Fünf Saunen und das Kristall-Nebelbad warten auf Ihren Besuch. Unter den Rubriken »Wellnessoase« und »Verwöhnangebote« beschreiben werden die zahlreichen Bade- und Massage-Angebote sowie die Irisch-Römische Badeoase separat beschrieben.

DIE SAUNEN

Barbarossa-Thermen
GÖPPINGEN

»SAUNAWELT | WELLNESSOASE | BADEARENA | VERWÖHNANGEBOTE«

📍 Lorcher Str. 44, 73033 Göppingen | ☎ 07161 6101-630 | 🌐 www.barbarossa-thermen.de

---

DIE KRÄUTER-SAUNA
60 °C
Kreislaufschonende Sauna mit attraktiven Steinelementen und einem funkelnden Sternenhimmel. Der Duft aus dem Kräuterkessel verbreitet eine belebende Wirkung.

DIE BERGSAUNA
80 – 85 °C
Die Themensauna im Innenbereich (ca. 80 – 85 °C) bekommt ihren Namen durch die markante Silhouette des Berges „Hohenstaufen", welcher sich als Lichtspiel mit wechselnden Farben an der Rückwand der finnischen Sauna abzeichnet. Dies ist eine von zwei Saunen, in der die stündlichen Aufgüsse stattfinden.

DAS KRISTALL-NEBELBAD
43 – 48 °C
Das Kristall-Nebelbad ist ein angenehmes Schwitzbad mit idealer Kombination von Wärme (ca. 43 – 48 °C) und fast 100 % Luftfeuchtigkeit. Der eingeatmete Dampf wirkt in befreiender Weise direkt auf die Atemwege und Bronchien. Auf der Haut öffnet und reinigt der Dampf die Poren. Die Haut wird dadurch weich und rein.

DIE BLOCKHAUS-SAUNEN
90 – 95 °C
Höhepunkt im Außenbereich sind die beiden Blockhaus-Saunen aus 100 Jahre altem und herrlich duftendem Kelo-Holz. Diese Saunen vermitteln eine Atmosphäre wie in Finnland. Der größere Schwitzraum ist für ca. 30 – 35 Personen als Aufguss-Sauna (90 – 95 °C) konzipiert. Der Sauna-Ofen ist ummauert und in eine massive Steinwand integriert. Durch diese Kombination ist ein hoher Wärme-Strahlungsanteil garantiert. Der Aufguss wird – im stündlichen Wechsel mit der Bergsauna innen – alle zwei Stunden zelebriert.

70 – 75 °C
Der zweite Sauna-Raum im Blockhaus ist die gemütliche Aromasauna, beheizt auf ca. 70 – 75 °C mit einem Kristallstein über dem Saunaofen und urigem Flair. 12 – 15 Gäste finden hier Platz.

DIE STAUFERWALDSAUNA
75 – 80 °C
Die Stauferwaldsauna ist optisch von der großen Saunawelt getrennt, mit Erlebnisduschen, dem Außenbereich »Atrium« und einem Erfrischungsbecken. Die Stauferwaldsauna vermittelt mit Birkenstämmen, Holzscheiten und einem beleuchteten

Barbarossa-Thermen
»SAUNAWELT | WELLNESSOASE | BADEARENA | VERWÖHNANGEBOTE«

Lorcher Str. 44, 73033 Göppingen | 07161 6101-630 | www.barbarossa-thermen.de

GÖPPINGEN

Waldbild das Gefühl inmitten Mutter Natur zu verweilen. Ein automatischer Aufgießer verbreitet dazu angenehme Feuchtigkeit. In der Stauferwaldsauna ist dienstags Damensauna (außer an Feiertagen). Am Textilsaunatag FIT & MIT an jedem 3. Samstag im Monat kann in der Stauferwaldsauna textilfrei sauniert werden.

DER SAUNAGARTEN

Dieser Bereich, mit warmem Entspannungsbecken mit Massageliegen und -düsen sowie Bodenblubber, ist integriert in eine herrliche Sonnenterrasse. Selbstverständlich gibt es nach heißen Saunagängen auch ein Kaltbecken und weiter hinten im Garten zahlreiche Liegestühle in der Sonne und im Schatten, um sich nach den Saunagängen auszuruhen.

DAS ABKÜHLEN

Kaltduschen finden Sie im Innenbereich mit Düsen- und Schwallduschen, aber auch Kneippschläuche sowie eine Kübeldusche. Im Blockhaus sowie im Außenbereich befinden sich weitere Gelegenheiten zum Duschen.

DER EISBRUNNEN

Im Saunabereich steht Ihnen der Eisbrunnen mit Crushed Ice zur Verfügung. Es ist ein fantastisches Gefühl, die Haut mit Eis einzureiben und dann in eine heiße Finnische Sauna zu gehen.

KALTBECKEN

Im Außenbereich finden Sie ein Tauchbecken, im Innenbereich stehen Ihnen Wechselbäder (Kalt- und Warmbecken) zur Verfügung. Der Wechsel zwischen warm und kalt wirkt sehr Kreislauf anregend.

DAS KNEIPPEN

Gegenüber den Wechselbädern haben Sie die Möglichkeit, auf gewärmten Bänken sitzend Kneipp-Wechselfußbäder zu genießen.

DAS ENTSPANNUNGS-BECKEN

Die Saunawelt bietet neben jeder Menge Möglichkeiten zum Abkühlen auch ein wunderschönes Entspannungsbecken unter freiem Himmel mit Massageliegen und Bodenblubber.

RUHEMÖGLICHKEITEN

Im Saunabereich gibt es drei Ruhebereiche: Den Schlafraum, in dem absolute Ruhe herrscht und in den Sie sich zum Schlafen zurückziehen können. Den großen Ruheraum mit zahlreichen Liegen und einer Schrägverglasung, die den Blick in den Wellnessgarten freigibt, sowie eine große, aus Natursteinen errichtete und erwärmte Liegefläche im Saunabereich.

DAMENTAG

An jedem dritten Dienstag im Monat ist Ladies Day. An diesen Tagen sind Saunawelt und Wellnessoase ausschließlich für Damen reserviert. Es werden nur Mitarbeiterinnen in der Sauna eingesetzt. Die genauen Termine können auf der Homepage abgefragt werden.

TEXTILSAUNA FIT & MIT

An jedem 3. Samstag im Monat können Sie in der Saunawelt in Badekleidung schwit-

Barbarossa-Thermen

GÖPPINGEN — 164

»SAUNAWELT | WELLNESSOASE | BADEARENA | VERWÖHNANGEBOTE«

Lorcher Str. 44, 73033 Göppingen | 07161 6101-630 | www.barbarossa-thermen.de

zen (außer Stauferwaldsauna). Dazu werden diverse Wellness-Specials wie Yoga, Entspannungsübungen, Massagen und abwechslungsreiche Aufgüsse angeboten.

AFTER-WORK-SAUNA
Jeden Montag heißt es Saunatuch statt Aktentasche – was gibt es Schöneres, als beim Saunieren einen ereignisreichen Arbeitstag ausklingen zu lassen! Der After-Work-Preis von 11,80 Euro gilt jeden Montag von 16:00 – 22:00 Uhr und umfasst die Saunawelt und Wellnessoase. Außerhalb der Schulferien ist die Nutzung der Badearena aufgrund des Vereinsbetriebes ab 16 Uhr nicht möglich.

DIE WELLNESSOASE
Die Wellnessoase kann nur in Badebekleidung genutzt werden und wartet mit allen Aspekten einer Irisch-Römischen Badeoase auf. Neben Tepidarium (ca. 45 °C) und Caldarium (ca. 55 °C) finden Sie hier ein Sudatorium (Dampfbad), ein Tauchbecken zur Abkühlung. Durch einen Schwimmkanal kommen Sie in ein warmes Außenbecken mit ca. 32 °C Wassertemperatur. Auf den Massageliegen können Sie unter freiem Himmel herrlich entspannen. Der Bodenblubber ist eine weitere Attraktion des Beckens.

DER WELLNESSGARTEN
Der Wellnessgarten ist ein wahrer Ort zum Wohlfühlen. Die Gestaltung über mehrere Ebenen, die Kombination aus einer vielfältiger Pflanzenwelt, Natursteinen und Holz zeigen viel Liebe zum Detail.

Barbarossa-Thermen
»SAUNAWELT | WELLNESSOASE | BADEARENA | VERWÖHNANGEBOTE«
📍 Lorcher Str. 44, 73033 Göppingen | ☎ 07161 6101-630 | 🌐 www.barbarossa-thermen.de

VERWÖHNANGEBOTE

Es werden verschiedene Wellnessmassagen und Wellnessrituale wie das türkische »Hamam«, das orientalisches Rasulbad oder Softpack angeboten. Außerdem können bei den erfahrenen Therapeuten neben klassischen Massagen auch Highlights wie die hawaiianische Lomi Lomi Nui Massage, Bambusmassage oder die beliebte Hot Stone oder Ayurveda-Massage gebucht werden. Für diese Zusatzangebote empfiehlt sich eine frühzeitige Terminvereinbarung.

GASTRONOMIE

Frische Gemüsesäfte, aromatische Heißgetränke, Kuchen, Salate, ein vollwertiger Mittagstisch und eine reichhaltige und gesunde Speisekarte runden das Wellness- und Saunaprogramm im Restaurant, am Imbiss und an der »Vitalbar« ab. Ausführlichere Informationen erhalten Sie im Internet unter www.balance-gp.de und telefonisch unter 07161 9459984.

Im „Balance Café" bezahlen Sie bar und können es ohne eine Eintrittskarte in die Barbarossa-Thermen besuchen. Der „Balance Imbiss" und die „Vitalbar" sind nur verbunden mit einem Eintritt in die Barbarossa-Thermen zugänglich. Dort wird ihr Verzehr bargeldlos auf Ihr Transponderarmband gebucht und Sie bezahlen bequem vor Verlassen der Anlage am Nachzahlautomaten. Am Automaten können Sie bar oder mit Kredit- bzw. EC-Karte bezahlen.

PARKMÖGLICHKEITEN

Es befinden sich 2 Parkplätze mit jeweils 22 Stellplätzen direkt neben den Thermen (Zufahrt über Lorcher Straße und an der Nördlichen Ringstraße). Beide Parkbereiche sind Gebührenpflichtig. Bei Vorlage der Parkquittung an der Hauptkasse der Barbarossa-Thermen, bekommt der Badegast die Parkgebühr bis auf 50 Cent erstattet. Weitere kostenlose Parkplätze befinden sich an der EWS-Arena. Für E-Fahrzeuge steht im Parkbereich der Nördlichen Ringstraße eine Stromtankstelle zur Verfügung.

GUTSCHEINE

Anfragen nach Gutscheinen bitte unter 07161 6101-630 o. info@barbarossathermen.de.

HellensteinBad aquarena »REIN INS VERGNÜGEN«

Friedrich-Pfenning-Straße 24, 89518 Heidenheim
07321 328-130 | 07321 328-159 | www.hellensteinbad-aquarena.de

GEBOTEN WIRD:

DAS RESÜMEE

Das HellensteinBad aquarena ist eine Erlebniswelt für Groß und Klein. Im Hallenbad bietet das 21 x 50 m-Variobecken jede Menge Platz zum Schwimmen. Die Wassertemperatur beträgt 28 °C. Ein besonderes Highlight sind die beiden Rutschen: eine 95 m lange Black-Hole Röhrenrutsche mit faszinierenden Lichteffekten sowie die 55 m lange Reifenrutsche. Im Sportbecken mit einer Grundfläche von 12,5 x 12,5 m steht Ihnen eine Sprunganlage mit 1, 3 und 5 m-Plattformen zur Verfügung. Zu bestimmten Zeiten wartet hier zudem noch eine ganz besondere Attraktion auf die Besucher: Eine Slackline, die quer über das Becken gespannt wird. Beim Balancieren über das nur schwach gespannte Band ist eine Menge Geschicklichkeit gefragt. Wer das Spiel mit dem Gleichgewicht verliert, landet unweigerlich im kühlen Nass.

Für die kleinsten Besucher gibt es zudem ein Kleinkinderbecken mit Minirutsche und Wasserspielzeug bei 32 °C Wassertemperatur. Der Kinderspielbereich sorgt zusätzlich für jede Menge Spaß.

Das Außenbecken ist zu jeder Jahreszeit ein wahrer Jungbrunnen: 18 Massagedüsen, zwei Schwallbrausen und ein Schwallpilz halten bei 34 °C Wassertemperatur den Kreislauf in Schwung. Im Warmsprudelbecken können Sie bei 36 °C auf einer der sechs Whirl-Liegen oder den Whirl-Sitzbänken herrlich entspannen.

Weitere Angebote im HellensteinBad aquarena: Ein abwechslungsreiches Angebot im angrenzenden Fitness-Studio, sowie Tischtennis, Poolbillard, Air-Hockey und Tischfußball. Abgerundet wird das Vergnügen durch den erfrischenden Kneipp-Gang.

HellenteinBad aquarena »REIN INS VERGNÜGEN«

Friedrich-Pfenning-Straße 24, 89518 Heidenheim
07321 328-130 | 07321 328-159 | www.hellensteinbad-aquarena.de

HEIDENHEIM

Im Obergeschoss lädt ein attraktiver Wellness- und Ruhebereich mit zahlreichen Ruhe- und Schaukelliegen rund um einen Baum zum Entspannen ein. Daran angebunden ist eine angrenzende Freiliege-Terrasse mit direktem Zugang zu den Außenbecken und zum Biergarten. Für ein weiteres Stück Entschleunigung sorgt ein Barfußpfad, der die Sinne anregt und die Motorik schult.

Gegen Aufpreis stehen Ihnen zudem ein Solarium, eine Infrarot Wärmekabine sowie wechselnde Wellnessangebote im Anwendungsraum zur Verfügung. Aufsteller und Plakate informieren die Besucher tagesaktuell über die jeweils anwesenden Therapeuten.

Das HellensteinBad aquarena verfügt über einen großzügigen Saunabereich mit unterschiedlich temperierten Saunen. Die Größe der Saunalandschaft beträgt im Innen- und Außenbereich zusammen etwa 1.900 qm.

DIE GRÖSSE

HellensteinBad aquarena »REIN INS VERGNÜGEN«

HEIDENHEIM

Friedrich-Pfenning-Straße 24, 89518 Heidenheim
07321 328-130 | 07321 328-159 | www.hellensteinbad-aquarena.de

DER EMPFANG — In der Eingangshalle des Bads finden Sie den Kassenbereich und den beliebten Bade-Shop mit einem breit gefächerten Sortiment an Artikeln für den persönlichen Bedarf. Sollten Sie zuhause einmal etwas vergessen haben, finden Sie hier ganz einfach Ersatz.

Die Bistro-Theke in der Empfangshalle lädt mit ihrem gemütlichen Sitzbereich und dem angrenzenden Biergarten vor oder nach dem Aufenthalt im Bad zum Verweilen ein. Genießen Sie hier leckere Snacks, kühle Getränke und duftende Kaffeespezialitäten. Ausgewählte Speisen und Getränke erhalten Sie auf Wunsch auch „To Go".

DIE ÖFFNUNGSZEITEN

Montag	12:00 – 21:00 Uhr
Dienstag – Donnerstag	08:00 – 21:00 Uhr
Freitag	08:00 – 22:00 Uhr
Samstag	10:00 – 22:00 Uhr
Sonn- und Feiertag	09:00 – 21:00 Uhr

DIE PREISE — Die aktuellen Eintrittstarife finden Sie auf der Website unter dem Menüpunkt "Info & Service".

Der Saunatarif beinhaltet immer auch den Zugang zur Badelandschaft. | Besitzer einer HellensteinCard (Kundenkarte der Stadtwerke Heidenheim AG) erhalten rabattierte Eintrittspreise. Rabatte für geschlossene Gruppen erfragen Sie gerne an der Kasse.

DAS UMKLEIDEN — Die Saunagäste nutzen die Umkleidemöglichkeiten gemeinsam mit den Badbesuchern und gehen durch das Schwimmbad in den Saunabereich. Zu Ihrem komfortablen Saunabesuch trägt ein modernes Transponder-System in Form eines Armbands bei, welches gleichzeitig als Schlüssel für den Umkleideschrank dient

HellensteinBad aquarena »REIN INS VERGNÜGEN«

Friedrich-Pfenning-Straße 24, 89518 Heidenheim
07321 328-130 | 07321 328-159 | www.hellensteinbad-aquarena.de

HEIDENHEIM

und bargeldloses Bezahlen während Ihres Aufenthalts im Bad ermöglicht. Am Ende Ihres Besuchs begleichen Sie die Gesamtsumme ganz einfach am Bezahlautomaten oder bei den Mitarbeitern an der Kasse.

Ausreichend Duschräume finden Sie sowohl im Bad- als auch im Saunabereich. Diese werden von den Damen und Herren getrennt genutzt.

DIE DUSCHEN

Insgesamt drei Saunen, ein Dampfbad sowie weitere Wellnessangebote verteilen sich auf das Hauptgebäude der gemischten Saunalandschaft und die große Panoramasauna im Außenbereich. Mehrmals im Jahr finden spezielle Themenwochen mit passender Dekoration und lange Saunanächte statt, bei denen nach den Aufgüssen kleine Snacks, Obst oder Getränke gereicht werden.

DIE SAUNEN

Kernelement der 2017 neu erbauten Panoramasauna, die sich auf dem höchsten Punkt des Badgeländes befindet, ist der große finnische Saunaraum. Er empfängt seine Gäste in zarten Vanilletönen kombiniert mit warmen Holzfarben sowie eleganten und harmonischen Gestaltungselementen. Bis zu 40 Personen schwitzen hier bei 90 °C mit einem wunderschönen Panoramablick auf die Stadt Heidenheim und das Schloss Hellenstein. Das Saunateam bietet stündlich abwechslungsreiche Aufgüsse an.

DIE PANORAMASAUNA
90 °C

Die sogenannte Köhlersauna bildet das Herz der in 2018 komplett renovierten gemischten Saunalandschaft. Bei 90 – 100 °C schwitzen hier maximal 20 – 25 Gäste. Dunkle Holztöne, kombiniert mit Schiefertafeln, sowie ein Soundsystem sorgen für eine ganz besondere Atmosphäre im Raum. Das automatische Aufgusssystem heizt den Saunagästen in regelmäßigen Abständen kräftig ein.

DIE KÖHLERSAUNA
90 – 100 °C

170 HEIDENHEIM

HellensteinBad aquarena »REIN INS VERGNÜGEN«

📍 Friedrich-Pfenning-Straße 24, 89518 Heidenheim
📞 07321 328-130 | 📠 07321 328-159 | 🌐 www.hellensteinbad-aquarena.de

DAS KRÄUTERHÄUSLE
60 °C | 60 %

Bei rund 60 °C und 60 % Luftfeuchtigkeit genießen die etwa 20 Gäste des Kräuterhäusles in rustikalem Ambiente wohltuende Wärme. Aus einem Kupferkessel über dem Ofen, der regelmäßig mit frischen Kräutern befüllt wird, entströmen angenehme Düfte.

DAS DAMPFBAD
45 °C | 100 %

Das rund gebaute Dampfbad bietet auf zwei Ebenen bei etwa 45 °C und 100 % Luftfeuchtigkeit 12 Gästen Platz. Der Dampferzeuger ist im Zentrum des Raumes platziert. Zu bestimmten Zeiten verwöhnt Sie das Team mit speziellen Wellnessangeboten sowie Salz- und Honiganwendungen.

SOLE-INHALATIONSRAUM

Als besonderes Highlight finden Sie im Hauptgebäude der Saunalandschaft den neu erbauten Sole-Inhalationsraum. Fein vernebelte Sole befeuchtet die oberen Atemwege, lässt die Schleimhäute abschwellen und kann so zur Linderung bei Atemwegserkrankungen und Allergien beitragen.

INFRAROTSITZPLÄTZE

Im Bereich des Ruheraums stehen den Saunagästen zwei kostenfreie Infrarotsitzplätze zur Verfügung.

DAS ABKÜHLEN

Ein zentrales Element beim Saunieren ist der Kaltduschbereich, der inmitten der Saunalandschaft gelegen ist. An der runden Wand können Sie sich vielseitig abkühlen: Eine Kübeldusche, Schwall-, Druck- und Eck-Brausen, die auf unterschiedliche Höhen justiert werden können und natürlich ein Kneippschlauch.

DAS KALTBECKEN

Unter einem Tageslicht spendenden Lichtelement in der Decke stehen unmittelbar bei den Kaltduschen zwei Tauchbecken zur Abkühlung zur Verfügung. Im Bereich der Sonnenterrasse vor der Panoramasauna sprudelt ein Außenbrunnen, der auch das Kneippen der Arme ermöglicht.

EISBRUNNEN

Ebenfalls im Gebäude der Panoramasauna finden Sie den großen quadratischen Eisbrunnen, aus dem über eine Förderschnecke kontinuierlich dünne Eisstäbe in die Höhe wachsen, die zum Abreiben des Körpers genutzt werden können.

© Stadtwerke Heidenheim AG

HellensteinBad aquarena »REIN INS VERGNÜGEN«

📍 Friedrich-Pfenning-Straße 24, 89518 Heidenheim
📞 07321 328-130 | 📠 07321 328-159 | 🌐 www.hellensteinbad-aquarena.de

171
HEIDENHEIM

© Stadt Heidenheim AG

An vier unterschiedlichen Standorten der Anlage können Sie Fußwechselbäder genießen.	**DAS KNEIPPEN**
Die Größe der Außenanlage beträgt etwa 1.300 qm. Die Gestaltung erinnert an die Umgebung der Alb: Es gibt unterschiedlichste Höhen im Außenbereich, die durch Treppenanlagen erschlossen werden. Bäume und Natursteine bis hin zu großen Felsen runden diesen schön gestalteten Bereich ab. Natürlich stehen Ihnen auch zahlreiche Liegeflächen und Liegestühle zur Entspannung zur Verfügung. Die große Sonnenterrasse vor der Panoramasauna lockt bei schönem Wetter zum Verweilen und Genießen.	**DIE AUSSENANLAGE**
Einen geschlossenen Ruheraum mit großer Glasfassade und Blick in den Saunagarten finden Sie auf dem Weg zum Außenbereich im Hauptgebäude der Anlage. Ein weiterer offener Bereich mit zahlreichen Ruhe-Liegen auf mehreren Ebenen befindet sich im Inneren der Saunalandschaft. Im Gebäude der Panoramasauna erwartet Sie zudem das gemütliche Kaminzimmer, in dem Sie am knisternden Holzofen herrlich entspannen können.	**RUHEMÖGLICHKEITEN**
Auf dem Weg zur Saunalandschaft befindet sich der Massagebereich. Ihre Termine können Sie gerne vorab unter 07321 328-364 buchen.	**MASSAGEN**
Direkt in der Saunalandschaft können Sie sich an der Sauna-Theke mit kalten Erfrischungsgetränken, Tee und Kaffee versorgen. Ein Getränkeautomat in der Panoramasauna ergänzt das Angebot. Zu bestimmten Zeiten versorgt Sie das Sauna-Team zudem mit frischen Speisen und Getränken. Das Bistro „Zur Helga" im Badbereich bietet allen Bade- und Saunagästen darüber hinaus eine große Auswahl an leckeren Snacks, Grillgerichten sowie Pizza und Pasta.	**GASTRONOMIE**
Der große Parkplatz unmittelbar vor dem Bad steht den Besuchern kostenfrei zur Verfügung. Das benötigte Parkticket wird gerne an der Kasse für Sie entwertet.	**PARKMÖGLICHKEITEN**

172 Freizeitbad Jurawell »Die Saunalandschaft der ganz besonderen Art«

HERBRECHTINGEN
GUTSCHEINHEFT S. 11

Baumschulenweg 27, 89542 Herbrechtingen
07324 9851-60 | www.jurawell.de

GEBOTEN WIRD:

DAS RESÜMEE	Sportlich schwimmen oder aber gemütlich Ihre Bahnen ziehen, können Sie in der Badelandschaft im 25 m x 12,5 m und 28 °C warmen Schwimmerbecken. Entspannt geht es im Nichtschwimmerbecken mit den vier Massagedüsen bei 30 °C Wassertemperatur zu.
DER SAUNABEREICH	Auf zwei Ebenen, innen mit etwa 500 qm Grundfläche und in dem nahezu 400 qm umfassenden Außenbereich finden Sie eine feine und attraktive Saunalandschaft. Der obere Bereich – von hier aus geht es auch in den Außenbereich – ist Licht durchflutet und transparent gestaltet. Durch die gekonnte Anordnung der Schrägverglasungen im Dachbereich ist es auch im zentralen Innenbereich des Erdgeschosses taghell. Hier erwarten Sie die Saunen und das Dampfbad, Duschen, Fußwechselbäder, das Tauchbecken, der Eisraum und das Gradierwerk.
DER EMPFANG	In den Eingangsbereich integriert ist das Bistro-Cafe Jurawell. Ihre Eintrittskarte lösen Sie am Kassenautomaten. Falls Sie Hilfe benötigen: An der gegenüberliegenden Wand ist die Schelle und ein Mitarbeiter des Jurawell zur Stelle. Sie erhalten am Automaten das Ticket für die Drehkreuze und für Ihren Umkleidespint.

DIE ÖFFNUNGSZEITEN

Winter (September bis April)

Montag	14:00 – 22:00 Uhr
Dienstag – Samstag	09:00 – 22:00 Uhr
Sonn- und Feiertag	09:00 – 21:00 Uhr

Sommer (Mai bis August)

Montag – Freitag	14:00 – 22:00 Uhr
Samstag	09:00 – 22:00 Uhr
Sonn- und Feiertag	09:00 – 20:00 Uhr

Das ganze Jahr über ist dienstags Damensauna – gilt nicht an Feiertagen.

Freizeitbad Jurawell »DIE SAUNALANDSCHAFT DER GANZ BESONDEREN ART«

📍 Baumschulenweg 27, 89542 Herbrechtingen
📞 07324 9851-60 | 🌐 www.jurawell.de

HERBRECHTINGEN

---

4 Stunden 16,00 Euro, Tageskarte 18,00 Euro, dies gilt für die Sauna- und Badbenutzung. Für alle Stammgäste gibt es Wertkarten mit bis zu 15 % Bonus.

DIE PREISE

Den Saunagästen stehen, unabhängig vom Badebereich für Damen und Herren, im Erd- und im Obergeschoss getrennte Umkleidebereiche zur Verfügung. Die Vorreinigungsduschen sind ebenfalls nach Geschlechtern getrennt.

UMKLEIDEN | DUSCHEN

Zwei Saunen und das Dampfbad im Innenbereich und die Blockhaussauna, die Salzsteinsauna sowie die Fasssauna im Außenbereich gehören zum Angebot.

DIE SAUNEN

Auf der Alb gibt es viele Höhlen und Stollen – und genau dahin werden Sie beim Eintritt in diese Sauna versetzt. Felsen und massive Holzrundstämme sorgen für eine archaische Atmosphäre. Bis zu 25 Gäste finden bei den regelmäßig stattfindenden Aufgüssen auf den ummauerten Ofen und 90 °C Platz.

DIE STOLLEN-SAUNA
90 °C

Diese Schwitzkabine ist als Niedertemperatursauna auf 60 °C, bei etwa 30 % Luftfeuchtigkeit erwärmt. Hier erholen Sie wunderbar bei dem Duft der wechselnden Kräuteraromen und den positiven Effekten der wechselnden Farblichter auf Ihren Organismus.

DIE KRÄUTERSAUNA
60 °C

Sechs gefliese und erwärmte Sitzbänke, die bunten Mosaikfliesen und die wechselnden Lichtpunkte in der Decke, stellen die äußeren Rahmen dar. Die gesunde und entspannende Wirkung wird erzeugt von der bei 43 °C zu 100 % mit Wasserdampf gesättigte Luft, in der Sole vernebelt wird – ein Fest für Ihre Atemwege.

DAS SOLE-DAMPFBAD
43 °C

Freizeitbad Jurawell »Die Saunalandschaft der ganz besonderen Art«

Baumschulenweg 27, 89542 Herbrechtingen
07324 9851-60 | www.jurawell.de

DIE BLOCKHAUS-SAUNA 90 °C
Durch den Vorraum gelangen Sie in die auf 90 °C erhitzte Schwitzkabine. Die etwa 30 Saunafreunde haben einen wirklich einmaligen Blick auf das Eselsburger Tal. Auch hier werden vom Personal regelmäßig Aufgüsse mit wechselnden Aromen zelebriert.

DIE SALZSTEIN-SAUNA 80 °C
In der Schwitzkabine mit hinterleuchteten Salzsteinfeldern können rund 35 Saunierer bei einer Temperatur von 80 °C entspannen. Aufgüsse, ebenfalls durch das Personal, runden das Schwitzerlebnis hier ab.

DIE FASSSAUNA 70 °C
Eine Saunavergnügen bei 70 °C in gemütlichem Ambiente und mit tollem Blick auf die Stadt Herbrechtingen bietet die Fasssauna. Die außergewöhnliche Form bietet eine erstklassige Thermik und verstärkt den Wirkungsgrad der wohltuenden Wärme. Ein Aquadropper aus Edelstahl sorgt in regelmäßigen Abständen für einen Aufguss.

DAS ABKÜHLEN
Der Kaltduschbereich im Erdgeschoss bietet alles was das Herz begehrt: eine Kübeldusche, den Kneippschlauch, Schwallduschen und – für die Unerschrockenen – das Tauchbecken. Im Eisraum produziert bei einer Raumtemperatur zwischen zehn und 15 °C ein Eisbrunnen laufend frisches Crushed-Ice, mit dem sich die Gäste nach dem Saunieren abkühlen können. Auch unmittelbar neben der Blockhaussauna findet sich eine Kaltdusche.

DAS KNEIPPEN
Die Kneipp-Bottiche für die Fußbäder sind zentral im Erdgeschoss untergebracht. Erwärmte und gefliese Bänke laden zum plaudern ein.

DAS GRADIERWERK
Hier rieselt das Wasser über Schwarzdornreisig herunter. Durch die herabrieselnde Sole wird die Luft mit Salz angereichert, die Wassertröpfchen binden Partikel in der Luft. Dies wirkt sich ähnlich wie bei Seeluft beispielsweise bei Pollenallergikern und Asthmatikern positiv aus. Durch das Einatmen salzhaltiger Luft werden die

Freizeitbad Jurawell »Die Saunalandschaft der ganz besonderen Art«

Baumschulenweg 27, 89542 Herbrechtingen
07324 9851-60 | www.jurawell.de

HERBRECHTINGEN

Atemwege befeuchtet und die Wandungen der Atemorgane positiv beeinflusst. Die feinen Salzkristalle besitzen eine sekretlösende Wirkung, reinigen die Atemwege intensiv von Bakterien und lassen die Schleimhäute abschwellen.

DER MASSAGERAUM

Egal ob Verspannung, Stress, Unruhe oder verspannte Muskel. Das vielseitige Wellness-Programm steigert das ganzheitliche Wohlbefinden und schenkt kostbare Augenblicke. Die richtige Stelle beim Gedanken an Wellness, Erholung, Entspannung, Gelassenheit, innerer Balance oder einfach Wohlfühlen.

DER AUSSENBEREICH

Hier ist Platz genug, um sich nach dem Saunagang mit Sauerstoff zu versorgen, oder im Sommer auf den bereit stehenden Liegen ein Sonnenbad zu nehmen. Einen herrlichen Blick über Herbrechtingen haben Sie von der Sonnenterasse auf dem Dach des absoluten Ruheraums.

RUHEMÖGLICHKEITEN

In den verschiedenen Ruheräumen kann jeder Gast nach eigenen Wohlbefinden sein Plätzchen wählen. Im Ruheraum mit etwa zwanzig Liegen können Sie durch die großzügige Verglasung den Blick über die Landschaft schweifen lassen und sich z. B. einer Lektüre widmen. Vor diesem stehen zum Entspannen zwischendurch ebenfalls einige Liegen sowie Stühle mit Bistro-Tischen. Im absoluten Ruheraum erleben Sie absolute Stille und Tiefenentspannung.

GASTRONOMIE

Wie eingangs beschrieben ist das Bistro-Cafe Jurawell im Erdgeschoss des Badbereiches. Hier können Sie mit kleinen Gerichten den Hunger stillen und erfrischende Getränke zu sich nehmen. Im Obergeschoss können Sie per Telefon im Bistro Bestellungen aufgeben, das Bestellte wird Ihnen dann gebracht.

ZAHLUNGSVERKEHR

In Anspruch genommene Zusatzleistungen werden bar gezahlt.

PARKMÖGLICHKEITEN

Unmittelbar am Jurawell können Sie kostenlos parken.

Bodensee-Therme Konstanz »SAUNAGENUSS ... ZEIT FÜR MICH«

Zur Therme 2, 78464 Konstanz
07531 8032700 | www.therme-konstanz.de

GEBOTEN WIRD:

DAS RESÜMEE Im Sommer 2007 wurde die „Bodensee-Therme Konstanz" eröffnet. Die großflächigen Glasfassaden gewähren aus dem Innenbereich heraus einen wunderschönen Blick auf den Bodensee und die Alpen. Nahezu 3.000 qm Wasserfläche mit unterschiedlichsten Angeboten erwarten Sie: In der Badehalle entspannen Sie im 33 °C warmen Thermalbecken mit integriertem Quelltopf (36 °C). Die Kleinkinder-Erlebniswelt lädt die kleinen Thermegäste mit Bodenbrodler, Wasserpilz und Schiffchenkanal zu ausgelassenen Wasserspielen ein. Im Außenbereich relaxen Sie im 34 °C warmen Thermalbecken mit verschiedenen Düsen, Sprudlern und Strömungskanal oder genießen im neuen Panorama-Pool, in 36 °C warmen Wasser, den fantastischen Ausblick auf den See und die Berge. Im Freibad ziehen Schwimmer im 50-Meter-Becken ihre Bahnen. Im Nichtschwimmerbecken mit der 87 Meter langen Großrutsche und der 23,5 Meter langen Breitwasserrutsche ist Spaß garantiert. Stimmungsvolle LED-Beleuchtung in den Thermalbecken, großzügige Ruhegalerien, modernste Solarien sowie die Beachvolleyball- und Badmintonanlage runden das Angebot ab. Über den hauseigenen Badesteg haben Sie einen direkten Seezugang.

DER SAUNABEREICH Architektonischer Pate für den Grundriss der Sauna-Welt ist ein Schiffsbug: Der Saunaflügel als Mutterschiff und die Erweiterung als angedocktes Beiboot – erinnern in ihrer Form und Materialität an holzbeplankte Schiffsrümpfe. Im Innern erwartet die Gäste eine Saunalandschaft mit einer Vielzahl an Möglichkeiten: Die Panorama-Sauna heizt mit 100 °C richtig ein; stündliche Aufgüsse in verschiedenen Varianten gibt es in der Aufguss-Sauna (95 °C). Saunieren mit Blick auf den Bodensee: In der klassischen Sauna ist das bei 85 °C möglich. Wer sanftere Temperaturen bevorzugt, ist im Sanarium (60 °C) und Dampfbad (45 °C) richtig.

Bodensee-Therme Konstanz »SAUNAGENUSS ... ZEIT FÜR MICH«

KONSTANZ

📍 Zur Therme 2, 78464 Konstanz
📞 07531 8032700 | 🌐 www.therme-konstanz.de

Hier können Sie Handtücher, Badetücher und – mäntel ausleihen und auch kaufen.

DER EMPFANG

Die Sauna ist täglich von 10:00 – 22:00 Uhr geöffnet. Dienstag ist Damen-Sauna – jedoch nicht an Feiertagen und während der Schulferien in Baden-Württemberg.

DIE ÖFFNUNGSZEITEN

3,5 Stunden	21,50 Euro
Tageskarte	28,00 Euro
Abendtarif ab 19:00 Uhr	18,50 Euro

DIE PREISE

Weitere Tarife finden Sie auf der Internetseite.

Die Umkleiden werden von Frauen und Männern gemeinsam genutzt, es stehen aber Einzelkabinen zur Verfügung. Rund 200 Garderobenschränke bieten Stauraum für Ihr Gepäck. Die Duschen sind nach Geschlechtern getrennt.

UMKLEIDEN | DUSCHEN

Im „Mutterschiff" findet sich diese fein ausgebaute Panorama-Sauna, die auf 100 °C temperiert ist und bis zu 20 Gästen Platz bietet. Von den oberen Sitzbänken können Sie den Blick über die unendlich weit erscheinende Wasserfläche des Bodensees schweifen lassen.

DIE SAUNEN
DIE PANORAMA-SAUNA
100 °C

Bei den stündlichen Aufgüssen können sich bei 85 °C schon mal bis zu 30 Saunafreunde einfinden. Der Ausbau ist so gewählt, dass Sie durch das raumbreite Fenster einen herrlichen Ausblick auf den See haben. Rollstuhlfahrer finden eine erhöhte Sitzbank vor.

DIE KLASSISCHE SAUNA
85 °C

In der in Spaltholzoptik verkleideten Aufguss-Sauna im „Beiboot" entspannen Sie bei 95 °C. Die Sauna bietet Platz für über 40 Besucher. Die intensiven Aufgüsse erfolgen stündlich über zwei mit original finnischen Olivensteinen befüllten Saunaöfen.

DIE GROSSE
AUFGUSS-SAUNA
95 °C

178 KONSTANZ
Bodensee-Therme Konstanz »SAUNAGENUSS ... ZEIT FÜR MICH«

📍 Zur Therme 2, 78464 Konstanz
☎ 07531 8032700 | 🌐 www.therme-konstanz.de

DAS SANARIUM® 60 °C | 55 %	Entspannt geht es hier bei 60 °C und 55 % Luftfeuchtigkeit zu. 20 Personen können den angenehmen Aufenthalt gemeinsam genießen.
DAS DAMPFBAD 45 °C | 100 %	Das hochwertige Glasdampfbad mit transparenter Frontverglasung vermittelt das Gefühl von viel Wasser umgeben zu sein. Ein umlaufendes Panoramabild des Bodensees mit dem Ausfluss des Rheins lässt Sie bei 45 °C und 100 % Luftfeuchtigkeit ein unglaubliches Farb- und Raumerlebnis verspüren. Im Dampfbad haben 16 Personen Platz.
DAS KAMINZIMMER	Im 23 qm großen, Tageslicht durchfluteten Kaminzimmer laden gepolsterte Lounge-Bänke zum gemütlichen Verweilen ein. Entspannen Sie mit Blick auf einen von der Decke hängenden Gaskamin.
DAS ABKÜHLEN	Die Duschlandschaften sind mit Glasmosaiken und schönen Farbübergängen ansprechend gestaltet. Duschen, wie es Freude macht: Erlebnisduschen, Schwallbrausen, kräftige Düsen- und Kübelduschen, Kneippschläuche – alles, was das Herz begehrt.
DAS WARMBECKEN	Im etwa 25 qm großen Relaxbecken mit 37 °C Wassertemperatur können Sie herrlich entspannen. Rundherum sind, ebenfalls aus Glasmosaik gefertigte, vorgewärmte Bänke.
DAS KNEIPPEN	Vor und nach dem Saunieren sind Fußbäder äußerst wirkungsvoll. Es stehen acht Plätze mit Holzbottichen bereit.

Bodensee-Therme Konstanz »SAUNAGENUSS ... ZEIT FÜR MICH«

179
KONSTANZ

Zur Therme 2, 78464 Konstanz
07531 8032700 | www.therme-konstanz.de

Das fast 250 qm große Panoramadeck ist eine Klasse für sich. Auf den Holzdielen stehen die Liegen für Ihr Sonnenbad mit Blick auf die Alpen.

DIE AUSSENANLAGE

Es gibt Orte, an denen man einfach zur Ruhe kommen kann: Erholen Sie sich in den drei Ruheräumen – egal, ob Sie im abgedunkelten Ruheraum auf beheizten Liegen dösen oder lieber den herrlichen Blick auf den See genießen möchten.

RUHEMÖGLICHKEITEN

Buchen Sie rechtzeitig Ihr Verwöhnprogramm: Von der klassischen Ganzkörpermassage über das Meersalz-Ganzkörperpeeling bis zu einem vielseitigen Angebot an Wohlfühlmassagen gibt es ein breites Spektrum.

MASSAGEN | SOLARIEN

In der Sauna-Bar bekommen Sie Salate, warme Gerichte, belegte Baguettes, Desserts und Obst. Natürlich haben Sie auch eine große Getränkeauswahl. Schauen Sie auch einmal im »Restaurant Seelig« im Bad vorbei: Abwechslungsreiche Gerichte aus frischen Produkten der Region stehen hier auf der Speisekarte.

GASTRONOMIE

Die Zusatzleistungen werden auf den Chip gebucht, Sie bezahlen beim Verlassen der Anlage.

ZAHLUNGSVERKEHR

Gegenüber der Therme ist ein kostenpflichtiges Parkhaus. Vom Bahnhof aus gelangen Sie mit der Buslinie 5 ganzjährig im 20-Minuten-Takt direkt bis vor den Eingang der „Bodensee-Therme Konstanz".

PARKMÖGLICHKEITEN

Saunalandschaft im Stadionbad Ludwigsburg
›Ein anregendes Erlebnis...‹

Berliner Platz 1, 71638 Ludwigsburg | 07141 910-2498 | www.swlb.de/sauna

GEBOTEN WIRD:

DER SAUNABEREICH Die Saunalandschaft ist in drei Ebenen gegliedert. Der Sauna-Innenbereich ist unterteilt in den Classic- und den gemischten Bereich. Geschwungene und runde Formen prägen die Architektur, das spannungsvolle Farbkonzept vom Venezianischen Rot bis zu Pastellfarben sowie die spezielle Installation aus Lichtern und Musik bereichern den Saunabereich. Über eine großzügige Treppe gelangen Sie in einen Ruhebereich mit Lese- und Kaminzimmer sowie in den Panorama-Ruheraum. Um die Sonnenterrasse mit der Mayawa-Sauna und die Trockensauna zu erreichen, passieren Sie den einladend gestalteten Gang mit Blick ins Hallenbad. Die Gesamtgröße der Saunalandschaft beträgt etwa 1.500 qm.

DER EMPFANG Von der Zentralkasse im Erdgeschoss aus gelangen Sie in den separaten Saunabereich, sowohl über einen Aufzug als auch über die Treppe ins 1. Obergeschoss.

DIE ÖFFNUNGSZEITEN

Montag*	09:00 – 22:00 Uhr	Damensauna
Mittwoch – Sonntag sowie feiertags	09:00 – 22:00 Uhr	gemischter Betrieb
Dienstag	16:00 – 22:00 Uhr	Herrensauna

* Zusätzlich gibt es an jedem 1. Montag im Monat weitere Wellnessangebote

Kassenschluss ist 1,5 Stunden, Dusch- und Saunaschluss 15 Min. vor Betriebsende.

DIE PREISE Bis 2,5 Stunden 11,50 Euro | 2,5 bis 4 Stunden 13,50 Euro | Tageskarte 16,00 Euro (Stand 1.1.2020) | Aktuelle Informationen und Preise auch auf der Interntseite oder vor Ort. Alle Preise inkl. Schwimmbadbenutzung während der Bad-Öffnungszeiten.

Saunalandschaft im Stadionbad Ludwigsburg
»EIN ANREGENDES ERLEBNIS...«
📍 Berliner Platz 1, 71638 Ludwigsburg | ☎ 07141 910-2498 | 🌐 www.swlb.de/sauna

UMKLEIDEN | DUSCHEN

Für Männer und Frauen sind diese Bereiche getrennt. Jeweils über 110 Schränke befinden sich in den Umkleideräumen.

DIE SAUNEN

Sauniert wird in drei Bereichen: Die Classic-Sauna bietet als eigenständiger Saunabereich eine 80 °C Sauna und ein Mosaik-Dampfbad, Kalt- und Erlebnisduschen, ein großzügig erwärmtes Podest zum Entspannen und natürlich einige Liegen. Im gemischten Saunabereich befinden sich zwei Saunen und ein Dampfbad, die neue Panorama-Sauna und eine Trockensauna finden Sie auf der großzügigen Dachterasse.

DIE VULKAN-SAUNA
90 °C

Diese Sauna erfreut sich größter Beliebtheit. Etwa 40 Gäste finden hier bei 90 °C Platz und können die zu jeder vollen Stunde stattfindenden Aufgüsse genießen. Auf dem mittig angeordneten Ofen werden die Aufgüsse vom Personal regelrecht zelebriert.

DAS TEPIDARIUM
55 °C

In dieser großzügigen Sauna ist Platz für 30 Personen. Bei 55 °C und etwa 50 % Luftfeuchtigkeit können Sie hier so richtig entspannen und die positive Wirkung der wechselnden Farblichter genießen.

DAS DAMPFBAD
75 °C

Gegenüber der Vulkan-Sauna liegt das Dampfbad mit besonderem Ambiente. Dem Wasserdampf sind ätherische Öle zugesetzt, die Entspannung setzt nach kurzer Zeit von ganz allein ein.

DIE CLASSIC-SAUNA
80 °C

Klein aber fein ist diese 80 °C Sauna in separatem Bereich. Zehn Personen können den schönen Ausbau der Schwitzkabine genießen. Es finden automatische Aufgüsse statt.

Saunalandschaft im Stadionbad Ludwigsburg
»EIN ANREGENDES ERLEBNIS...«

📍 Berliner Platz 1, 71638 Ludwigsburg | ☎ 07141 910-2498 | 🌐 www.swlb.de/sauna

DAS MOSAIK-DAMPFBAD 45 °C
Im Classic-Bereich befindet sich das luxuriös ausgestattete Mosaik-Dampfbad. Sechs Gäste können hier den Aufenthalt bei 45 °C und feuchtigkeitsgesättigter Luft genießen.

DIE MAYAWA-SAUNA 85 °C
Die Sauna auf der Dachterrasse ist mit ihrem kubusförmigen Bau und der roten Bekleidung schon optisch ein Blickfang. Freuen Sie sich auf den über 50 qm großen Innenraum, in dem bis zu 60 Saunafreunde Platz finden. Auf 85 °C beheizt wird die Kabine mit drei Saunaöfen. Fachpersonal verwöhnt die Besucher mit rund 40 verschiedenen Aufgüssen von »A« wie Apfel über »K« wie Klangschale bis »Z« wie Zitrone.

DIE TROCKEN-SAUNA 90 °C
Die neue Trockensauna für Puristen. 90 °C, kein Aufguss. Außen ebenfalls klar und schnörkellos. Ein roter, kubusförmiger Bau.

DAS ABKÜHLEN
Die Auswahl ist groß! Im zentralen Abkühlbereich gibt es Schwallduschen, Kneippschläuche und eine Kübeldusche. Rund gestaltete Düsen- und Erlebnisduschen gehören auch zum Angebot. Neben dem erfrischenden Tauchbecken ist ein kleiner, runder Außenbereich mit einer kräftigen Düsendusche – eine herrliche Kombination aus Freiluft und Duschen. Ein komplett eigenständiger Kalt- und Warmduschbereich – auch mit Außendusche – befindet sich auf der Sonnenterrasse bei den Außensaunen.

CRUSHED-ICE
Schön, dass der Eisbrunnen in einem kleinen, eigenständigen Raum untergebracht ist. Hier können Sie sich mit dem ständig frischen Eis nach Herzenslust abreiben.

Saunalandschaft im Stadionbad Ludwigsburg
»EIN ANREGENDES ERLEBNIS...«

Berliner Platz 1, 71638 Ludwigsburg | 07141 910-2498 | www.swlb.de/sauna

DAS KNEIPPEN

Die nebeneinander angeordneten Fußbecken haben sich zu einem Kommunikationsbereich entwickelt. Hier sitzt man auf der erwärmten Bank, nimmt Fußbäder, plaudert oder liest.

DER WHIRLPOOL

Der 37 °C warme, blubbernde Whirlpool bietet äußerst angenehme Entspannung.

DER AUSSENBEREICH

Zum einen lockt die Sonnenterrasse mit etwa 300 qm Fläche. Zahlreiche gemütliche Liegen sind hier von Pflanzen umgeben platziert, es gibt überdachte Liegeflächen. Zum anderen erreichen Sie die kleinere, etwa 40 qm große Dachterrasse über die Treppe innerhalb des Saunabereiches. Hier befindet sich auch der Raucherbereich.

Saunalandschaft im Stadionbad Ludwigsburg
»EIN ANREGENDES ERLEBNIS...«

Berliner Platz 1, 71638 Ludwigsburg | 07141 910-2498 | www.swlb.de/sauna

RUHEMÖGLICHKEITEN — Im Panorama-Ruheraum sind die einzelnen Liegebereiche mit Stoffbahnen in warmen Farben abgetrennt. Hier herrscht die für die Entspannung notwendige Ruhe. Der davor angeordnete Bereich ist unterteilt in eine Leseecke und den Kaminbereich. Um das prasselnde Kaminfeuer unter einer Glaskuppel sind gemütliche Sessel angeordnet; ein Platz, wie geschaffen zum Plaudern, Lesen oder einfach ins Feuer schauen. Auf dem Weg zur Dachterrasse finden Sie weitere Liegen.

MASSAGEN — Von Entspannungsmassagen über Sport- bis hin zu Fußreflexzonenmassagen verwöhnt das ausgebildete Fachpersonal mit einfühlsamen Händen die Muskulatur und lässt neue Kraft durch den Körper fließen. Vereinbarung und Massagezeiten unter www.wellnessimstadionbad.de oder telefonisch an der Kasse.

GASTRONOMIE — Neben der großen Auswahl an Getränken erhalten Sie an der Saunatheke Snacks, Pizzen und vieles mehr.

DIE SCHWIMMHALLE — Der Bad-Innenbereich: Das Sportbecken mit einer Größe von 25 × 16,5 m und einer Wassertemperatur von 27 °C ist mit einer Ein- bis Fünf-Meter-Sprunganlage ausgerüstet. Für die ersten Schwimmzüge bietet sich das 10 × 16,5 m große Becken mit einer Tiefe zwischen 1 m und 1,35 m und einer Wassertemperatur von 30 °C an. Der 30 qm große Eltern-Kind-Bereich mit einer Wassertiefe von 20 – 45 cm, einer Wassertemperatur von 33 °C und einer kleinen Wasserrutsche ist ideal für die Kleinen. Für die »Großen« gibt es eine Riesenrutsche mit 100 m Länge bei 10 m Höhenunterschied mit wechselnden Lichteffekten. Entspannen können Sie sich im Griechisch-Römischen Dampfbad (im Badeintritt enthalten) sowie im Whirlpool gleich neben dem Eltern-Kind-Bereich, der bei 36 °C für bis zu sieben Personen Platz bietet.

Saunalandschaft im Stadionbad Ludwigsburg
»EIN ANREGENDES ERLEBNIS...«

Berliner Platz 1, 71638 Ludwigsburg | 07141 910-2498 | www.swlb.de/sauna

DER AUSSENBEREICH

Der Bad-Außenbereich: Das Außenbecken mit einer Tiefe von 1,20 – 1,35 m hat einen Strömungskanal – von sanfter Strömung bis zum Wildwasser, eine Schwalldusche, Sprudelplatten und Sprudelliegen. Die Beckengröße beträgt 24 x 12 m, die Wassertemperatur 30 °C. Außerdem gibt es im Außenbereich eine schöne Liegewiese, zwei Tischtennisplatten und im Sommer bei schönem Wetter auch Bewirtung.

ZAHLUNGSVERKEHR

Alle in Anspruch genommenen Leistungen werden auf den Chip-Coin an Ihrem Schlüssel gebucht, Sie zahlen erst beim Verlassen der Anlage.

PARKMÖGLICHKEITEN

Unmittelbar am »Stadionbad« gibt es kostenfreie Parkplätze für Bade- und Saunagäste.

186 Positiv Fitness und Gesundheit »GÖNNEN SIE SICH DAS BESONDERE.«

MÜNSINGEN
GUTSCHEINHEFT S. 13

📍 Auinger Weg 39, 72525 Münsingen
☎ 07381 1836-36 | 🌐 www.positiv-erlebnispark.de

GEBOTEN WIRD:

DAS RESÜMEE	Gesundheit durch Sport und Zeit für sich selbst – das steht in Münsingen im Mittelpunkt. Neben der Wellness Oase, die im Folgenden ausführlich beschrieben wird, werden geboten: ein mit den Geräten der neusten Generation ausgestattetes Fitness- und Gesundheitsstudio, zwei Tennisplätze, Solarien und eine kompetente Beratung.	
DIE WELLNESS-OASE	Der Innen- und Außenbereich weisen zusammen eine Größe von etwa 600 qm auf. Im edlen Stil dominieren im Innenbereich römische Gestaltungselemente, sowohl was die Farbkomposition, Wandbemalungen aber auch architektonische Details ausmacht. Im Innenbereich gibt es eine Sauna, die Infrarotkabine und das Dampfbad, im Außenbereich die Blockhaussauna.	
DER EMPFANG	An der Theke im Fitness Studio ist der Chek-In. Sie hinterlegen ein Pfand, z. B. Ihren Autoschlüssel und erhalten den Schlüssel zu Ihrem Spind.	
DIE ÖFFNUNGSZEITEN	Dienstag & Freitag 14:00 Uhr – 21:30 Uhr	Montag, Mittwoch, Donnerstag 16:00 – 21:30 Uhr	Samstag 14:00 Uhr – 19:30 Uhr	Sonntag 10:00 Uhr – 14:30 Uhr	Feiertage 10:00 Uhr – 14:30 Uhr.	
DIE PREISE	Die Tageskarte kostet 12,00 Euro, der Spättarif beträgt 8,00 Euro. Informieren Sie sich über weitere Tarife auf der Homepage, denn es gibt Kombitarife für Mitglieder, Tennisplatznutzer, Vierjahreszeiten Saunierer und vieles mehr.	
UMKLEIDEN	DUSCHEN	Diese Bereiche werden von Frauen und Männern getrennt genutzt. Im Damenumkleidebereich gibt es zusätzlich eine kleine Sauna – hier ist jeder Tag Damentag.	

Positiv Fitness und Gesundheit »GÖNNEN SIE SICH DAS BESONDERE.«

📍 Auinger Weg 39, 72525 Münsingen
📞 07381 1836-36 | 🌐 www.positiv-erlebnispark.de

MÜNSINGEN

DIE SAUNEN

DAS SUDATORIUM
60 °C | 50 %

Diese Schwitzkabine bietet etwa 10 – 12 Gästen Platz. Geschwitzt wird hier bei 60 °C und etwa 50 % Luftfeuchtigkeit. Der Aufenthalt wird gemütlich durch die dezente Beleuchtung des Sternenhimmels.

DAS VAPORIUM

Hinter dem Namen verbirgt sich ein edel ausgestattetes Dampfbad für vier Personen. In die tonnenförmige Decke sind auch hier kleine Leuchtmittel integriert, welche verbunden mit dem Wasserdampf in der Luft eine mystische Atmosphäre zaubern.

DIE BLOCKHAUS-SAUNA AUSSEN
90 °C

Aus massiven Rundstämmen ist dieses freistehende Saunagebäude mit dem großzügigen Vorraum gezimmert. Der mit Natursteinen ummauerte Ofen heizt den maximal 20 Schwitzfreunden bei 90 °C ordentlich ein. Regelmäßig finden hier Aufgüsse statt. Geboten werden nicht nur wechselnde Düfte, sondern auch Eis-, Honig-, Aroma- und Salzaufgüsse.

DAS ABKÜHLEN

Aquaviva ist die Bezeichnung für den Raum des kühlen Nasses. Wählen Sie für Ihre Erfrischung zwischen der Schwall- oder Kübeldusche oder aber der Aroma-Erlebnisdusche. In der kalten Jahreszeit haben Sie das Vergnügen, das in den Teich integrierte Tauchbecken im Außenbereich zu nutzen – das ist ganz großes Kino!

DER AUSSENBEREICH

Etwa 300 qm groß ist der Saunagarten. Dominierend der Teich mit der hölzernen Brücke und dem von hier aus zugänglichen runden Tauchbecken. Eingefasst ist der Außenbereich von Garbionen und Sträuchern. Auf den Liegewiesen können Sie in der warmen Jahreszeit herrliche Sonnenbäder nehmen.

RUHEMÖGLICHKEITEN

Der großzügige Ruheraum ist wintergartenähnlich mit großzügiger Verglasung versehen. Ergonomisch geformte Rattan-Liegen erwarten Sie. Dominierend im Ruheraum sind die herrlich großen und grünen Pflanzen sowie die mit Malerei gestaltete Decke.

MASSAGEN

Gegenüber dem Ruheraum ist der Massageraum. Das Massageangebot ist vielfältig. Informieren Sie sich über das Angebot auf der Homepage und reservieren Sie bei Bedarf rechtzeitig unter 07381-183636.

FUSSBÄDER

Am Eingang ist die Wärmebank mit davor befindlichen Bottichen für die Fußbäder.

GASTRONOMIE

Einladend ist der Bereich, in dem auch die Theke integriert ist. Zentral mittig angeordnet der Kaminofen, in dem in der kalten Jahreszeit gemütlich das Feuer brennt. Auf den rundherum befindlichen Sesseln wird gerne geplaudert und gelacht. Erfrischungsgetränke erhalten Sie an der Theke.

ZAHLUNGSVERKEHR

Sie bezahlen die in Anspruch genommenen Leistungen beim Verlassen der Anlage.

PARKMÖGLICHKEITEN

Kostenfreie Parkplätze gibt es reichlich in unmittelbarer Nähe.

Erlebnisbad Aquaria »...DAS PARADIES FÜR ZWISCHENDURCH«

OBERSTAUFEN

📍 Alpenstraße 5, 87534 Oberstaufen
☎ 08386 9313-0 | 📠 08386 9313-40 | 🌐 www.aquaria.de

GEBOTEN WIRD:

DAS RESÜMEE
Eingebettet in eine wunderschöne Umgebung ist der Außenbereich des Bades mit Rasenflächen, Bäumen und Sträuchern versehen, die wie geschaffen sind, im »Aquaria« auch einen herrlichen Sommertag zu verleben. Im Bad werden Ihre Wasserwünsche erfüllt, denn 1.000 qm Wasserlandschaft laden zum sportlichen schwimmen, relaxen oder erleben ein.

Das Angebot ist vielfältig: 10 x 25 Meter Sportbecken, eine 100-m-Wasserrutsche, der 3- und 5-Meter Sprungturm mit Sprung in den Bubble (Wassersprudel) oder aber der Wildwasserkreisel. Entspannung pur im Relax-Warmbecken bei 33 °C mit Unterwasser-Massageliegen, im 34 °C Gesundheits-Solebecken mit Ruhezone oder im 31 °C warmen Aussenbecken mit Wasserattraktionen.

DER SAUNABEREICH
Im 1. Obergeschoss erschließt sich Ihnen die etwa 1.000 qm große Sauna-Landschaft. Der Luftraum verbindet diesen Bereich mit dem Bad. Die großzügige Verglasung der Dachflächen und die üppigen Pflanzen bestimmen den Charakter der Anlage mit insgesamt 8 Saunen, davon 2 im Außenbereich (Gipfelsauna!) und dem separaten Damenbereich. In der Zeit von März bis Dezember 2020 wird der komplette Außensauna-Bereich erneuert. Aktuelles unter www.aquaria.de

DER EMPFANG
Im Eingangsbereich ist der »Aquaria Shop« mit Geschenkideen und dem neuesten Bade-Outfit. Hier können Sie bei Bedarf auch Bademantel und Saunatücher ausleihen.

DIE ÖFFNUNGSZEITEN
Täglich von 9:00 bis 22:00 Uhr.

Erlebnisbad Aquaria ›...DAS PARADIES FÜR ZWISCHENDURCH‹

Alpenstraße 5, 87534 Oberstaufen
08386 9313-0 | 08386 9313-40 | www.aquaria.de

OBERSTAUFEN

Die aktuellen Preise entnehmen Sie bitte der Webseite.

DIE PREISE

Falls Sie nur die Sauna besuchen, können Sie direkt ins 1. Obergeschoss gehen und finden dort den von Damen und Herren gemeinsam genutzten Umkleidebereich. Die Reinigungsduschen im Saunabereich sind getrennt.

UMKLEIDEN | DUSCHEN

Im »Aquaria« ist immer Damentag, denn es gibt einen separaten Saunabereich, der während der gesamten Öffnungszeiten den Damen vorbehalten ist. Das Angebot ist umfassend: eine Bio-Meditationssauna, eine Finnsche Sauna und röm. Dampfbäder. Der Duschbereich mit einer Erlebnisdusche, ein Tauchbecken und der Ruhebereich runden das Angebot ab. Außerdem gibt es hier eine Infrarotkabine. Während der Umbauarbeiten ist die Damensauna von Montag bis Freitag von 09:00 Uhr bis 17:00 Uhr geöffnet.

DIE SAUNEN
DAMEN-SAUNA

In der als Stube ausgebauten Sauna finden 20 – 25 Gäste Platz. Die Temperatur beträgt 60 °C bei 60 % Luftfeuchtigkeit. Musik, dezentes Licht und wechselnde Aromen lassen Sie entspannen.

BIO-MEDITATIONSSAUNA
60 °C | 60 %

Hier herrscht eine Temperatur von 90 °C vor. Von der Größe vergleichbar mit der Finnischen-Sauna herrscht hier eine trockene Raumluft, da nicht aufgegossen wird.

DIE ALTFINNISCHE SAUNA, 90 °C

Das mit etwa 16 qm großzügige Dampfbad ist zweistufig konzipiert, die Sitzflächen aus Natursteinen. Dem mittig angeordneten Dampferzeuger werden unterschiedliche Aromen zugesetzt, wie Wacholder, Kamille und viele mehr.

RÖMISCHES DAMPFBAD

Beginnen wir mit der Beschreibung am höchsten Punkt. Die »Gipfel«-Sauna ist aus massiven Rundstämmen errichtet und bietet bei etwa 95 °C bis zu 25 Saunafreunden Platz. Hier wird regelmäßig aufgegossen. Die sprossenverglasten Fenster runden das gemütliche Ambiente ab. Während der Umbauarbeiten ist die Gipfel-Sauna nicht verfügbar.

DIE »GIPFEL«-SAUNA
95 °C

OBERSTAUFEN

Erlebnisbad Aquaria »...DAS PARADIES FÜR ZWISCHENDURCH«

Alpenstraße 5, 87534 Oberstaufen
08386 9313-0 | 08386 9313-40 | www.aquaria.de

DIE PANORAMA-SAUNA Das ist die größte Sauna der Anlage, denn bei den Aufgüssen können schon mal über 50 Gäste gleichzeitig da sein. Das Sauna-Haus ist von außen mit Holzschindeln verkleidet und im Inneren mit einer rustikalen Boden-Deckel-Schalung. Ein Prachtstück ist der mit gestapelten Natursteinen umkleidete Sauna-Ofen – so wird ein sehr angenehmes Raumklima erzeugt. Der Blick in die Umgebung ist einfach zauberhaft. Während der Umbauarbeiten ist die Panorama-Sauna nicht verfügbar.

DAS ABKÜHLEN Überall wo geschwitzt wird, können Sie auch anschließend kalt duschen. Duschen sind sowohl bei der Panorama- als auch bei der »Gipfel«-Sauna. Im Innenbereich ist neben der Kaltduschlandschaft der »Pfanners Weiher« – das große Tauchbecken aus Edelstahl. Im Außenbereich finden Sie ein weiteres Tauchbecken.

DER WHIRLPOOL Gleich zwei Hot-Whirl-Pools laden Sie mit Geblubber zum Verweilen ein. Die Pools liegen, eingebettet in Felsen, nebeneinander.

DAS KNEIPPEN Die wohltuende Wirkung der Fußbäder können Sie gleich an acht Stationen unmittelbar am Eingangbereich der Sauna-Landschaft genießen.

DER AUSSENBEREICH Die Außenanlage ist sicher ein Herzstück des »Aquaria«, denn Sie haben einen wunderschönen Blick auf die verschwenderisch schöne Umgebung. Über Treppen gelangen Sie zu verschiedenen Holzdecks mit Liegen und können hier auch den Sommer genießen. Während der Umbauarbeiten leider nicht verfügbar.

RUHEMÖGLICHKEITEN Zahlreiche Liegestühle sind in der Sauna-Landschaft verteilt. Im klimatisierten Ruheraum wird 2 x täglich (je nach Besucherandrang) eine Klangschalenzeit zur Entspannung angeboten (kostenlos). In dem abgedunkelten und gemütlich eingerichteten Raum wären Sie nicht der Erste, der am Ende eines Sauna-Tages geweckt werden muss...

Erlebnisbad Aquaria »...DAS PARADIES FÜR ZWISCHENDURCH«

OBERSTAUFEN

Alpenstraße 5, 87534 Oberstaufen
08386 9313-0 | 08386 9313-40 | www.aquaria.de

WELLNESS | SOLARIEN

Das gesamte II. Obergeschoss wurde neu gestaltet. Es entstanden neue Massageräume, Räume für Solarium, Wasser-Massageliege und Massagestühle und als Höhepunkt eine Infrarot-Physiotherm-Ruhezone. Insgesamt können 6 Physiotherm-Sitzplätze mit Frontstrahlern und 7 Wärmeliegen – alle kostenlos – genutzt werden um das Wohlfühlerlebnis unter dem Panorama-Glasdach abzurunden.

GASTRONOMIE

Die Sauna-Bar hält erfrischende Getränke & Cocktails sowie auch kleinere Speisen für Sie bereit. In der Gaststätte des Bades gibt es gutbürgerliche Küche, Pizzen, Pasta, Salatbuffet und wechselnde Gerichte.

ZAHLUNGSVERKEHR

Die in Anspruch genommen Leistungen können Sie mit ihrem Eintrittschip bezahlen.

PARKMÖGLICHKEITEN

Im Parkhaus am »Aquaria« kostet die angefangene Stunde 1,20 Euro. Parkscheine bitte an der Kasse lochen lassen, das heißt dann 50 % Ermäßigung.

HINWEIS

Der neue Sauna-Außenbereich ist ab 2021 geöffnet und wird ein einzigartiges Saunaerlebnis bieten.

ÖHRINGEN
GUTSCHEINHEFT S. 13

192 Rendel-Bad »ENTSPANNEN. WOHLFÜHLEN. ERHOLEN«

Rendelstraße 30, 74613 Öhringen
07941 684300 | www.oehringen.de

GEBOTEN WIRD:

DAS RESÜMEE		Das Rendel-Bad präsentiert sich äußerlich in einem farbenfrohen Gewand. Im Hallenbadbereich erleben Sie eine Wasserqualität wie zu Hause. Mit einem Becken für Schwimmer, einem für Nichtschwimmer sowie einem schönen Becken für Kleinkinder ist für jeden etwas dabei. In der Salzgrotte mit Salzsteinen aus dem Himalaja genießen Sie ein Klima wie am Meer und auch der Besuch im textilen Dampfbad ist eine Wohltat.

DER SAUNABEREICH Seit Dezember 2010 erfreut sich die Saunalandschaft großer Beliebtheit. Auf hohem Niveau erleben Sie die modern gestaltete Anlage mit drei Saunen und einem etwa 800 qm großen Saunagarten. In dem etwa 300 qm großen Innenbereich werden Sie sich wohlfühlen. Das Farbkonzept ist modern und zurückhaltend. Die Farben grau, braun und anthrazit überwiegen als Gestaltungselemente. Im Innen- und Außenbereich befinden sich zahlreiche Liegen für die Entspannung, aber auch gemütliche Sitzgelegenheiten für den kleinen Plausch zwischendurch. Die Trennwand zum Ruheraum ist in rostfarbener metallener Optik sehr schön gestaltet, eine offene Feuerstelle und der Holzvorrat sind integriert.

DIE ÖFFNUNGSZEITEN

Saunalandschaft	Mitte September – Mitte Mai
Montag	geschlossen
Dienstag (Damensauna)*	11:00 – 22:00 Uhr
Mittwoch – Freitag	11:00 – 22:00 Uhr
Samstag	10:00 – 22:00 Uhr
Sonn- und Feiertag	10:00 – 20:00 Uhr

*Nicht an Feiertagen / Nähere Informationen auf der Internetseite.

Rendel-Bad »ENTSPANNEN. WOHLFÜHLEN. ERHOLEN«

Rendelstraße 30, 74613 Öhringen
07941 684300 | www.oehringen.de

ÖHRINGEN

Jeden ersten Samstag im Monat ist lange Saunanacht bis 23:00 Uhr mit Mottoevent ab 18:00 Uhr und textilfreiem Schwimmen im Hallenbad ab 20:00 Uhr. Hierzu mehr auf der Internetseite.

EVENTS

Saunapreise inklusive Hallenbadnutzung: Tageskarte an Werktagen 14,00 Euro, am Wochenende und an Feiertagen 16,00 Euro.

DIE PREISE

Die Saunagäste nutzen den Umkleidebereich gemeinsam mit den Badbenutzern. Durch das Hallenbad führt Sie der Weg in die Sauna, wo Sie auch die Vorreinigungsduschen finden.

UMKLEIDEN | DUSCHEN

Der Name ist Programm, denn durch die verglaste Front haben bis zu 30 Gäste einen sehr schönen Ausblick in den Saunagarten. Sie blicken auf sich im Wind wiegende Gräser und Pflanzen, oder aber auf die mit Natursteinblöcken rund gestaltete Sitzecke. In der 80 °C warmen Sauna können Sie auf den breiten Liegeflächen herrlich entspannen.

DIE SAUNEN
DIE PANORAMA-SAUNA
80 °C

194 ÖHRINGEN

Rendel-Bad »ENTSPANNEN. WOHLFÜHLEN. ERHOLEN«

📍 Rendelstraße 30, 74613 Öhringen
📞 07941 684300 | 🌐 www.oehringen.de

DAS SANARIUM®
60 °C | 40 %

Hier empfängt Sie das dezente Licht des Sternenhimmels, der immer wieder seine Farben wechselt. Bei 60 °C Raumtemperatur finden bis zu 15 Personen Platz und genießen die Aromen in der Raumluft bei einer Luftfeuchtigkeit von ca. 40 %.

DIE BLOCKHAUSSAUNA
90 °C

Das kubusartige Gebäude mit der horizontalen Lärchenholzverschalung ist modern und einladend. Integriert ins Gebäude ist ein großzügiger Vorraum für die Bademäntel. Das etwa 35 qm große Innere macht Lust auf Saunieren: Der große, mittig gelegene und mit Natursteinen ummauerte Doppelofen heizt die Sauna auf 90 °C auf. Die Wände und Decken sind rustikal – und doch modern – mit geschruppten Fichtenbrettern verkleidet. Bis zu 50 Gäste können hier regelmäßige Aufgusszeremonien erleben – der Aufgussplan hängt im Innenbereich aus.

DAS ABKÜHLEN
CRUSHED ICE

Die Duschlandschaft innen hat einiges zu bieten: eine große Regendusche, seitlich angeordnete Duschköpfe, Schwallbrausen oder Kneippschläuche. Der Crushed-Ice-Brunnen befindet sich ebenfalls in diesem Bereich. Im Außenbereich, in der Nähe der Blockhaussauna, liegt die aus Natursteinen rund gemauerte Duschinsel. Hier können Sie sich herrlich kalt – und natürlich auch warm – unter den Schwallduschen und am Kneippschlauch erfrischen.

Rendel-Bad »ENTSPANNEN. WOHLFÜHLEN. ERHOLEN«

Rendelstraße 30, 74613 Öhringen
07941 684300 | www.oehringen.de

ÖHRINGEN

Was ist ein Saunagang ohne den Gang ins Tauchbecken? – Zumindest für den, der es mag! Das runde Tauchbecken ist ebenfalls im Bereich der Blockhaussauna zu finden. Es lohnt sich, probieren Sie es mal aus.	DAS TAUCHBECKEN
Angenehme Fußbäder genießen Sie in den vier Fußbecken im Innenbereich vor der rund gearbeiteten, mit Mosaikfliesen belegten, warmen Sitzbank.	DIE FUSSBÄDER
Es macht Freude, den Außenbereich zu entdecken. Architektonisch bestimmend sind die in verschiedenen Ebenen gebauten Holzdecks. Zum Entspannen stehen auf den Holzdecks gemütliche Liegen und Stühle. Unter den Decks und weiter in den Saunagarten hinein liegt ein Naturteich, aus dessen Quellstein munter das Wasser entspringt und Goldfische ihre Kreise ziehen. Beete mit Gräsern, Pflanzen und Kiefern, große Natursteine und Rasenflächen mit gemütlichen Liegen runden den sehr schön gestalteten Außenbereich ab.	DIE AUSSENANLAGE
Der große Raum ist lichtdurchflutet und gemütlich eingerichtet. Liegen mit Blick auf den knisternden Kamin und in den schönen Saunagarten laden zum Verweilen ein. Für Ruhe und Entspannung steht ein separater Ruheraum zur Verfügung.	RUHEMÖGLICHKEITEN
An der Theke erhalten Sie für zwischendurch erfrischende, aber auch warme Getränke und kleine Snacks (Kekse, Schokoriegel etc.). Kostenlos werden Wasser und leckere Äpfel gereicht.	GASTRONOMIE
Die in Anspruch genommenen Zusatzleistungen werden bar gezahlt.	ZAHLUNGSVERKEHR
Direkt am Rendel-Bad gibt es ausreichend kostenfreie Parkplätze.	PARKMÖGLICHKEITEN

AQUARINA »EINTAUCHEN UND GENIESSEN«

Ellikonerstrasse 2, CH-8462 Rheinau
+41 (0)52 319 24 19 | www.aquarina.ch

GEBOTEN WIRD:

DAS RESÜMEE	Die Bad- und Wellnessanlage Aquarina liegt in unmittelbarer Grenznähe in Rheinau bei Schaffhausen (Schweiz). Sie bietet Erwachsenen und Kindern bei jedem Wetter ein tolles Freizeitvergnügen. Für jeden ist etwas dabei: Im Aussenbereich ist die 65-Meter-Wasserrutsche ein Publikumsmagnet. Sportschwimmer schätzen das 50-Meter-Freibad und das 25-Meter-Hallenbad. Kinder vergnügen sich im schönen Kinder- und Nichtschwimmerbereich und außerhalb des Wassers bei Tischfussball, Billard oder an den Spielgeräten. Zum Wellness lädt nebst dem Whirlpool der Saunabereich ein, dessen Angebot kürzlich erweitert wurde. Ergänzt wird das Angebot durch ein Fitness-Zentrum (ABCFitness), das jedoch nicht von Aquarina betrieben wird.
DER SAUNABEREICH	Der Saunabereich wurde in den letzten Jahren modernisiert. Den Gästen steht jetzt nebst der finnischen Sauna und dem Dampfbad neu ein Sanarium (Bio-Sauna) zur Verfügung. Ausserdem wurde der Ruheraum neu möbliert und gestaltet.
DIE ÖFFNUNGSZEITEN	

Montag & Dienstag	12:00 – 21:00 Uhr	gemischte Sauna
Mittwoch	10:00 – 21:00 Uhr	Damensauna
Freitag	10:00 – 22:00 Uhr	Herrensauna (bis 17:00 Uhr)
Samstag, Sonntag und Feiertag	10:00 – 19:00 Uhr	gemischte Sauna

Bitte beachten Sie, dass bei hochsommerlichen Temperaturen nur ein Saunaraum beheizt wird. Jeweils in der letzten September- und der ersten Oktoberwoche bleibt die Anlage wegen Revision geschlossen. Nähere Informationen finden Sie auf der Internetseite.

AQUARINA »EINTAUCHEN UND GENIESSEN«

📍 Ellikonerstrasse 2, CH-8462 Rheinau
📱 +41 (0)52 319 24 19 | 🌐 www.aquarina.ch

CH-RHEINAU

DIE EVENTS

In der Wintersaison führt Aquarina jeweils an einem Samstag pro Monat ab 20:00 Uhr eine lange Saunanacht durch. Textilfreies Schwimmen im Hallenbad ist dann möglich. Für diese Events gelten spezielle Eintrittspreise (der beigefügte Gutschein ist dafür nicht gültig).

Für Saunagruppen sowie für Festveranstaltungen besteht die Möglichkeit, die Anlage ausserhalb der Öffnungszeiten zu mieten. Wenden Sie sich dafür an die Betriebsleiterin Franziska König.

DIE PREISE

Kinder & Jugendliche (bis 18 Jahre)*	4,00 Franken
Einzeleintritt	18,00 Franken
Punktekarten, 3-Monatskarten	190,00 Franken
Jahreskarte	450,00 Franken

* nur Eintritt zum Badebereich | Die Saunapreise verstehen sich jeweils für die gesamte Anlage. Die genannten Preise beziehen sich auf den Stand 2020. Änderungen bleiben vorbehalten. Bitte konsultieren Sie der Internetseite.

AQUARINA »EINTAUCHEN UND GENIESSEN«

Ellikonerstrasse 2, CH-8462 Rheinau
+41 (0)52 319 24 19 | www.aquarina.ch

UMKLEIDEN | DUSCHEN
Die Saunagäste nutzen den Umkleidebereich gemeinsam mit den Badbenutzern. Der Weg zur Sauna führt durch das Hallenbad. Duschen stehen sowohl im Umkleidebereich wie auch im Saunabereich zur Verfügung.

DIE SAUNEN
FINNISCHE SAUNA, 90 °C
Die finnische Sauna bietet einem Dutzend Gästen Platz, die sich hier auf breiten Liegeflächen bei einer Temperatur von 90 °C entspannen können.

SANARIUM®
60 °C
Das mit Eschenholz ausgekleidete Sanarium® bietet unter einem Sternenhimmel Raum für 4 – 5 Personen. Es wird bei hoher Luftfeuchtigkeit auf 60 °C geheizt.

DAMPFBAD & RUHEBEREICH
Das Angebot wird ergänzt durch ein kleines Dampfbad, ein Tauchbecken, Fussbäder sowie einen Ruheraum im ersten Stock. Zahlreiche Liegen, eine Sitzgruppe und eine Bücherecke sowie eine kleine Teeküche sorgen für Entspannung.

AQUARINA »EINTAUCHEN UND GENIESSEN«

Ellikonerstrasse 2, CH-8462 Rheinau
+41 (0)52 319 24 19 | www.aquarina.ch

Als Aussenbereich steht ein kleiner Saunabalkon zur Verfügung, und ein Solarium befindet sich in unmittelbarer Nähe im Hallenbadbereich. — DER AUSSENBEREICH

Das Angebot der Selbstbedienungs-Teeküche im Saunabereich umfasst warme und kalte Getränke sowie kleinere Snacks, ausserdem werden Äpfel kostenlos gereicht. Ein grösseres Angebot an erfrischenden Getränken, Snacks sowie Tagesmenüs finden die Gäste im Bistro des Hallenbadbereichs. — GASTRONOMIE

Die Zahlung des Eintritts erfolgt in Schweizer Franken in bar oder mit Kredit- sowie Debitkarten. Euro-Banknoten werden zum Tageskurs angenommen. — ZAHLUNGSVERKEHR

Eine ausreichende Zahl von kostenlosen Parkplätzen steht den Gästen in unmittelbarer Nähe von Aquarina zur Verfügung. — PARKMÖGLICHKEITEN

200 Gesundheitszentrum Römerbad »MACH MIT, BLEIB FIT«

ROTTENBURG
GUTSCHEINHEFT S. 13

Elsa-Brandström-Weg 3, 72108 Rottenburg am Neckar
07472 9641296 | www.gz-roemerbad.de

GEBOTEN WIRD:

DAS RESÜMEE

Im baden-württembergischen Landkreis Tübingen liegt die Römer- und Bischofsstadt Rottenburg. Die malerische Stadt am Neckar beherbergt neben vielen tollen Sehenswürdigkeiten auch eine Saunalandschaft, der Reisende in der Region dringend einen Besuch abstatten sollten. Das Gesundheitszentrum Römerbad hält sich ganz im Thema Römerstadt. Mit altrömischen Elementen ausgeschmückt fühlen Sie sich in eine andere Zeit zurückversetzt und erfahren ganzheitliche Entspannung. Neben dem Saunabereich bietet das Römerbad Wellness-Massagen sowie ein Bistro mit Speisen und Getränken an. Massagen sind über vorherige Terminabsprache möglich.

DIE ÖFFNUNGSZEITEN

Montag	17:00 – 22:00 Uhr (Damensauna)
Freitag	17:00 – 22:00 Uhr
Samstag	16:00 – 22:00 Uhr
Sonntag	13:30 – 19:00 Uhr

Änderungen möglich. Aktuelle Informationen finden Sie auf der Homepage www.gz-roemerbad.de.

DIE PREISE
Tageskarte 19,00 Euro | 10er Karte 170,00 Euro | 2-Std. Karte 14,00 Euro.

UMKLEIDEN | DUSCHEN
Die Duschen sind im Gesundheitszentrum Römerbad geschlechtergetrennt.

DIE SAUNEN
AUFGUSSSAUNA
90 – 95 °C

Für alle diejenigen, die es gerne klassisch – trocken und heiß – mögen, ist die Finnische Sauna genau das richtige. In einem Temperaturbereich zwischen 90 – 95 °C können Sie sich von einem Sternenhimmel verzaubern lassen und den

Gesundheitszentrum Römerbad »MACH MiT, BLEiB FiT«

📍 Elsa-Brandström-Weg 3, 72108 Rottenburg am Neckar
📞 07472 9641296 | 🌐 www.gz-roemerbad.de

ROTTENBURG

DIE AUFGUSSSAUNA

Flair der Saunakabine genießen, die an eine gemütliche Berghütte erinnert. An jedem Saunatag kümmern sich ausgebildete Saunameisterinnen um den perfekten Saunagang. Stündlich wechselnde, allergikerfreundliche Saunadüfte machen den Aufguss zu einem Highlight.

Betreten Sie die Themensauna durch eine mit Säulen umrahmte Tür und tauchen Sie in in ein mildes Klima ein: eine Temperatur von maximal 60 °C und eine Luftfeuchte von 40 – 50 %. Die Bio-Sauna wirkt sehr postiv auf Körper und Seele, was der angenehm milden Temperaturen zu verdanken ist. Die Bio-Sauna ist für alle Saunagänger geeignet, die es nicht zu heiß und trocken mögen.

BIO-SAUNA
45 – 60 °C | 40 – 50 %

In dem neu umgestalteten Außenbereich des Römerbades erwartet Sie die neue Außensauna, mit einer Temperatur von 80 °C. Die Bänke ziehen sich um den Saunaofen herum und durch die komplett verglaste Frontscheibe können Sie den Blick nach draußen schweifen lassen.

AUSSENSAUNA
80 °C

DIE AUSSENSAUNA

DIE BIO-SAUNA

Gesundheitszentrum Römerbad »MACH MIT, BLEIB FIT«

ROTTENBURG

📍 Elsa-Brandström-Weg 3, 72108 Rottenburg am Neckar
📞 07472 9641296 | 🌐 ww.gz-roemerbad.de

DAS DAMPFBAD
In jeder Saunalandschaft darf ein Dampfbad nicht fehlen. Durch die hohe Luftfeuchtigkeit schwitzt der Körper nicht so extrem wie in einer Trockensauna. Sie stärken Ihr Immunsystem durch ein Dampfbad aber genauso gut. Das Dampfbad fördert zudem die Durchblutung, entschlackt und entspannt Ihre Muskeln.

DAS ABKÜHLEN
Für die richtige Abkühlung zwischen den Saunagängen sorgt ein textilfreies Schwimmbad, ein Tauchbecken im Außenbereich, diverse Duschen, eine Eimerdusche und ein Fußbad.

DER AUSSENBEREICH
Auf 115 qm befindet sich neben der Außensauna auch ein Ruheraum sowie bequeme Sonnenliegen.

SCHWIMMBÄDER
Textilfreies Schwimmen erwartet Sie im Römerbad. Stilvoll beleuchtet und wohl temperiert bei 30 °C ist das Bad ein Highlight des Römerbads. Zur Massage ist das Becken mit einer Stream-Anlage ausgestattet.

Gesundheitszentrum Römerbad »MACH MIT, BLEIB FIT«

Elsa-Brandström-Weg 3, 72108 Rottenburg am Neckar
07472 9641296 | ww.gz-roemerbad.de

ROTTENBURG

Sowohl im Innen- als auch im Außenbereich befindet sich je ein Ruheraum, in dem Sie nach den Saunagängen Ruhe und Erholung finden.	RUHEMÖGLICHKEITEN
Neben klassischen und ganzheitlichen Massagen bietet das Bad auch medizinische und kosmetische Anwendungen und Packungen.	WELLNESS	MASSAGEN
Das Römerbad bietet Kinder- und Babysauna-Tage an.	EVENTS
Wenn der kleine Hunger sich meldet, dann sorgt sich das Bistro um Sie. Neben einer reichlichen Auswahl an Speisen beitet das hauseigene Bistro auch allerlei Heiß- und Kaltgetränke an.	GASTRONOMIE
Sie können die in Anspruch genommenen Leistungen sowohl bar als auch mit EC-Karte begleichen.	ZAHLUNGSVERKEHR
Am Römerbad stehen Ihnen ca. 20 kostenfreie Parkmöglichkeiten zur Verfügung.	PARKMÖGLICHKEITEN

204 aquasauna im aquasol

ROTTWEIL
GUTSCHEINHEFT S. 15

Brugger Str. 11, 78628 Rottweil
0741 472-700 | www.aquasol-rottweil.de | info@aquasol-rottweil.de | auch auf facebook

GEBOTEN WiRD:

DAS RESÜMEE	Die aquasauna des Sole-und Freizeitbades aquasol in Rottweil zählt zu Deutschlands Fünf-Sterne-Premium-Saunas. Hier finden die Gäste mehrere Saunen wie z.B. ein Tavernen-Bad, eine Aufguss-Sauna, einen Sole-Tempel, eine Lichtersauna oder ein Gewölbedampfbad. Für eine Erfrischung im Anschluss sorgt der Eisbrunnen mit angeschlossener Sauna-Bar. Zudem gibt es viele Entspannungsmöglichkeiten und Wellness-Angebote. Dazu zählen ein Entspannungsraum, ein offener Kamin, die Salzgrotte und ein Ruheraum. Weiterhin wartet der Saunabereich mit einem Entspannungsbecken und einem Säulenrondell auf Sie. Mittwochs ist die aquasauna für die Damenwelt reserviert.
DIE GRÖSSE	Die aquasauna verfügt über einen Innen- und Außenbereich. Der Innenbereich umfasst 642 qm und verfügt über Sitzplätze in den Saunen für 140 Personen (angenehme Belegung). Der Außenbereich umfasst 609 qm. Die Gesamtfläche der aquasauna beläuft sich somit auf 1.251 qm.
DIE ÖFFNUNGSZEITEN	Das Sole- und Freizeitbad aquasol, in dem sich die aquasauna befindet, hat täglich von 10:00 – 22:00 Uhr geöffnet. Diese Öffnungszeiten gelten ganzjährig. Lediglich an Heilig Abend sind Bad und Sauna von 10:00 bis 15:00 Uhr und an Silvester von 10:00 – 18:00 Uhr geöffnet. Mittwochs ist bis auf Feiertage die aquasauna der Damenwelt vorbehalten. Änderungen vorbehalten.

DIE PREISE	aquasol mit aquasauna	Erwachsene	Ermäßigt*
	3-Stunden-Karte	17,50 Euro	14,00 Euro
	Tageskarte	21,50 Euro	17,50 Euro

*Ermäßigt (Jugendliche, Schüler, Studenten, Schwerbehinderte mind. 50 GdB) Änderungen vorbehalten.

aquasauna im aquasol

📍 Brugger Str. 11, 78628 Rottweil
☎ 0741 472-700 | 🌐 www.aquasol-rottweil.de | ✉ info@aquasol-rottweil.de | f auch auf facebook

ROTTWEIL

Im Saunabereich befinden sich Einzelduschen. Im Umkleidebereich des Bads befinden sich zwei nach Geschlechtern getrennte Sammelumkleiden sowie Einzelkabinen. Im Badbereich befinden sich nach Geschlechtern getrennte Duschräume.

UMKLEIDEN | DUSCHEN

Diese Art der Trocken-Sauna wird von Kennern auch „Sahara-Sauna" genannt. Es werden Temperaturen um die 90 °C erreicht. Diese Trocken-Sauna kommt ganz ohne Aufgüsse aus, die Luftfeuchtigkeit ist daher äußerst gering. So empfindet man die trockene Hitze durchaus als angenehm und gut verträglich.

DIE SAUNEN
STEIN-SAUNA
90 °C

Bei einer Temperatur von 50 °C und sehr hoher Luftfeuchtigkeit lässt es sich ganz entspannt schwitzen.

DAS TAVERNEN-BAD
50 °C

In der Aufguss-Sauna herrschen rund 85 °C. Hier ist für Abwechslung gesorgt, denn jede Stunde gibt's nicht nur ordentlich was zu fühlen, sondern auch zu riechen. Was genau? Das hängt immer davon ab, was in den Aufguss kommt! Als weitere Besonderheit bietet die aquasauna an verschiedenen Tagen einen Klangschalenaufguss an.

AUFGUSSSAUNA
85 °C

Die Lichtersauna ist eine Trockensauna mit 85 °C und einer sehr geringen Luftfeuchtigkeit. Der Farbwechsel der Deckenbeleuchtung steigert zusätzlich das Wohlbefinden.

LICHTERSAUNA
85 °C

Das Gewölbe ist allein schon ein optischer Hingucker. Darüber hinaus bietet diese Bauweise auch ganz spezielle Bedingungen: Bei einer Temperatur von 45 °C wird hier eine maximale Luftfeuchtigkeit von 100 % erreicht.

GEWÖLBE-DAMPFBAD
45 °C

In der Region Rottweil ist er einzigartig: der Soletempel mit angeschlossenem Gradierwerk. Mit 40 °C ist er bewusst eher niedrig temperiert, damit die Luft bei

SOLE-TEMPEL
40 °C

aquasauna im aquasol

ROTTWEIL

📍 Brugger Str. 11, 78628 Rottweil
📞 0741 472-700 | 🌐 www.aquasol-rottweil.de | ✉ info@aquasol-rottweil.de | f auch auf facebook

einer Feuchtigkeit von 100 % eine gesunde Konzentration an Sole erhalten kann. Erreicht wird dies durch das sogenannte Gradierwerk. Diese Holz-Konstruktion ist mit Schwarzdornbündeln verfüllt, über die langsam und stetig die Soleflüssigkeit fließt. So findet die Sole ihren Weg in die Umgebung – und in die Atemluft.

STERNENSAUNA
80 °C
Unter einem besonderen Farblicht-Sternenhimmel können hier bis zu 20 sitzende Saunagäste ihre Sinne verwöhnen. Zusätzliches Wohlbefinden garantiert der angeschlossene Aufgussautomat, der die Saunagäste ab 10:45 Uhr jede halbe Stunde pünktlich – aber unaufdringlich – mit regelmäßigen Aufgüssen versorgt. Ein weiteres, ganz eigenes Erlebnis der Sternensauna sind die speziellen Klangschalenaufgüsse.

DAS ABKÜHLEN
Saunagäste, die nach dem schweißtreibenden Vergnügen wieder auf Normaltemperatur kommen möchten, finden in der aquasauna „Crushed Ice". Ein Eisbrunnen sorgt für Abkühlung, belebt Haut, Herz und Kreislauf und stärkt das Immystem. Ganz einfach einreiben und das belebende Prickeln auf der Haut genießen.

DAS KNEIPPEN
Im Sole- und Freizeitbad aquasol, zu dem die aquasauna gehört, befindet sich beim Soleaußenbecken ein Kneippbecken.

DER AUSSENBEREICH
Der im römischen Stil angelegte Außenbereich umfasst 609 qm. Die Saunagäste finden hier ein Entspannungsbecken, ein Gartenrondell im römischen Stil mit Liegemöglichkeiten, eine Terrasse mit Liegestühlen sowie Freiluft-Duschen.

SCHWIMMBÄDER
Da sich die aquasauna im Sole- und Freizeitbad aquasol befindet, können die Saunagäste alle Angebote des aquasol nutzen: Es umfasst ein Sportbecken, ein Fitnessbecken (30 °C), ein Abenteuerbecken mit Bodensprudler und Massagedüsen

aquasauna im aquasol

Brugger Str. 11, 78628 Rottweil
0741 472-700 | www.aquasol-rottweil.de | info@aquasol-rottweil.de | auch auf facebook

(30 °C), eine 120 Meter lange Wasserrutsche, einen Wasserspielplatz, ein Innen-Solebecken (34 °C) sowie ein Sole-Außenbecken (35 °C).

Die Saunagäste finden in der aquasauna einen Entspannungsraum, einen Klanggraum, einen Ruheraum sowie eine Salzgrotte. Im Winter bietet das Feuer im offenen Kamin eine weitere Möglichkeit zur Entspannung.

RUHEMÖGLICHKEITEN

Nach Terminvereinbarung sind täglich bis auf sonntags vielfältige Massagen buchbar: Die Angebote reichen von Aroma-Massagen, Honig-Massagen über Hot-Stone-Massagen bis hin zu Massagen mit Heißluft oder Fango.

WELLNESS | MASSAGEN

In der kalten Jahreszeit findet an Wochenenden sowie den Schulferien in der Aufguss-Sauna halbstündlich ein Aufguss statt. Zudem befindet sich im aquasol ein Solarium.

ZUSATZANGEBOTE

Das Bistro in der aquasauna bietet warme und kalte Speisen sowie Kuchen. Die Bandbreite reicht von belegten Brötchen, verschiedenen frischen Salaten und bis hin zu Maultaschen, Ofenkartoffeln und Gemüseschnitzel. Auch ein kleines Frühstück wird angeboten.

GASTRONOMIE

An der Eingangskasse ist die Bezahlung mit EC-Karte möglich, ansonsten wird überall Bargeld benötigt, auch bei den Wertschließfächern in der Sauna.

ZAHLUNGSVERKEHR

Direkt vor dem aquasol befinden sich 62 PKW-Parkplätze, 14 Parkplätze für schwerbehinderte Menschen sowie rund 15 Motorrad-Parkplätze. Vor den benachbarten städtischen Hallen befinden sich 218 PKW-Parkplätze, neun Familien-Parkplätze sowie drei Parkplätze für schwerbehinderte Menschen. Weitere Parkplätze befinden sich auf dem Festplatz neben der Stadthalle.

PARKMÖGLICHKEITEN

208 Wellnesspark KSS Freizeitpark Schaffhausen

CH-SCHAFFHAUSEN
GUTSCHEINHEFT S. 15

Breitenaustrasse 117, CH-8200 Schaffhausen
+41 52 633 02 22 | www.kss.ch

GEBOTEN WIRD:

DAS RESÜMEE Schöne Saunalandschaften gibt es nicht nur in Finnland, sondern selbstverständlich auch im KSS Wellnesspark. Der Wellness-Bereich ist eine in sich geschlossene, ungestörte Oase mit eigenem Zugang. Badegäste haben keinen Zutritt, Sie hingegen können als Saunagast jederzeit das Hallenbad mit Whirlpool besuchen. Im KSS Wellnesspark finden Sie alles, was das Wellness-Herz begehrt: Finnische Sauna, Biosauna, große Blockhaus-Sauna und Fass-Sauna im Freien, Dampfbad, Außenpark mit Badeteich und Tauchbecken, Ruheraum, Leseecke, Liegeterrasse und Barfussweg.

DIE ÖFFNUNGSZEITEN

Montag – Freitag*	09:00 – 22:00 Uhr
Samstag	09:00 – 20:00 Uhr
Sonntag	09:00 – 19:00 Uhr

*Am Donnerstag ist der Wellnesspark speziell für Damen reserviert (außer an Feiertagen)

DIE PREISE

Wellness- und Wasserpark	Winterzeit	Sommeröffnungszeiten*
Saison-Abo	610 Franken	360 Franken
Erwachsene (ab 16 Jahren)	26 Franken	
Jahres-Abo	780 Franken	
Wellness-, Eis- und Wasserpark		
Jahres-Abo	930 Franken	

*Mitte Mai bis Anfang September

Wellnesspark KSS Freizeitpark Schaffhausen

CH-SCHAFFHAUSEN

Breitenaustrasse 117, CH-8200 Schaffhausen
+41 52 633 02 22 | www.kss.ch

In der neuen Erlebnisdusche erwarten Sie Farb- und Wasserspiele zwischen warm und kühl. Lassen Sie sich überraschen und wählen Sie zwischen Tropenregen, Nebeldusche oder Eisregen. Herren und Damen duschen gemeinschaftlich.

Bei Temperaturen bis zu 85 °C und einer geringen Luftfeuchtigkeit verweilt man, je nach Ausdauer, bis zu zwölf Minuten in der finnischen Sauna. Die Luftfeuchtigkeit kann durch einen Sauna-Aufguss gesteigert werden. Sie beträgt vor dem Aufguss zwischen 6 und 10 %, nach dem Aufguss zwischen 10 – 15 %. Dadurch wird das Herz-Kreislauf-System angeregt, die Immunabwehr des Körpers verbessert und die Ausscheidung von Schadstoffen aus dem Körper gefördert.

Die Bio-Sauna ist die gemässigte Version der finnischen Sauna. Die Raumtemperatur beträgt nur etwa 55 °C bei einer Luftfeuchtigkeit von 45 %. Schwitzen und Abkühlen wird im Wechsel vollzogen. Diese Art von Sauna ist gesundheitsfördernd und hautpflegend. Frisch aufgelegte Kräuter garantieren einen speziell angenehmen Duft.

UMKLEIDEN | DUSCHEN

DIE SAUNEN
FINNISCHE SAUNA
85 °C | 6 – 15 %

BIO-SAUNA MIT LICHT-
& MUSIKTHERAPIE
55 °C | 45 %

210 Wellnesspark KSS Freizeitpark Schaffhausen
CH-SCHAFFHAUSEN

📍 Breitenaustrasse 117, CH-8200 Schaffhausen
☎ +41 52 633 02 22 | 🌐 www.kss.ch

BLOCKHAUS-SAUNA IM FREIEN 91 °C	In der Blockhaus-Sauna erleben Sie ein Saunavergnügen der besonderen Art. Die Holzbohlen und die Feuerstelle in der Mitte des Raumes strahlen gleichermaßen Bequemlichkeit, Behaglichkeit und Gemütlichkeit aus. Die Raumtemperatur beträgt 91 °C.
FASS-SAUNA IM FREIEN CA. 75 °C	Die kleine, gemütliche Fass-Sauna bietet ein tolles Saunaerlebnis mit direktem Bezug zur Parkanlage. Von hier überblickt man gleich auch die Sonnenterrasse, den Badeteich und den Barfussweg.
**DAMPFBAD MIT LICHTTHERAPIE 45 °C	100 %**	Das Dampfbad wird durch Wasserdampf auf eine Raumtemperatur von etwa 45 °C aufgeheizt. Die Luftfeuchtigkeit beträgt 100 %. Dampfbäder können mit einem Kräuterzusatz auch zur Linderung von Erkrankungen beitragen. Unabhängig vom Duft lockert ein Dampfbad den Körper und die Muskulatur und wirkt entspannend.
DAS ABKÜHLEN	Für die richtige Abkühlung, sorgen neben der neuen Erlebnisdusche, Badeteich und Tauchbecken im Außenbereich.
DER AUSSENBEREICH	Auf der 600 qm großen Außenanlage findet jeder Gast genau das Richtige für sich. Die neue Sonnenterrasse im separaten Park ist für Abkühlungs- und Ruhephasen ein besonderes Erlebnis. Dazwischen geht es wahlweise in den Badeteich, das Tauchbecken oder auf den Barfußweg.

Neben dem Wellnesspark hat der KSS Freizeitpark Schaffhausen noch viel mehr zu bieten. Das helle, großzügige Hallenbad hat ein vielfältiges Angebot und sorgt für Erholung und Spaß. Schwimmbecken und Sprunganlage laden zu sportlichen Aktivitäten ein. Nichtschwimmer und kleine Wasserratten kommen im Lehrschwimmbecken und der 50-Meter-Black-Hole Wasserrutschbahn. Die allerkleinsten Besucher können ihren Badespaß derweil im Planschbecken mit kleiner Rutschbahn erleben. Oder ziehen Sie Entspannung vor? Dann erfreuen Sie sich einfach an

Wellnesspark KSS Freizeitpark Schaffhausen

Breitenaustrasse 117, CH-8200 Schaffhausen
+41 52 633 02 22 | www.kss.ch

CH-SCHAFFHAUSEN

wohltuenden Momenten im Whirlpoolkanal! Ob groß oder klein, jung oder alt, im KSS Freizeitpark kommen alle auf ihre Kosten.

RUHEMÖGLICHKEITEN

Genießen Sie die Pausen zwischen den Saunagängen und machen Sie es sich auf einer Liege im Ruhebereich bequem. Oder gönnen Sie sich als Alternative zu Ihrem Saunaerlebnis ein entspannendes Fußbad.

WELLNESS | MASSAGEN

Eine Massage im KSS Freizeitpark harmonisiert Körper, Geist und Seele. Wenn Sie sich etwas Gutes gönnen, sich erholen oder entspannen möchten, dann ist der Massagebereich genau die richtige Adresse. Professionelle Masseurinnen bieten verschiedene Gesundheits- und Wellnessmassagen an.

KLANG- UND LICHTRAUM

Ein absolutes Novum weit und breit ist der neu geschaffene Klang- und Lichtraum zur totalen Entspannung. Der Raum umfasst an der Decke 1.500 Glasfaserkabel und in den Wänden eingelassene Lautsprecher. Sie genießen hier 365 verschiedene Klangbilder, die Tag für Tag Abwechslung bieten.

DIE GASTRONOMIE

Im Gastronomie-Betrieb erhalten Sie alles, was erfrischt und schmeckt. Genießen Sie im Restaurant bei warmem Wetter einen Hauch Méditerranée auf der großzügig angelegten Gartenterrasse. Machen Sie es sich bequem und genießen Sie den Sommer. Umgeben von Pflanzen, Palmen und Sommerblütenduft lässt es sich verweilen. Für vegetarische/vegane Gerichte ist selbstverständlich gesorgt.

ZAHLUNGSVERKEHR

Vor Ort können Sie sowohl bar bezahlen als auch mit EC-Karte. Gutscheine und Eintrittskarten können Sie auch online via www.kss.ch kaufen.

PARKMÖGLICHKEITEN

Direkt beim KSS Freizeitpark stehen Ihnen 200 kostenlose Parkmöglichkeiten zur Verfügung.

212 Saunapark im Schenkenseebad ›WO SAUNA ZUM ERLEBNIS WIRD!‹

SCHWÄBISCH HALL
GUTSCHEINHEFT S. 15

Schenkenseestraße 76, 74523 Schwäbisch Hall
0791-401281 | www.schenkenseebad.de

GEBOTEN WIRD:

DAS RESÜMEE

Die Möglichkeiten, die Ihnen im »Schenkenseebad« mit dem »Saunapark« geboten werden, rechtfertigen eine längere Anreise. Das Freizeitbad ist mit einem 50-m-Sportbecken mit Sprungbereich, einem Kinder- und Lehrschwimmbecken, einem Kleinkinderparadies mit Piratenboot, einem großen Außenbecken und dem 36 °C warmen Warmbad gut gerüstet. Dazu bietet das »Schenkenseebad« noch zahlreiche Spaßmöglichkeiten für Kinder und natürlich auch Erwachsene, wie zum Beispiel die »Black-Hole«-Rutsche mit tollen Effekten, eine super Reifenrutsche mit Aufwärtsstrecke und vielen weiteren Angeboten speziell für die kleinen Gäste.

Zudem werden hier Schwimmkurse, Babyschwimmen, Aquacycling, Aquarobic und andere Events veranstaltet. Ein großer Ruhe- und Liegebereich lädt die ganze Familie zum Verweilen ein. Das Freibad hat im Sommer ebenfalls eine Menge zu bieten: Neben dem 50-m-Sportbecken, einem separaten Sprungbereich mit 10-m-Turm und einem großen Erlebnisbecken gibt es gleich drei Rutschen: die 68-m-»Schlangenrutsche«, die »Freefall-Rutsche« für ganz Mutige und die »Breitrutsche«. Natürlich bietet das Freibad eine große Parkanlage zum Sonnen an, auf der zusätzlich ein Beachvolleyballfeld und Streetballplätze zu finden sind.

DER SAUNABEREICH

Der separate Saunabereich erschließt sich Ihnen auf einer Gesamtfläche von über 1.500 qm inklusive des ca. 900 qm großen Innenbereichs. Der Saunapark zeichnet sich durch eine moderne, klare Linienführung aus. Ein durchgängiges Farbkonzept mit kräftigen Rot- und Gelbtönen, die filigrane horizontale Holzverschalung und feine Lasuren machen den Saunapark schon optisch zu einem Erlebnis.

Saunapark im Schenkenseebad »WO SAUNA ZUM ERLEBNIS WIRD!«

SCHWÄBISCH HALL

Schenkenseestraße 76, 74523 Schwäbisch Hall
0791-401281 | www.schenkenseebad.de

DER EMPFANG

In der großzügigen Eingangshalle können Sie alle erdenklichen Badeartikel kaufen, die Sie für einen Aufenthalt im Bad benötigen. Von der Eingangshalle aus gelangen Sie direkt in den Saunabereich.

DIE ÖFFNUNGSZEITEN

Täglich von 9:30 – 22:00 Uhr gemischte Sauna | donnerstags ganztägig ist Damen-Sauna.

DIE PREISE

Tageskarte aktuell 19,00 Euro bzw. 21,00 Euro an Samstagen, Sonntagen und Feiertagen. In diesem Preis ist der Eintritt ins Freizeitbad und Freibad enthalten. Weitere Preise für Familien- oder Wertkarten erfragen Sie bitte an der Kasse oder Sie informieren sich auf der Internetseite des Bads: www. schenkenseebad.de.

UMKLEIDEN | DUSCHEN

Der großzügig errichtete Umkleidebereich wird von Frauen und Männern gemeinsam genutzt. Sie können jedoch auch eine Einzelkabine nutzen. Auf dem Weg zur Saunalandschaft befinden sich die getrennten WC- und Duschbereiche.

DIE SAUNEN

Der Saunapark hält für jeden die passende Entspannung und attraktive Angebote für Ihren erlebnisreichen Aufenthalt bereit. Insgesamt bietet der Saunapark 6 Saunen und 2 Dampfbäder, in 4 Saunen werden jeweils im Wechsel die verschiedensten Aufgüsse zelebriert.

DIE KELO-SAUNA
95 °C

Eine dieser sechs Saunen ist die aus »Kelo«-Holz errichtete sechseckige Erdsauna, mit Platz für bis zu 40 Gästen. Der mit Holz verkleidete Ofen erwärmt die Erd-Sauna auf 95 °C. Das Raumklima ist durch die hohe Wärmespeicherfähigkeit der Materialien ausgesprochen gut, ein urgemütliches Saunaerlebnis.

Saunapark im Schenkenseebad »WO SAUNA ZUM ERLEBNIS WIRD!«

SCHWÄBISCH HALL

Schenkenseestraße 76, 74523 Schwäbisch Hall
0791-401281 | www.schenkenseebad.de

DIE FINNISCHE SAUNA

DIE TALO-SAUNA
85 °C

TALO ist finnisch und bedeutet übersetzt: das Haus. Die für den Saunagarten konzipierte Sauna TALO bietet Platz für ca. 40 Gäste und sorgt bei 85 °C für ein besonderes Raumklima. Umgeben von einem sich saisonal verändernden, natürlichen Ambiente entstehen ganz besondere Aus- und Ansichten während des Saunabades.

DIE FINNISCHE SAUNA
90 °C

Bis zu 40 Personen finden in dieser 90 °C warmen Sauna Platz. Optisch besonders reizvoll ist die fluoreszierende Felsenwand mit integrierten Deckenlichtspots.

DIE AROMA-SAUNA
70 °C

Im Obergeschoss des Saunabereichs befindet sich die für 12 Gäste konzipierte Sauna-Kabine, wo Sie den Duft der naturreinen Essenzen wahrnehmen werden. Eukalyptus, geschnittene Blütenblätter und Fichtennadeln sorgen bei 70 °C für eine unvergleichliche Raumluft.

DAS SANARIUM®
60 °C | 50 %

Im Sanarium® können bis zu 20 Gäste Entspannung pur erleben. Die Temperatur beträgt hier 60 °C bei 50 % Luftfeuchtigkeit. Die wechselnden Farblichter unterstützen den Erholungseffekt.

Saunapark im Schenkenseebad »WO SAUNA ZUM ERLEBNIS WIRD!«

Schenkenseestraße 76, 74523 Schwäbisch Hall
0791-401281 | www.schenkenseebad.de

Auf der Dachterrasse befindet sich eine Panorama-Sauna mit herrlichem Blick auf die Hochebene von Schwäbisch Hall und bietet Platz für ca. 27 Gäste. Die Temperatur beträgt zwischen 70 – 80 °C. Diese Sauna zeichnet sich vor allem durch ein besonders reizarmes Klima aus. Aufgüsse werden hier mit wohltuenden Aromen zelebriert.

DIE PANORAMA-SAUNA
70 – 80 °C

Ein Dampfbad für sechs bis acht Personen findet man gegenüber der Aromasauna im Obergeschoss. Ein größeres, helles Glasdampfbad, für etwa 12 Personen, befindet sich im Erdgeschoss. Das hochwertige Glasdampfbad mit transparenter Frontverglasung in Jadegrün garantiert höchsten Badekomfort mit exzellenter Nebelbildung.

DIE DAMPFBÄDER

Erfrischung pur bieten die kräftigen Düsenduschen, die Schwall- und Erlebnisduschen sowie die auf unterschiedlichen Höhen angebrachten Eckduschen. Obligatorisch kann auch der Kneippschlauch für eine kurze Abkühlung genutzt werden. Die ultimative Erfrischung bietet jedoch der Eisbrunnen mit gestoßenem Eis. Auch im Außenbereich – neben dem Tauchbecken – steht Ihnen ein Kaltduschbereich zur Verfügung.

DAS ABKÜHLEN

EISBRUNNEN

DAS DAMPFBAD

Saunapark im Schenkenseebad »WO SAUNA ZUM ERLEBNIS WIRD!«

SCHWÄBISCH HALL

Schenkenseestraße 76, 74523 Schwäbisch Hall
0791-401281 | www.schenkenseebad.de

Entlang der großzügigen, erwärmten, runden Sitzbank sind sechs Fußbecken aufgereiht. Der Platz ist wie geschaffen für eine kleine Plauderei zwischendurch.

DER AUSSENBEREICH
Im 600 qm großen Sauna-Garten ist das 32 °C warme, achteckige Edelstahl-Außenbecken, das Entspannung an den Massagedüsen bietet und sogar groß genug ist, um einige kräftige Schwimmzüge zu machen. Sehr schön integriert sind die Erd-Sauna sowie TALO-Sauna. Der großzügig angelegte Außenbereich bietet unterschiedliche Liege- und Ruhebereiche, wo Sie auch den Sommer genießen können.

RUHEMÖGLICHKEITEN
Besonders gelungen ist die runde, rot gestaltete Wand des Ruheraumes im Erdgeschoss. Daran schließt eine Glasfassade an, durch die Sie in den Saunagarten im Außenbereich blicken können und das üppig begrünte Grasdach der Erd-Sauna sehen. Der weitaus größere »Raum der Stille« im Obergeschoss ist architektonisch durch die mit Leimbindern geschwungene Dachkonstruktion geprägt. Zahlreiche Liegen und Schaukelliegen laden zum Ruhen und Entspannen ein.

Saunapark im Schenkenseebad »WO SAUNA ZUM ERLEBNIS WIRD!«

Schenkenseestraße 76, 74523 Schwäbisch Hall
0791-401281 | www.schenkenseebad.de

Die Termine für eine wohltuende Massage vereinbaren Sie direkt vor Ort bzw. vorab online über die Webseite. Im Bereich des Freizeitbades steht für Sie ein Solarium bereit.

WELLNESS | SOLARIEN

Alle angebotenen Events finden Sie immer aktuell auf der Homepage des Schenkenseebads (www.schenkenseebad.de).

EVENTS

Die Sauna- Bar bietet ein reichhaltiges Angebot von Klassikern wie Currywurst oder Paniertes Schnitzel sowie aber auch vegane und vegetarische Gerichte. Ebenfalls finden sich auf der Speisenkarte hausgemachte Salate, Norwegischer Räucherlachs, Wok- Gemüse und verschiedene Flammkuchen. Frisch gezapftes Bier, eine erfrischende Saftschorle oder ein Frozen- Joghurt- Getränk komplementieren unter anderem das Angebot der Gastronomie.

GASTRONOMIE

Die in Anspruch genommenen Zusatzleistungen werden bargeldlos über Chip-Armbänder gebucht und erst beim Verlassen der Anlage gezahlt.

ZAHLUNGSVERKEHR

Die Parkplätze sind kostenfrei.

PARKMÖGLICHKEITEN

218 MyMediSPA »DAS PERSÖNLICHE DAY SPA«

SCHWAIGERN
GUTSCHEINHEFT S. 15

Boschstraße 9, 74193 Schwaigern
07138 971420 | www.mymedispa.de

GEBOTEN WIRD:

DAS RESÜMEE MyMediSPA vor den Toren Heilbronns — Genießen, Erleben, Wohlfühlen ohne störende Fremde.

Wellness heißt sich rundum wohlfühlen und genießen. MyMediSPA lässt Sie zusätzlich noch träumen. Heute wird mehr von einem DaySPA oder einer Wellnesseinrichtung erwartet, als nur eine Sauna oder eine Massage. Heute werden mit viel Liebe zum Detail alle Sinne angesprochen, um dem Gast einen Urlaubstag zu geben, damit er langanhaltende Kraft, Energie und Ruhe bekommt. MyMediSPA in Schwaigern, gibt einem das Gefühl, angekommen zu sein. Jeder Mitarbeiter des Hauses lebt und liebt Wellness. Dies merkt man an der Ausstrahlung und der Ruhe, die einem in dieser Wellnesseinrichtung entgegenkommt und den liebevoll und professionell ausgeführten Anwendungen. Alles ist perfekt aufeinander abgestimmt. Genießen Sie das orientalische Ambiente, allein die indischen Holztüren sind schon beeindruckend.

Ein Highlight sind die authentischen Themenräume, z.B. das japanische Badehaus, die japanische Sauna, das japanische Kneippbecken, der japanische Garten, das orientalische Rasul, der Oberbayernraum, steirische Sauna, Hamam, der Bali Raum, Sand Raum, und viele Räume mehr. Neu in diesem Jahr geplant, ist der Salz- und Sole-Raum mit Licht und Soundeffekten. Noch in diesem Jahr sollen weitere Themenräume und Überraschungen folgen.

DIE GRÖSSE Auf über 1.200 qm finden Sie unzählige Themenbereiche, welche Sie für sich allein, zu zweit oder als Gruppe, aber immer privat nutzen. Buchen Sie Ihren gewünschten Bereich und dieser wird für Sie reserviert.

MyMediSPA »DAS PERSÖNLICHE DAY SPA«

Boschstraße 9, 74193 Schwaigern
07138 971420 | www.mymedispa.de

Das beeindruckende Ambiente und die stilvolle Atmosphäre lassen Sie schon im Eingangsbereich in eine Oase der Erholung eintauchen. Das freundliche Team weist Sie gerne zu Ihren gebuchten Bereichen.

DER EMPFANG

	Wellness- & DaySPA	Physio	Kosmetik
Montag bis Freitag	08:00 bis 22:00 Uhr	07:00 bis 20:00 Uhr	07:00 bis 20:00 Uhr
Samstag	08:00 bis 23:00 Uhr		

Terminvereinbarungen notwendig, sowie nach Absprache.

DIE ÖFFNUNGSZEITEN

Das Paket private Sauna mit eigenem Ruheraum, bereitgestellten Getränken, wie Tee und liebevoll arrangierten kleinen, arabischen Süßigkeiten kostet 40 Euro pro Person.

DIE PREISE

Fünf Einzelduschen stehen Ihnen zur Verfügung.

DAS DUSCHEN

220 SCHWAIGERN

MyMediSPA »DAS PERSÖNLICHE DAY SPA«

Boschstraße 9, 74193 Schwaigern
07138 971420 | www.mymedispa.de

DIE SAUNEN JAPANISCHE SAUNA 80 – 95 °C	Im Außenbereich befindet sich die klassische Sauna im japanischen Ambiente. Bei einer Hitze von 80 – 95 °C kommen Sie auf zwei Ebenen auch als gebuchte Gruppe richtig ins Schwitzen. Stärken Sie Ihre Abwehrkräfte mit einer anschließenden Schwalldusche und buchen Sie zusätzlich einen Besuch im japanischen Badehaus.
STEIRISCHE SAUNA 80 °C	Diese klassische Sauna hat meist um die 80 °C, kann aber nach Bedarf bis auf 95 °C geheizt werden. Die urige Ausstattung in natürlichen Holz und die frischen Tannenzweige während der Wintermonate auf dem Boden, lassen Sie die Natur einatmen, den Kopf frei bekommen und den Alltag vergessen.
RASUL | DAMPFBAD	Zwei bis vier Personen regenerieren bei geringerer Hitze und an die 100 % Luftfeuchtigkeit die Atemwege und die Haut. Um Ihre Haut aufstrahlen zu lassen, die Poren zu öffnen und zu entschlacken, stehen Ihnen Schalen mit Schlemme bereit. Gönnen Sie sich gegenseitig in der hohen Luftfeuchtigkeit ein Ganzkörperpeeling und spülen sich die Schlemme anschließend im gleichen Raum mithilfe zweier installierter Handbrausen auch gleich wieder ab.
WÄRME SCHWITZKAMMER	Hier wird der Raum erhitzt, die Wärme dringt tief in Ihre Haut- und Muskelschichten ein und lockert nachhaltig Verspannungen der Muskulatur.
KRAXENOFEN	Im Kraxenofen sitzend von frischem Heu umgeben, so dass nur der Kopf noch rausschaut. Nun wird warme Luft durch das Heu gelenkt und Sie erleben einen entspannenden Duft und eine feuchte Wärme, wie im Dampfbad, breitet sich über Ihren Körper aus. Im Wechsel kommt dazwischen auch immer wieder kalte Luft durch das Heu und Sie stärken sitzend, kuschelig eingepackt, Ihre Immunabwehr. Um effektiv zu sein, sollte der Aufenthalt im Kraxenofen 30 Minuten betragen.
DAS ABKÜHLEN	Abkühlen und die Körpertemperatur wieder runterbringen, ist für den Immunabwehreffekt nach den Saunagängen besonders wichtig. Im Innenbereich werden Ihnen Duschen und ein Kaltwasserschlauch, Im Außenbereich eine Eimerschwalldusche, ein Kaltwasserschlauch und auch hier Duschen geboten.
DAS KNEIPPEN	Das Kneippbecken im Außenbereich kurbelt Ihren Kreislauf richtig an.
DER AUSSENBEREICH	In der 800 qm großen Außenanlage lädt ein neugestalteter großer Außenbereich mit Ruhezonen, Barfußpfad und Wildgarten zum Verweilen und Entspannen ein.
SCHWIMMBÄDER	Genießen Sie im japanischen Badehaus ein Jacuzzi nur für zwei oder entspannen Sie Ihre Muskeln im Whirlpool des afrikanischen Badehauses. Sie können diese Bereiche auf Wunsch extra dazu buchen.

MyMediSPA »DAS PERSÖNLICHE DAY SPA«

Boschstraße 9, 74193 Schwaigern
07138 971420 | www.mymedispa.de

Im arrabischen Sandraum nur für zwei können Sie den Alltag ganz ungestört draußen lassen. Sie finden hier Ruhe für Körper, Geist und Seele und kommen damit zu einer ausgeglichenen Balance. Im hell, modern und behaglich gestalteten Ruheraum genießen Sie auf den bequemen Liegen Ihren Tee, schmökern in einer Zeitschrift oder lassen den Blick durch das Fenster in die Natur gleiten.

RUHEMÖGLICHKEITEN

Die Angebotspalette der zusätzlich buchbaren Anwendungen reicht von Cleopatrabad, Schwebeliege, LomiLomi, Kräuterstempelmassage (Pantai Luar), einer Hamamliege mit Seifenschaummassage und Peeling, Honigmassage, Ayurveda, Rosenbad, kosmetischen Gesichts- und Körperbehandlungen u.v.m. bis zu physiotherapeutischen Behandlungen (Alle Kassen/Privat). Es stehen aber immer Sie als Mensch im Vordergrund. Alle Angebote sind auch als Geschenkgutscheine, die liebevoll und kreativ verpackt werden, erhältlich.

WELLNESS | MASSAGEN

Das größte und erholsamste Angebot wird Ihnen gemacht, dass Sie ohne störende Fremde in den Bereichen Sauna, Dampfbad, Ruheräume und Anwendungen Ihre Erholung und Privatsphäre genießen dürfen.

ZUSATZANGEBOTE

Es lohnt sich, sich vorab über besondere Saunanächte oder Saunazeremonien beim hilfsbereiten Team oder auf der Webseite zu erkundigen.

EVENTS

Ein Raum allein macht aber noch keine Wellness, das Drumherum ergibt den Wohlfühlfaktor, z.B. die dargebotenen kulinarischen Köstlichkeiten, frisch gekocht und vorher abgesprochen, gerne auch vegetarisch oder vegan, oder die speziellen MySPA Wellnessgetränke, die natürlich frisch zubereitet werden.

GASTRONOMIE

Ihre Kosten begleichen Sie bitte bar oder mit EC-Karte.

ZAHLUNGSVERKEHR

Gleich am Haus finden Sie 20 kostenfreie Parkmöglichkeiten.

PARKMÖGLICHKEITEN

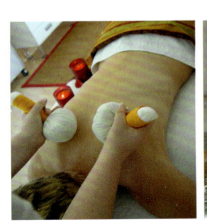

222 90° Sauna & Bad »BE HAPPY AND HEALTHY!«

SIGMARINGEN
GUTSCHEINHEFT S. 15

Maximilian-Haller-Straße 12, 72488 Sigmaringen
07571 68 31 50 | www.happy-and-healthy.de

GEBOTEN WIRD:

DAS RESÜMEE

»90° Sauna & Bad« befindet sich im Gewerbegebiet Wachtelhau. Unmittelbar am Waldrand gelegen tauchen Sie ein in einen Ort der Entspannung. Nach dem Eintreten sehen Sie vis-à-vis ein blau ausgeleuchtetes großes Meerwasser- Aquarium. Der große Raum, der sich dahinter mit einer Höhe von etwa fünf Metern erschließt, macht neugierig.

Die konsequente Materialauswahl mit dem durchgehend verlegten Schieferboden, moderner Holzgestaltung, Glaselementen zur Unterteilung und farbigen Elementen, wie den roten Säulen, runden die gelungene Architektur ab. Die Verbindung mit der Natur wird erreicht durch zahlreiche Pflanzen mit einer Höhe von bis zu vier Metern.

DIE GRÖSSE

Die Grundfläche des Innenbereiches beträgt über 400 qm, die Außenanlage ist etwa 2.500 qm groß.

DIE ÖFFNUNGSZEITEN

Montag – Freitag	Samstag	Sonntag
15:00 – ca. 23:00 Uhr	14:00 – ca. 22:00 Uhr	13:00 – ca. 21:00 Uhr

Bitte überprüfen Sie vor Anfahrt eventuelle Änderungen der Öffnungszeiten und auch Zeiten wegen der Sommerpause auf der Homepage unter www.happy-and-healthy.de.

DIE PREISE

Tageskarte (z. Zt. der Drucklegung) 17,50 Euro. Weitere Tarife finden Sie auf der Internetseite: www.happy-and-healthy.de.

UMKLEIDEN | DUSCHEN

Frauen und Männer nutzen diese Bereiche getrennt. Die Abtrennung ist blickdicht

90° Sauna & Bad »BE HAPPY AND HEALTHY!«

Maximilian-Haller-Straße 12, 72488 Sigmaringen
07571 68 31 50 | www.happy-and-healthy.de

SIGMARINGEN

und dennoch lichtdurchlässig durch die Verwendung von mattierten Glaselementen.

Sie finden drei Saunen und ein Dampfbad vor:
Dieser Sauna-Raum ist aus Blockbohlen errichtet. Der ummauerte, weiß verputzte Ofen mit mächtig vielen Sauna-Steinen erwärmt den Raum für 8 – 10 Gäste auf 90 °C. Ein Fenster gibt den Blick in den Außenbereich frei.

Bei 60 °C genießen Sie die verschiedenen Lichtfarben und angenehmen Düfte. Hier finden ebenfalls 8 – 10 Personen Platz, die den meditativen Klängen lauschen können.

Im Außenbereich ist die Blockhaus-Sauna. Die große Saunahütte ist mit einem Grasdach versehen und gliedert sich so in den Park ein. 25 – 30 Saunafreunde finden hier Platz. Der große Sauna-Ofen in der Raummitte ist mit schwarzen Keramikplatten und weißem Putz versehen.

Auf diesen, ebenfalls mit vielen Sauna-Steinen versehenen Ofen, wird bei 85 °C stündlich aufgegossen. Die Aufgussmittel aus 100 % naturreinen ätherischen Ölen, sind vom Feinsten.

Dieser »Raum im Raum« fällt von außen durch den weißen Baukörper und sein Tonnengewölbe auf. Auf den runden Steinbänken finden acht Gäste Platz. Der Wasserdampf wird erzeugt von einer heißen Regendusche, die kunstvoll in eine Kieselsteinwand integriert ist. Ein beleuchteter Sternenhimmel in der Decke taucht den Raum in eine mystische Atmosphäre.

DIE SAUNEN

DIE TROCKEN-SAUNA
90 °C

DIE SOFT-SAUNA
60 °C

DIE BLOCKHAUS-SAUNA
85 °C

DAS DAMPFBAD

90° Sauna & Bad »BE HAPPY AND HEALTHY!«

SIGMARINGEN

📍 Maximilian-Haller-Straße 12, 72488 Sigmaringen
📞 07571 68 31 50 | 🌐 www.happy-and-healthy.de

DAS ABKÜHLEN — Für Abkühlung nach den Gängen ist gesorgt: Man kann sich mit dem Kneippschlauch abspritzen, die Kübeldusche nutzen oder die kräftige Schwall- oder Druckdusche benutzen. Eine angenehme Abkühlung erleben Sie unter dem Kaltwassernebel in Kombination mit dem Tropen-Regen. Fürs abschließende Finale sorgt der Gang ins Tauchbecken.

DAS KNEIPPEN — Vor den fünf Keramikkübeln für die Fußwechselbäder ist eine geschwungene und erwärmte Marmorsitzfläche. Ein Platz zum Entspannen und Plaudern.

DER AUSSENBEREICH — Das ist ein Genuss! Sie haben das Vergnügen, auf über 2.000 qm Freifläche. Umsäumt von Bäumen und umgeben von einem bewachsenen Wall ist es vor allem im Sommer eine wahre Freude. Rasenflächen, zahlreiche Liegen, Bambus und weitere Pflanzen bestimmen das Bild. Zwischendurch können Sie in den 8,5 × 5,0 m

90° Sauna & Bad »BE HAPPY AND HEALTHY!«

Maximilian-Haller-Straße 12, 72488 Sigmaringen
07571 68 31 50 | www.happy-and-healthy.de

großen Pool springen und die Massagedüsen, den Wasserfall oder die Sprudelliegen genießen. In der kalten Jahreszeit ist der Außenpool geheizt.

Nutzen Sie die Liegen mit direktem Ausblick in den Außenbereich, den separaten Ruheraum oder gehen Sie über die Außentreppe auf die Empore oberhalb der Innen-Saunen. Hier stehen für Sie ein Wasserbett oder eine Hängeliege an filigranen Stahlseilen zur Verfügung. Ein schönes Detail: Kuschelige Wolldecken liegen für Sie bereit.

RUHEMÖGLICHKEITEN

Eine medizinische Körpermassage können Sie, nach Voranmeldung, hinzubuchen. Es steht Ihnen ebenso ein hochwertiges Solarium zur Verfügung.

MASSAGEN | SOLARIEN

Im Bistro können Sie aus einer reichhaltigen Getränkekarte auswählen. Snacks und weitere Kleinigkeiten werden ebenfalls angeboten. Salate und sonstige Speisen werden bei Caterern angeboten.

GASTRONOMIE

Ihr Verzehr wird auf die Schlüsselnummer notiert, Sie zahlen beim Verlassen der Anlage.

ZAHLUNGSVERKEHR

Hinter dem Gebäude können Sie parken, natürlich kostenfrei.

PARKMÖGLICHKEITEN

226 Gesundheitsstudio Move »FITNESS – WELLNESS – GESUNDHEIT«

SINGEN
GUTSCHEINHEFT S. 15

Carl-Benz-Straße 27, 78224 Singen am Hohentwiel
07731 61021 | 07731 121 25 | www.move-singen.de

GEBOTEN WIRD:

DAS RESÜMEE	Am Stadtrand von Singen befindet sich das Gesundheitsstudio »Move«, das dank seiner schönen und hervorragend geführten Saunalandschaft ein echter Geheimtipp ist. Zum Saunieren geht es über eine Treppe ins Obergeschoss, in dem Sie eine Landschaft mit finnischen und fernöstlichen Stilelementen erwartet.
DIE GRÖSSE	Auf 600 qm Fläche, davon rund 500 qm im Innenbereich, können Sie unter vier verschiedenen Schwitzgelegenheiten wählen.
DER EMPFANG	Im großzügigen Empfangsbereich erhalten Sie an der Kasse Ihren persönlichen Schrank-Schlüssel, auf den Sie die in Anspruch genommenen Leistungen aufbuchen können. Sollten Sie ohne Bademantel oder Saunatuch gekommen sein, können Sie dies hier gegen Gebühr ausleihen. Badeschuhe sind aus hygienischen Gründen nur käuflich zu erwerben.
DIE ÖFFNUNGSZEITEN	Dienstag, Mittwoch, Freitag: 10:00 – 22:30 Uhr	Montag & Donnerstag: 14:00 – 22:30 Uhr	Samstag: 11:00 – 19:30 Uhr	Sonntag: 09:30 – 17:30 Uhr. Der Dienstag ist für Damen reserviert, ansonsten stets gemischter Betrieb. In der Sommersaison von Mai bis September sind an den Wochenden verkürzte Öffnungszeiten.
DIE PREISE	Die Tageskarte kostet 17,90 Euro. Sonderpreise für 10er-Karten (165 Euro)
UMKLEIDEN	DUSCHEN	Im Obergeschoss befinden sich alle Einrichtungen der Sauna, auch die Umkleiden. Für beide Geschlechter stehen eigene Räume bereit. Gleiches gilt für die wunderschön gekachelten Vorreinigungs-Bereiche.

Gesundheitsstudio Move »FITNESS – WELLNESS – GESUNDHEIT«

Carl-Benz-Straße 27, 78224 Singen am Hohentwiel
07731 61021 | 07731 121 25 | www.move-singen.de

SINGEN

DIE SAUNEN

Von den vier Schwitzräumen sind drei im Innenbereich und eine auf der Terrasse. Die Aufgüsse werden immer zur vollen Stunde in der finnischen Innensauna durchgeführt. Interessant ist die Aufgussplanung. Mittels farbigen Wäscheklammern, die an eine Uhr angeclipst sind, erfährt der Gast, welcher Aufguss gerade ansteht.

DIE AUFGUSS-SAUNA
95 °C

In der großen Elementsauna ist es nicht sonderlich hell, dafür aber sehr heiß. Und heiß her geht es auch bei den professionell ausgeführten Aufgüssen, bei knackigen 95 °C. Kein Wunder, dass unter der Woche die rund 30 Sitzplätze öfters voll besetzt sind. Dabei kann es auf der obersten der drei Stufen höllisch heiß werden. Am Wochenende geht es meist beschaulicher zu, da angenehm wenig Gäste im Haus sind.

DAS SANARIUM
60 °C

Vergleichsweise ruhig und entspannt geht es in der Soft-Sauna zu. Hier schwitzt man auf bis zu 24 Plätzen über Eck, bei angenehmen 60 °C. Farbwechsler und angenehme Aromen lassen den Gast die Zeit schnell vergessen und man ist geneigt, beim Schwitzen ins Reich der Träume abzugleiten.

DAS DAMPFBAD
45 °C

Die achteckige Dampfkammer nach römischem Vorbild bietet sieben Sitzplätze, wobei man unter zwei Höhen wählen kann. Hier herrschen 45 °C bei voll dampfgeschwängerter Luft. Das ist gut für die Atemwege. Dreimal täglich wird außerdem eine Zugabe gereicht, mit der man sich einreibt und danach eine babyglatte Haut bekommt. Für die Einreibung werden spezielle Salze oder auch mal Honig verwendet.

DIE BLOCKHAUS-SAUNA
90 °C

Trocken, aber ebenfalls heiß ist die Außensauna auf der Terrasse. Bei 90 °C trockener Hitze schwitzt man hier, wobei vier Sitzhöhen wählbar sind. Ruhe ist hier das oberste Gebot für die vollkommene Entspannung.

Gesundheitsstudio Move »FITNESS – WELLNESS – GESUNDHEIT«

228 SINGEN

Carl-Benz-Straße 27, 78224 Singen am Hohentwiel
07731 61021 | 07731 121 25 | www.move-singen.de

DAS ABKÜHLEN — In der mittig angeordneten, in Lindgrün verkleideten Duschgrotte, findet man drei kalte Schwallduschen, eine Warmbrause, zwei Rundum-Duschen und zwei Kalt- schläuche. Damit kommen Kneipp-Anhänger voll auf ihre Kosten. Auch neben der Blockhaus-Sauna kann man sich mit Kaltdusche und Kneippschlauch erfrischen.

DIE WARMBECKEN — Für das warme – oder auch kalte – Fußbad stehen acht, sich gegenüberlie- gende Keramikbecken bereit. So kann man sich auch beim Füßeplanschen unterhalten.

DIE AUSSENANLAGE — Bei Sonnenschein sind die Liegestühle auf der wie ein Schiffsdeck gestalteten Dach-Terrasse sehr begehrt. Bistro-Tische und Pflanzenkübel sorgen für eine me- diterrane Atmosphäre.

RUHEMÖGLICHKEITEN — Entspannung wird im Move großgeschrieben. In einer ruhigen Ecke kann man in den neuesten Zeitschriften blättern. Besonders kuschelig ist es in der runden Lounge mit mittigem, offenem Kaminfeuer. Hier kann man sich so richtig schön einkuscheln. Wer den Blick nach innen vertiefen möchte, der ist im fernöstlich

Gesundheitsstudio Move »Fitness – Wellness – Gesundheit«

Carl-Benz-Straße 27, 78224 Singen am Hohentwiel
07731 61021 | 07731 121 25 | www.move-singen.de

inspirierten Schlafraum bestens aufgehoben. Edle, verstellbare Holzliegen mit bequemen Auflagen und Decken, laden zum Träumen ein. Bewacht wird man da- bei von einem großen Buddha, der als Kerzenhalter fungiert und den Raum abends mit flackerndem Licht erhellt.

WELLNESS | SOLARIEN

Fühlen Sie sich verspannt oder abgeschlafft? Die Physio-Therapeuten der angeschlossenen Massage-Praxis halten ein umfangreiches Repertoire an gesundheits- fördernden Anwendungen für Sie bereit. Das reicht von der klassischen Massage über Krankengymnastik, Lymphdrainage und Fango, bis hin zum myofascialen Kinesio-Taping oder der Cranio-Sacraltherapie. Und falls Ihnen einfach nach ein wenig Wellness zumute ist, dann wählen Sie doch die wohltuende Hot-Stone-Mas- sage. Eine telefonische Vor-anmeldung wird empfohlen, doch sind unter der Woche oft auch spontane Termine möglich. Wenn Sie außerdem etwas für Ihren ausge- glichenen Vitamin-D-Haushalt tun und gleichzeitig dabei braun werden möchten, dann steht Ihnen auch ein modernes Hochleistungs-Solarium zur Verfügung.

GASTRONOMIE

Eine besondere Empfehlung gilt auch der Küche des Move. Bringen Sie auf jeden Fall etwas Hunger mit, denn hier können Sie Ihren Gaumen so richtig verwöh- nen lassen. Die umfangreiche Speisekarte enthält wöchentlich wechselnde Tages- gerichte, Snacks und gesunde Salate.

ZAHLUNGSVERKEHR

Verzehr und Massage werden auf die Schlüsselnummer gebucht und die Rechnung beim Austritt beglichen. Für das Solarium benötigen Sie Münzen.

PARKMÖGLICHKEITEN

Direkt beim Haus oder auf der breiten Straße vor dem Fitness-Center finden Sie kostenlose Parkplätze.

230 Wellness-Relax-Hotel »Mit allen Sinnen genießen«

📍 Landhausstrasse 259, 70188 Stuttgart
☎ 0711 480590 | 🌐 www.relax-hotel.de

GEBOTEN WIRD:

DAS RESÜMEE	Inmitten von Stuttgart – der größten Stadt Baden-Württembergs – liegt im Stadtteil Stuttgart Ost das Wellness-Relax-Hotel. Es ist nicht nur ein idealer Ausgangspunkt, um die Stadt kennen zu lernen, sondern bietet Ihnen mit seinem kleinen aber feinen Wellnessbereich erholsame Stunden, in denen Körper und Geist Einklang finden. Lassen Sie sich verwöhnen, genießen Schwitzbäder, Whirlpool und Massagen und starten mit regenerierter Kraft in einen neuen Tag.
DIE ÖFFNUNGSZEITEN	Bitte fragen Sie für eine Reservierung und mögliche Belegzeiten vorher rechtzeitig im Relax-Hotel an.
DUSCHEN	Zwei Reinigungsduschen stehen Ihnen zur Verfügung.
DIE SAUNEN	In einem großzügigen Raum mit Sternenhimmel erleben Sie pure Wellness. Insgesamt bietet das Hotel in der Wellnessabteilung eine Sauna, ein Dampfbad und einen Whirlpool.
FINNISCHE SAUNA 70 °C	Dieser Schwitzraum wird durch den Saunaofen auf 70 °C erhitzt. Auf zwei Sitzreihen auf unterschiedlichem Niveau können Sie die für Sie passende Temperatur finden und einen entspannenden Saunagang genießen.
DAMPFBAD 45 °C	Die voll nebelverhangene Luft im 45 °C warmen Dampfbad legt sich sanft auf Ihre Haut und befreit die Atemwege. Durch aromatische Zusätze verbreitet sich ein angenehmer Wohlgeruch in der ganzen Kabine und lässt Sie wieder durchatmen.

Wellness-Relax-Hotel »MIT ALLEN SINNEN GENIESSEN«

📍 Landhausstrasse 259, 70188 Stuttgart
☎ 0711 480590 | 🌐 www.relax-hotel.de

231
STUTTGART
GUTSCHEINHEFT S. 17

Da nach einem ausgiebigen Schwitzbad der gesundheitsfördernde Effekt nur dann erzielt wird, wenn eine ausreichend starke Abkühlung stattgefunden hat, ist die Saunaanlage natürlich auch in diesem Bereich bestens ausgerüstet. Nutzen Sie frische Luft über einen Terrassenzugang.
— **DAS ABKÜHLEN**

Im Außenbereich stehen Ihnen mehrere Sitzmöglichkeiten zur Verfügung. Hier können Sie sich in Ruhe nach einem Saunagang an dir frische Luft setzen. Genießen Sie den Blick auf eine grüne Anlage, auch der ein oder andere Sonnenstrahl ist einzufangen.
— **DER AUSSENBEREICH**

Die kleine aber feine Saunawelt im Wellness-Relax-Hotel besitzt zudem einen Whirlpool. Diese sprudelnde Quelle umgibt Ihren Körper und verleiht Ihnen sowohl ein wohlig warmes Gefühl als auch neue Kraft für den weiteren Tag.
— **DER WHIRLPOOL**

Nutzen Sie geräumige Liegen im Wellnessbereich oder statten Sie der Gartenterrasse einen Besuch ab, wo Sie sich in Ruhe hinsetzen und sich entspannen können.
— **RUHEMÖGLICHKEITEN**

Informationen zur Angebotspalette erhalten Sie gerne telefonisch oder erkundigen Sie sich auf der Homepage www.relax-hotel.de. Bitte Termine rechtzeitig vorher vereinbaren.
— **WELLNESS L MASSAGEN**

Da die Saunaanlage zu einem Hotel gehört, ist es nur logisch, dass Sie dort auch die Möglichkeit haben, ein paar schöne Tage mit Übernachtung zu verbringen. Zudem können Sie im ganzen Haus freien WLAN-Zugang nutzen.
— **ZUSATZANGEBOTE**

Das Küchenpersonal des hauseigenen Bistro „La Finesse" serviert Ihnen in angenehmer Atmosphäre, eingerahmt von Pflanzen, phantasievolle Gerichte, die den kleinen Hunger stillen.
— **GASTRONOMIE**

Bezahlen Sie vor Ort alle in Anspruch genommenen Leistungen in bar oder mit der EC-Karte.
— **ZAHLUNGSVERKEHR**

DAS KÖNNTE SIE AUCH INTERESSIEREN
Region 3: Rhein-Neckar, Heilbronn & Rheinpfalz

47 Saunen mit einem Wert von über **800 Euro**

Ort	Anlage
Backnang	Murrbäder Backnang Wonnemar
Bad Bergzabern	Südpfalz Therme
Bad König	Odenwald-Therme
Bad Kreuznach	Wellness-Paradies
Bad Rappenau	RappSoDie
Bad Sobernheim	Saunarium
Bad Sobernheim	Das bollAnts.SPA
Bensheim	Fitnessstudio Pfitzenmeier - Premium Resort Bensheim
Bietigheim-Bissingen	Bad am Viadukt
Dahn	Badeparadies Dahn
Darmstadt	Natursauna Arheilger Mühlchen
Ditzingen	Stadtbad Ditzingen
Dossenheim	Verein Sauna Dossenheim e.V.
Elsenfeld	Freizeitbad Elsavamar
Fellbach	F.3 Fellbach
Großwallstadt	Maintal Saunen
Grünstadt	CabaLela -Cabriobad Leinigerland
Heidelberg	Fitnessstudio Pfitzenmeier - Premium Club Heidelberg
Heilbronn	PASCHA HAMAM
Hockenheim	Freizeitbad Aquadrom
Kaiserslautern	monte mare Kaiserslautern
Karlsruhe	Therme Vierordtbad
Karlsruhe	Fächerbad
Karlsruhe	Weiherhofbad
Karlsruhe	Europabad
Karlsruhe	Fitnessstudio Pfitzenmeier - Premium Resort Karlsruhe
Kuppenheim	Cuppamare
Landstuhl	CUBO – Sauna- und Wellnessanlage
Ludwigsburg	Saunalandschaft im Stadionbad Ludwigsburg
Mannheim-Airport	Fitnessstudio Pfitzenmeier - Premium Resort Mannheim City Airport
Marktheidenfeld	Wonnemar Marktheidenfeld
Neustadt	Fitnessstudio Pfitzenmeier - Premium Resort Neustadt
Öhringen	Rendel-Bad
Schwäbisch Hall	Saunapark im Schenkenseebad
Schwaigern	MyMediSPA
Schwetzingen	Fitnessstudio Pfitzenmeier - Premium Resort Schwetzingen
Schwetzingen	Fitnessstudio Pfitzenmeier - Premium Club Schwetzingen MediFit
Schwetzingen	bellamar
Sinsheim	THERMEN & BADEWELT SINSHEIM
Speyer	bademaxx
Speyer	Binshof Spa im Lindner Hotel & Spa Binshof
Speyer	Fitnessstudio Pfitzenmeier - Premium Resort Speyer
Waldbronn	Albtherme
Walldorf	AQWA Bäder- und Saunapark
Wiesloch	Fitnessstudio Pfitzenmeier - Premium Club Wiesloch
Würzburg	WOLFGANG-ADAMI-BAD
Würzburg	SAUNAGARTEN - RÖDER THERMEN

+ Hotel-, Thermen und Wellnessgutscheine

234
STUTTGART
GUTSCHEINHEFT S. 17

KANTO SchwabenQuellen »Die WELLNESS-WELTREISE«

Plieninger Straße 100, 70567 Stuttgart
0711-60 60 60 und Wellness-Hotline 0711 633 92 36 | www.schwabenquellen.de

GEBOTEN WIRD:

| DAS RESÜMEE | Ein Tagesbesuch reicht nicht aus, um die »Wellness-Weltreise« komplett zu erleben. Der erste Eindruck: eine hohe Halle, Felsen, die Badelagune, das Dach darüber ist verglast, einzelne Sauna-Häuser, Wasserläufe und Wasserfälle, Brücken, Pflanzen, interessant gestaltete Rückzugsbereiche, ein Aquarium und vieles mehr.

Innenbereich etwa 6.000 qm, außen 800 qm.

DER EMPFANG Hier erhalten Sie das »Medium« – den Multifunktionsschlüssel, können Sauna-Tücher und Bademäntel ausleihen sowie Badeschuhe und Pflegemittel kaufen.

DIE ÖFFNUNGSZEITEN Täglich von 10:00 – 23:30 Uhr und sonntags von 10:00 – 22:30 Uhr geöffnet. | Die Öffnungszeiten gelten auch an Feiertagen, bis auf Heiligabend, Silvester und Neujahr.

DIE PREISE

Grundeintritt 2 Stunden	19,90 Euro
Jede weitere angefangene 1/2 Stunde - bis 41,90 Euro (44,90 Euro – Sa, So, FT)	+ 2,50 Euro
WellnessTag	Tageskarte	33,90 Euro
Wochenend- und Feiertagsaufschlag Gültig für alle Tarife.	+ 3,00 Euro

UMKLEIDEN | DUSCHEN Umkleiden und Reinigungsduschen sind für Damen und Herren getrennt, also denken Sie daran, zwei Taschen und entsprechend auch Reinigungs- und Pflegemittel zweifach mitzunehmen.

KANTO SchwabenQuellen »DIE WELLNESS-WELTREISE«

📍 Plieninger Straße 100, 70567 Stuttgart
☎ 0711-60 60 60 und Wellness-Hotline 0711 633 92 36 | 🌐 www.schwabenquellen.de

235
STUTTGART

Das Ägyptische Refugium mit der ägyptischen Sauna (90 °C), dem Helarium mit Farblicht (60 °C) sowie der Rosengrotte (45 °C) ist jeden Dienstag und Donnerstag nur für Damen geöffnet. 4x mal im Jahr steht am LADIES DAY die gesamte Anlage der Frauenwelt exklusiv zur Verfügung. Die aktuellen LADIES DAY Termine finden Sie unter www.schwabenquellen.de

DIE SAUNEN
ÄGYPTISCHES REFUGIUM

Die Aufgüsse sind – vom Personal mit viel Engagement und Freude zelebriert – ein besonderes Erlebnis. Es gibt je nach Jahreszeiten drei mal pro Stunde Erlebnisaufgüsse, zeitweise begleitet von Meditationsmusik. Nach den Aufgüssen werden Eis, Getränke oder Obst gereicht.

ERLEBNIS-AUFGÜSSE

Die Grundkonstruktion aus runden Holzstämmen ist mit balinesischen Gestaltungselementen verbunden, die schon vor dem Eintreten auffallen. Der zentrale Doppelofen im Innern der Sauna ist ummauert und erwärmt den Sauna-Raum auf etwa 85 °C. Die Decke ist als Lichtdecke mit unterschiedlichen dezenten Farben (orange, rot und grün) gestaltet. Maximal 50 – 60 Gäste können hier stündlich einen Aufguss genießen.

DIE BALINESISCHE
KRÄUTER-SAUNA
85 °C | 23 %

Diese Sauna ist ebenfalls aus massiven runden Baumstämmen gebaut. Sie betreten einen anderen Kulturkreis: Eine Wand ist mit Nischen versehen, in denen Kerzen, Gebetsmühlen und vieles mehr aufgebaut sind, direkt daneben ein tibetanischer Altar. Ein »tibetanisches Langhorn« ist dekorativ unterhalb der Decke aufgehängt. Maximal 40 Gäste genießen zu ihrem Saunagang Meditationsmusik und die von einem großen, massiv ummauerten Sauna-Ofen erzeugte Wärme von 60 °C. Oberhalb des Sauna-Ofens ist ein großer Wasserkessel angebracht.

DIE TIBETANISCHE
MEDITATIONS-SAUNA
60 °C | 21 %

Ebenfalls in der Rundstammbauweise errichtet. Wie auch bei den vorher beschriebenen Saunen wird dadurch – auch bei dieser 90 °C warmen Sauna – ein sehr angenehmes Raumklima geschaffen. Erzeugt wird die Wärme für die maximal 25 – 30 Gäste von zwei ummauerten Sauna-Öfen. Kleine Sprossenfenster geben den Blick nach außen frei. Ein Aufguss findet in der Saison jede Stunde statt.

DIE FINNISCHE SAUNA
90 °C | 23 %

Eine Element-Sauna in typischer Tiroler Bauweise mit breiten Brettern als Innenverkleidung. Maximal 30 Personen fühlen sich bei 80 °C und passender Musik schnell an den letzten Urlaub in den Bergen erinnert. Hier schaufelt der wunderschön urige Mühlrad-Ofen zu jeder halben Stunde automatisch einen Aufguss auf den Saunaofen. Dazu ist die Sauna im Alpenlook dekoriert.

»SÜDTIROLER
HÜTTENZAUBER«
80 °C | 26 %

Diese Sauna befindet sich im unteren Bereich des Tempels der Maya. Etwa 40 Gäste können gleichzeitig in dieser Bio-Sauna entspannen. Bei 60 °C und einer Luftfeuchtigkeit von 35 – 40 %, wechselndem Farblicht, Vogelgezwitscher wie im Urwald optisch verstärkt durch grüne Glasobjekte können Sie einen Blick nach

DIE AMAZONAS-
SAUNA
60 °C | 35 – 40 %

236 **KANTO SchwabenQuellen** »DIE WELLNESS-WELTREISE«
STUTTGART Plieninger Straße 100, 70567 Stuttgart
0711-60 60 60 und Wellness-Hotline 0711 633 92 36 | www.schwabenquellen.de

außen genießen. Dabei sitzen Sie auf hochwertigem in allen Richtungen weich abgerundeten Abachi Holzbänken. Ein wunderschön harmonischer Anblick.

DIE KANADISCHE BLOCKHAUS-SAUNA
90 °C | 24 %

Die Kanadische Blockhaus-Sauna befindet sich im Außenbereich, ist ebenfalls aus runden Baumstämmen errichtet und mit einem Grasdach versehen. Für die maximal 60 Gäste findet bei etwa 90 °C stündlich ein Aufguss statt. Kernstück dieses Schwitzraumes ist der mächtige Ofen mit einer Höhe von etwa 1,60 m, der in eine Natursteinwand integriert ist.

DIE BÄDER
DAS OSMANISCHE BAD
45 °C

Der Schwitzraum ohne Dampf hat eine Temperatur von 45 °C. Das milde Klima schont den Kreislauf und stärkt das Immunsystem. Die Luft wird durch den Whirlpool auf 80 % Luftfeuchtigkeit reguliert. Dadurch wird die Wärme auch während einer längeren Besuchszeit als angenehm und entspannend empfunden.

DIE SCHWITZGROTTE VON TIKAL
45 °C

Ein großer Raum mit Natursteinen, für etwa 12 Personen ausgebaut. Mit einem großen Amethyst am Dampferzeuger und mit kleinen Deckenstrahlern. Durch die Verglasung haben Sie einen schönen Blick in den »Tempel der Maya«. Daneben steht die Kombination von Fresh- und Regendusche mit einer Kübeldusche zur Erfrischung.

DIE BLÜTTENGROTTE
45 °C

Die wunderschön gestaltete Blüttengrotte der SchwabenQuelle begeistert mit Halbstündlich wechselnden, wunderbar fruchtigen Duftessenzen bei 45 °C. Sie trägt ihren Namen wegen der handgefertigten Wandkeramiken mit zahlreichen detaillierten Blumenmotiven.

KANTO SchwabenQuellen »Die Wellness-Weltreise«

Plieninger Straße 100, 70567 Stuttgart
0711-60 60 60 und Wellness-Hotline 0711 633 92 36 | www.schwabenquellen.de

237
STUTTGART

In diesem Dampfbad erleben Sie eine wunderschön elegante Wohlfühlatmosphäre und modernste Technik bei 45 °C. Im Caldarium werden außerdem durch den Zusatz von Duftessenzen die Atemwege angesprochen, damit Ihr Körper umfassend regenerieren kann. Vor dem Dampfbad wird duftendes Salzpeeling angeboten mit dem Sie sich einreiben können. Das belebt und gibt herrlich weiche Haut.	DAS »CALDARIUM« 45 °C
Ein sehr schön ausgebauter Bereich zum Entspannen. Die Temperatur beträgt etwa 45 °C, gefliese und erwärmte Bänke laden zum Ruhen ein. Der Raum ist zweigeteilt in einen großen Bereich, in dem zusätzlich zwei Duschen untergebracht sind, und in einen kleinen für etwa sechs Personen. Ingesamt finden etwa 20 Gäste Platz.	DAS »LACONIUM« 45 °C
In der vollkommen neuen Wohlfühloase erwarten Sie zwei detailreich gestaltete Behandlungsräume und ein traumhaftes Dampfbad. Mit der exklusiv entworfenen und in Handarbeit gefertigten Wandkeramik, dem aufwendig installierten Lichterspiel und den elegant designten Behandlungsräumen erleben Sie orientalische Badekultur auf höchstem Niveau mit wohltuenden Hamam-Behandlungen.	DAS HAMAM MIT ORIENTALISCHEM DAMPFBAD
In diesem auf Körpertemperatur erwärmten Regenerationsraum befinden sich etwa 15 ergonomisch geformte Wärmeliegen.	DAS »TEPIDARIUM«
An verschiedenen Stellen in der gesamten Anlage können Sie sich nach den Saunagängen abkühlen. Mit Schwallduschen, Regenwasserdruckduschen, Eckduschen und Kneippschläuchen – bis hin zu einem Wasserrad im Außenbereich.	DAS KALTBECKEN
Crushed Ice wird bei den Aufgüssen durch das Personal regelmäßig eingesetzt, steht aber den Gästen zur Abkühlung auch jederzeit am Eiswürfelbrunnen zur Verfügung.	CRUSHED ICE
Für den ultimativen Abkühl-Kick gibt es im Außenbereich ein Tauchbecken.	DAS ABKÜHLEN

238
STUTTGART

KANTO SchwabenQuellen »DIE WELLNESS-WELTREISE«

Plieninger Straße 100, 70567 Stuttgart
0711-60 60 60 und Wellness-Hotline 0711 633 92 36 | www.schwabenquellen.de

DIE GLETSCHERHÖHLE — Die »Gletscherhöhle von Atitlan«: Abkühlung und Abhärten pur. Minus 14 °C laden trotz der Gestaltung mit Felsen nicht zum langen, aber zum effektiven Abkühlungsaufenthalt ein.

DIE WHIRLPOOLS — Im Außenbereich befindet sich neben dem Tauchbecken ein Hot-Whirlpool, im Inneren ein weiterer Geysir-Hot-Whirlpool. Das Isländische Geysir-Bad verbindet den Innen- mit dem Außenbereich.

PRIVATE SPA S — Das urig-gemütliche AlpenSPA und das palastartige OrientalSPA stehen für exklusive Momente zu zweit oder in der kleinen Gruppe. Zudem können sich die Gäste auf ein weiteres exklusives PRIVATESPA mit einzigartigen Features freuen. Dieses wird 2018 fertiggestellt. Ob für den Hochzeitstag zu zweit, die wöchentliche Damen-Sauna-Runde, einen Tag Familien-Sauna oder den ungestörten Herrenabend – hier findet pure Erholung in privater Atmosphäre statt. Detaillierte Informationen mit Schilderungen und Preisen zu den verschiedenen Packages finden Sie auf der »SchwabenQuellen«-Internetseite www.schwabenquellen.de.

DIE KARIBISCHE LAGUNE — Zentral im Inneren gelegen ist die große, herrlich bepflanzte Badelagune mit Wasserfällen sowie Hängematten im und am Wasser. Entspannung pur nach dem Schwitzen.

DAS ISLÄNDISCHE GEYSIR-BAD — Den Weg zur Aussenanlage können sie entweder zu Fuß oder schwimmend über das isländische Geysir-Bad zurücklegen. Das mit Sole bereicherte Wasser hat eine sehr angenehme Temperatur von 36 °C. Düsen sorgen für angenehmes Prickeln, das Becken ist groß genug zum Schwimmen.

KANTO SchwabenQuellen »DIE WELLNESS-WELTREISE«

📍 Plieninger Straße 100, 70567 Stuttgart
📞 0711-60 60 60 und Wellness-Hotline 0711 633 92 36 | 🌐 www.schwabenquellen.de

STUTTGART

Sie ist aufgeteilt in drei Bereiche: Nach dem Verlassen des Innenbereiches finden Sie neben dem Geysirbecken die größte Sauna der SchwabenQuellen: die Kanadische Blockhaus-Sauna.

DIE AUSSENANLAGE

Unmittelbar hinter der Kanadischen Blockhaussauna finden Sie die »KANTO-LOUNGE« mit traumhaft schönen Himmelbetten und Loungemöbeln. Hier genießen Sie die Sonne unter freiem Himmel bei entspannender Musik und abends das romantische Lichtdesign – Cocktails und Leckereien runden das Angebot ab.

DIE »KANTO-LOUNGE«

Nebenan, auf etwa 500 qm Fläche, entspannen Sie am »KANTO-BEACH« auf feinem Sandstrand oder bequemen Betten.

DER »KANTO-BEACH«

Für ausreichende Ruhemöglichkeiten ist auch im Innenbereich gesorgt: Sie finden, was das Herz begehrt:

RUHEMÖGLICHKEITEN

Die Ruheinsel „Wolke 8" ist die perfekte Location, um zwischen den Saunagängen – frisch geduscht und in kuscheliges Frottee gehüllt – dem Alltagsstress davon zu schweben. Am besten Sie nehmen selbst Platz und sichern sich Ihr eigenes Wolkenerlebnis!

WOLKE 8

Eine auf vier Ebenen errichtete Stahl-Glas-Konstruktion. Die Pyramiden Betten mit Ihren bequemen Liegeflächen laden bei sanftem Vogelgezwitscher und dem romantischem Geplätscher der Wasserfalls zur Entspannung ein. Auf den Betten der Infrarot Wiesn können Sie sich während Ihrer Ruhephasen angenehm mit Infrarot Wärme bestrahlen lassen und dabei die Intensität selbst wählen. Diese Tiefenwärme sorgt für absolute Tiefenentspannung.

TEMPEL DER MAYA

Lassen Sie sich sanft in einen Traum wiegen auf wunderschönen Hänge-Liegen in Ei-Form oder entspannen Sie auf herrlich bequemen weich gepolsterten Betten in den Ruhenieschen mit Blick auf den Kamin.

GOLDEN EI

Eine Wendeltreppe führt Sie vom GOLDEN EI Ruheraum nach Afrika – als verbindendes Element dient ein Baum mit originaler Rinde des Baobabs. Hier finden Sie Einzelbereiche mit Wasserbetten und Liegen. Alles ist konsequent mit Masken und Malereien im afrikanischen Stil gestaltet.

DIE »AFRIKA-LODGE«

Einen grandiosen Weitblick über die gesamte Wellnesslandschaft gewährt der neue Ruhebereich, »der Tafelberg«. Hier nehmen Sie Platz auf einer der einladenden Liegen und lassen Sie Ihren Blick in die Ferne schweifen. Von dort oben genießen Sie einen außergewöhnlichen Ausblick auf die karibische Lagune mit ihren Palmen und Wasserfällen.

DER TAFELBERG

240 STUTTGART — KANTO SchwabenQuellen »DIE WELLNESS-WELTREISE«

 Plieninger Straße 100, 70567 Stuttgart
 0711-60 60 60 und Wellness-Hotline 0711 633 92 36 | www.schwabenquellen.de

DER »MAURISCHE WINTERGARTEN«
In diesem orientalischen Ruheraum gibt es Sofas, Liegen, Musik, Pflanzen und viel Licht. Diese Lounge und die Möglichkeit in aller Ruhe genussvoll zu rauchen finden Sie oberhalb der MandalaBar hinter dem Tepidarium und dem Orientalisches Dampfbad.

DIE »JAPANISCHE ASIA-LOUNGE«
Klare Linien, kalligrafische Zeichen auf weiß verputzten Wänden, rote Säulen und Betten passend zum japanischen Thema finden Sie hinter der Balinesischen Kräuter-Sauna.

WEITERE RUHEZONEN
Neben diesen themenbezogenen Ruheräumen gibt es an den verschiedensten Stellen Ruhepunkte – auf der Empore neben dem Osmanischen Bad, oberhalb des Isländischen Geysir-Bades und an vielen anderen Orten.

MASSAGEN | SOLARIEN
Im zentralen Solarienbereich »GOA« beim GOLDEN EI. Zum Thema Massagen finden Sie das aktuelle Angebot auf der Internetseite unter »Massagen«. Termine vereinbaren Sie bitte telefonisch unter 0711 6339-236 oder 0711 60 60 60.

BUCHUNG | INFOS
An der ANGEL CORNER Information mitten in der Anlage berät Sie ein freundlicher Engel bei dem Sie auch Ihre Massagebehandlung oder ein Private SPA vor Ort buchen können. Telefonische Buchungen unter: 0711 633 92 36 oder 0711 60 60 60.

EVENTS
Events gibt es immer in wechselnder Form, z.B. von Oktober bis April findet an jedem 1. Samstag (mit Badetextil auch in Saunen und Dampfbädern) der Textiltag statt. Ab 18:00 Uhr mit Live DJ und KANTO Clubing Club-Atmosphäre. An jedem 2. Samstag im Monat findet ab 18:00 Uhr das beliebte BuddhaBad statt, mit Kerzen, Live DJ und phantastischen Showacts auf der Wasserbühne.

KANTO SchwabenQuellen »DIE WELLNESS-WELTREISE«

Plieninger Straße 100, 70567 Stuttgart
0711-60 60 60 und Wellness-Hotline 0711 633 92 36 | www.schwabenquellen.de

Im Restaurant »Mandala Bar« können Sie sich verwöhnen lassen. Wechselnde frische Gerichte, Salate ... eigentlich alles, was das Herz begehrt.

GASTRONOMIE

Sie zahlen am Eingang den gewünschen Tarif. In der Anlage ist der Zahlungsverkehr komplett bargeldlos über Ihr »Schlüsselmedium« und erst am Ausgang werden weitere Konsumationen und Kosten berechnet.

ZAHLUNGSVERKEHR

In die Tiefgarage des ›SI‹, mit dem Aufzug hoch und schon geht es los. Vergessen Sie nicht, beim Verlassen der Sauna Ihren Parkschein abzustempeln. Sie parken als Besucher der »SchwabenQuellen« günstiger.

PARKMÖGLICHKEITEN

ELEMENTS Fitness und Wellness »SCHWiTZEN SiE SiCH GESUND«

STUTTGART

Feinstraße 4, 70178 Stuttgart
0 711 518 76 46 11 | www.elements.com

BEHEIZTER NABELSTEIN   AROMAÖLMASSAGE

GEBOTEN WiRD:

DAS RESÜMEE   Das ELEMENTS Studio in Stuttgart lädt zum Trainieren und Entspannen in angenehmer Atmosphäre ein. Nach einem anstrengenden Workout können Sie im großzügigen Saunabereich oder im Hamam die Muskulatur lockern und den Kreislauf sowie das Immunsystem stärken. Saunaaufgüsse und sanfte Hintergrundmusik untermalen den Aufenthalt und machen ihn zu einem einzigartigen Wellnesserlebnis.

ZUSATZSERVICES   ELEMENTS Mitglieder haben die Möglichkeit, einen privaten Spind und einen Handtuchservice zu buchen. Badeschlappen und Handtücher können käuflich erworben werden.

DIE ÖFFNUNGSZEITEN   Montag – Freitag: 06:00 – 23:00 Uhr | Samstag, Sonntag & Feiertag 09:00 – 22:00 Uhr.

DIE PREISE

Mitgliedschaft 1 Monat	125 Euro
Mitgliedschaft 6 Monate	105 Euro pro Monat
Mitgliedschaft 12 Monate	95 Euro pro Monat
Mitgliedschaft 24 Monate	85 Euro pro Monat
Tageskarte Fitness und Wellness	30 Euro
Tageskarte Hamam	28 Euro

Mitglieder nutzen den gesamten Fitness- und Wellnessbereich inkl. Hamam ohne Mehrkosten.

DIE SAUNEN   Im ELEMENTS Paulinenbrücke finden Sie zwei unterschiedlich temperierte Saunaarten: eine Finnische Sauna und ein Dampfbad.

ELEMENTS Fitness und Wellness »SCHWiTZEN SiE SiCH GESUND«

Feinstraße 4, 70178 Stuttgart
0 711 518 76 46 11 | www.elements.com

STUTTGART

SAUNA

ENTSPANNUNGSPOOL

TRAININGSFLÄCHE

DAMPFBAD

Die Finnische Sauna ist eine Holzsauna, welche mit ihrer niedrigen Luftfeuchtigkeit dafür sorgt, dass die Entspannung und die stärkenden Effekte auf das Immunsystem besonders rasch einsetzen. Aufgüsse werden regelmäßig angeboten.

FINNISCHE SAUNA
80 – 100 °C | 10 %

Der Besuch des Dampfbads lockert die Muskulatur und hat einen positiven Effekt auf das Hautbild. Auch Menschen mit Atemwegsproblemen bevorzugen diese Art des Saunierens.

DAMPFBAD
40 – 55 °C | 100 %

Zur wirkungsvollen Abkühlung stehen Erlebnisduschen zur Verfügung.

DAS ABKÜHLEN

Auf einen wohltuenden Saunaaufguss folgt die Erholungsphase. Der Ruhebereich ist angenehm klimatisiert und mit bequemen Liegen ausgestattet – perfekt, um sich rundum wohlzufühlen.

RUHEMÖGLICHKEITEN

Trainingsunterstützende sowie klassische Massagen lassen den Körper zusätzlich zur Ruhe kommen und sind separat buchbar.

WELLNESS | MASSAGEN

Mit dem orientalischen Hamam wartet ein weiteres Extra auf Sie. Bei einem Rundgang durch Kräuterdampfbad und Seifenschaumraum wird die Haut gepflegt und die Durchblutung gefördert. Im Entspannungspool ist der stressige Tag schnell vergessen. Anwendungen wie eine Seifenschaummassage oder eine Rhassoul Pflegeschlamm-Behandlung sind für einen Aufpreis zubuchbar.

HAMAM

Sie können sowohl bar als auch mit EC Karte bezahlen.

ZAHLUNGSVERKEHR

Als ELEMENTS Mitglied parken Sie in der Tiefgarage gegenüber des Studios von Montag bis Freitag ab 17:30 Uhr und das gesamte Wochenende kostenfrei.

PARKMÖGLICHKEITEN

Waldsauna »Besuchen Sie einen Ort der Erholung«

Robert-Bosch-Straße 9, 73550 Waldstetten
07171 499029 | www.waldsauna-waldstetten.de

GEBOTEN WIRD:

DAS RESÜMEE — Der erste Eindruck täuscht zunächst: Die nicht mehr ganz neue Halle steht in einem Gewerbegebiet, an der Metallfassade prangt das kleine Schild mit der Aufschrift »Waldsauna«. »Bin ich hier richtig?«, mag sich der Saunagast fragen. Die Antwort lautet: »Ja!« Hinter der unscheinbaren Fassade verbirgt sich eine Multi-Sportanlage für Fitness, Kampfsport, Soccer, Badminton und Squash, mit einer Kletterschule nebst Indoor- und Outdoor-Kletterturm, einer Ballettschule, dem umfangreichen Gymnastikangebot und natürlich der »Waldsauna«. Kernstück der »Waldsauna« ist der parkähnliche Außenbereich. Wer hier den herrlichen Blick auf die umliegenden Wälder genießt, erkennt sofort: Der Name hat nicht zu viel versprochen! Die Anlage ist so großzügig konzipiert, dass 150 Gäste problemlos Saunieren können. In der Regel sind es deutlich weniger, so dass der einzelne Gast seinen Saunabesuch in Ruhe und ohne räumliche Bedrängnis verleben kann.

DIE GRÖSSE — Die Sauna-Anlage weist eine Gesamtfläche von ungefähr 4.500 qm auf, wovon etwa 4.000 qm auf den Außenbereich entfallen.

DER EMPFANG — Die Mitarbeiter am Empfang betreuen die Gäste der gesamten Anlage. Neue Besucher werden hier sehr hilfsbereit und freundlich beraten.

DIE ÖFFNUNGSZEITEN — Montag von 14:00 – 21:00 Uhr | Dienstag bis Freitag von 14:00 – 22:30 Uhr | Samstag von 10:00 – 22:30 Uhr | Sonntag und feiertags von 10:00 – 21:00 Uhr. Der Dienstag ist ausschließlich den Damen vorbehalten. Über die veränderten Öffnungszeiten im Sommer und an Feiertagen informieren Sie sich bitte im Internet.

Waldsauna »BESUCHEN SIE EINEN ORT DER ERHOLUNG«

Robert-Bosch-Straße 9, 73550 Waldstetten
07171 499029 | www.waldsauna-waldstetten.de

WALDSTETTEN

Erwachsenen-Tageskarte: 15,50 Euro. Es mag sich lohnen, vor Ort einen Blick auf die zahlreichen weiteren Tarife zu werfen, zum Beispiel die Familien-Tageskarte oder die Sparkarte.

DIE PREISE

Den Saunagästen stehen eigene Umkleiden zur Verfügung, die nach Damen und Herren getrennt sind. Geduscht hingegen wird gemeinsam. Die Reinigungsduschen befinden sich innerhalb der Sauna-Anlage und wurden kürzlich komplett renoviert.

UMKLEIDEN | DUSCHEN

Zum Dampfbad und der Niedertemperatur-Sauna im Innenbereich gesellen sich drei weitere Saunen in der Außenanlage.

DIE SAUNEN

In der Niedertemperatur-Sauna im Innenraum wechseln prächtige Farblichter ab und schaffen so ein angenehme Atmosphäre. Maximal 15 Personen können hier bei etwa 60 °C schwitzen, während ein Behälter oberhalb des Elektro-Ofens duftende Essenzen verströmt.

DIE NIEDER-TERMERATUR-SAUNA 60 °C

Diese Aufguss-Sauna im Außenbereich wurde in Blockhaus-Bauweise errichtet. Ein Fenster, dass vom Saunameister vor dem Aufguss geöffnet wird, gibt für die maximal 50 Personen den Blick nach außen frei und dient gleichzeitig der Lüftung. Der sehr wohltuende und intensive Aufguss in dieser 90 °C Sauna, wird mit wechselnden Substanzen durchgeführt.

DIE FINNISCHE SAUNA 90 °C

»Vollstamm-Holzofen-Sauna«, so lautet wohl die korrekte Bezeichnung dieses Rundstammgebäudes im Außenbereich. Für die Konstruktion wurden ausschließlich heimische Weißtannen aus dem Welzheimer Wald verwendet. Diese mit Holz auf etwa 85 °C beheizte Sauna bietet etwa 10 bis 15 Gästen Platz. Der mit Steinen ummauerte Ofen gibt behagliche Strahlungswärme ab und sorgt in Kombination mit den Rundstämmen für ein durch und durch sinnliches Erlebnis.

DIE HOLZOFEN-SAUNA 85 °C

Waldsauna »BESUCHEN SIE EINEN ORT DER ERHOLUNG«

Robert-Bosch-Straße 9, 73550 Waldstetten
07171 499029 | www.waldsauna-waldstetten.de

DIE ERD-SAUNA

Bei erster Betrachtung erweckt die Erd-Sauna von außen den Eindruck eines kleinen, mit verschiedenen Gewächsen bepflanzten Hügels. Um so beeindruckender ist der Innenraum: Die Wände des achteckigen Raumes sind mit massiven Halbrundleisten verkleidet. Der höchste Punkt der Sauna befindet sich mit etwa 3,20 Metern in der Raummitte.

Die Aufgüsse werden zu unregelmäßigen Zeiten auf einem großzügig mit Sauna-Steinen bedeckten Elektro-Ofen durchgeführt. Von der Raummitte aus verteilt sich die Temperatur von 80 °C für alle 30 Gäste sehr gleichmäßig. Die Lichtöffnung in der Tür ist so klein, dass die Besucher ein »Draußen« zwar erahnen, jedoch mit ihren Sinnen ganz bei sich bleiben.

DAS DAMPFBAD
48 °C | 100 %

Das Dampfbad im Innenbereich besticht durch Sitzflächen und Wände aus Natursteinen, die hier und da mit Intarsien geschmückt sind. Bei 48 °C und 100 % Luftfeuchtigkeit lässt es sich in diesem Bad angenehm schwitzen.

DAS ABKÜHLEN

Im Innenbereich der Anlage wartet der Kaltduschbereich mit Schwall- und Regenwasser-Druckduschen auf die erhitzten Besucher. Natürlich ist auch der obligatorische Kneippschlauch vorhanden. Im Außenbereich finden sich viele Kaltwasserschläuche, außerdem können die Duschen beim Schwimmbad und die Duschanlage im Rundstammhaus genutzt werden. Zur optimalen Abkühlung bietet sich das Tauchbecken im Innenbereich an.

DER AUSSENBEREICH

Nicht nur die Größe von etwa 4.500 qm ist beeindruckend, auch die Gesamtgestaltung ist ausnehmend reizvoll. Im Mittelpunkt der Außenanlage steht das Schwimmbad, umgeben von Rundstammhäusern mit intensiver Dachbegrünung, viel freiem Raum und zahlreichen Liegeplätzen. Dieser Bereich ist wie geschaffen für entspannende Sommertage, aber durch das beheizte Schwimmbad ebenso attraktiv im Winter.

DAS SCHWIMMBAD

Das Außenschwimmbad hat eine Größe von etwa 20 × 8,5 Metern und lädt Bewegungsfreudige zum Schwimmen ein. Mit Erdwärme und Blockheizkraftwerk wird das Wasser im Sommer auf etwa 28 °C und im Winter auf etwa 33 °C temperiert

Waldsauna »Besuchen Sie einen Ort der Erholung«

Robert-Bosch-Straße 9, 73550 Waldstetten
07171 499029 | www.waldsauna-waldstetten.de

und eignet sich somit das ganze Jahr zum Schwimmen. Die verschiedenen Sprudler und Düsen im Becken machen das Schwimmen zu einem besonderen Vergnügen.

RUHEMÖGLICHKEITEN

Vom Innenbereich der Sauna-Anlage führt eine Spindeltreppe ins 1. Obergeschoss. Hier lädt ein Raum mit gemütlichen Sofas und Sesseln zum Plaudern ein. Wer die stille Entspannung vorzieht, kann einen separaten Ruheraum nutzen. Im Außenbereich verführt auch die Liegehalle mit ihrem großen Ruheraum zur Entspannung.

SOLARIEN

Solarien befinden sich auf der 1. Etage des Saunabereiches, gleich neben dem Kommunikationsraum.

MASSAGEN

Im Bereich der Massagen können Sie aus einem umfangreichen Angebot wählen. Bei Bedarf erkundigen Sie sich in der Waldsauna.

EVENTS

Immer wieder finden, in unregelmäßiger Folge, themenbezogene Veranstaltungen statt, zum Beispiel ein »Bayerischer Abend« oder eine »italienische Nacht. Ein außergewöhnlicher Abend, der auch durch die bezaubernde Beleuchtung zu einem einmaligen Erlebnis wird. Die Mitarbeiter der Waldsauna geben gerne Auskunft über die nächsten Termine. Eine weitere Besonderheit ist der Kindertag: donnerstags von 14:00 – 18:00 Uhr, speziell für Kids bis 12 Jahre.

GASTRONOMIE

Eines der Vollstamm-Blockhäuser dient als Sauna-Restaurant. Das Angebot ist vielfältig und reicht vom leichten Salatteller bis zum deftigen Steak. Im Sommer kommen frische Grillgerichte auf den Tisch!

ZAHLUNGSVERKEHR

Der Eintrittspreis wird gleich zu Beginn des Besuches beglichen. Damit die Gäste ihren Aufenthalt in der Sauna genießen können, ohne Bargeld bei sich tragen zu müssen, erhalten sie eine Verzehrkarte. Hierauf werden Speisen und Getränke vermerkt und beim Verlassen der Anlage abgerechnet.

PARKMÖGLICHKEITEN

Unmittelbar an der Anlage und hinter dem Gebäude stehen kostenfreie Parkplätze zur Verfügung.

248 Sauna-Landschaft im Hallenbad Weingarten

WEINGARTEN
GUTSCHEINHEFT S. 17

»ERLEBEN. ERHOLEN. ENTSPANNEN.«

📍 Brechenmacherstr. 11, 88250 Weingarten | ☎ 0751 56015830 | 🌐 www.baeder-weingarten.de

GEBOTEN WIRD:

DAS RESÜMEE — Den Energiespeicher füllen in der kalten Jahreszeit – ob in der Finnischen Sauna, der Soft-Sauna oder im Dampfbad, das »Hallenbad Weingarten« macht auf 720 qm mehr als nur »heiße Luft«. Wohl temperiert den Körper erwärmen, wechselnde Spezialaufgüsse genießen, im Tropenregen erfrischend abkühlen und sanft entspannen unterm Sternenhimmel oder nah am heißen Stein – einfach die Seele baumeln lassen … in der Sauna-Landschaft im »Hallenbad Weingarten«. Wenn Sie möchten, können Sie mit Ihrer Eintrittskarte für die Sauna auch kostenlos das Angebot des Hallenbades nutzen: 25-m-Schwimmbecken, Nichtschwimmerbecken mit Hubboden (die Wassertiefe kann so von 0,30 m bis 1,80 m variiert werden), Kinderbecken mit Rutsche und weiteren Spielmöglichkeiten. Einstiegstreppen erleichtern den Badegästen den Zugang ins Becken. Im Hallenbad gibt es zusätzliche Dampfbäder zur Erholung und Entspannung.

DIE GRÖSSE — Die Sauna-Landschaft erstreckt sich auf 720 qm, wobei der Innenbereich etwa 360 qm groß ist.

DIE ÖFFNUNGSZEITEN

	Damen	Herren	Gemischt
Montag	13:00 – 17:00 Uhr		17:00 – 22:00 Uhr
Dienstag	09:00 – 13:00 Uhr	13:00 – 17:00 Uhr	17:00 – 22:00 Uhr
Mittwoch	13:00 – 22:00 Uhr		
Donnerstag			09:00 – 22:00 Uhr
Freitag			13:00 – 22:00 Uhr
Samstag-, Sonn- & Feiertag			08:00 – 21:00 Uhr

Im Mai und Juni ist die Sauna nur bis 21:00 Uhr geöffnet.

Sauna-Landschaft im Hallenbad Weingarten
»ERLEBEN. ERHOLEN. ENTSPANNEN.«

📍 Brechenmacherstr. 11, 88250 Weingarten | ☎ 0751 56015830 | 🌐 www.baeder-weingarten.de

DIE PREISE

	Erwachsene	Jugendliche (6 bis unter 15 Jahre)
Tageskarte	15,20 Euro	7,90 Euro
Wertkarten M (7 % Rabatt)	80,00 Euro	
Wertkarten L (14 % Rabatt)	130,00 Euro	

Die Hallenbadbenutzung ist im Eintrittspreis enthalten.

UMKLEIDEN | DUSCHEN

Die Saunagäste nutzen die Einzelkabinen im Umkleidebereich gemeinsam mit den Badbesuchern. Duschen können Sie entweder in den für Damen und Herren getrennten Duschen des Bades oder im gemeinschaftlichen Duschbereich der Sauna.

DIE SAUNEN

In der Sauna-Landschaft stehen Ihnen vier Saunen und ein Dampfbad zur Verfügung. Besonders auf die Vielfalt der Aufgüsse sollte hingewiesen werden. Natürlich gibt es ständig wechselnde aromatische Zusätze, aber auch zu festgelegten Zeiten Eis-, Salz- und Honig-Aufgüsse.

DIE FINNISCHE SAUNA
85 °C

Die 85 °C warme Sauna bietet auf Grund der rundlich gebauten Sitzflächen ein besonderes Saunaflair. Ein weiteres Highlight erleben Sie mit dem Himalayasalzofen. Die Eigenschaften tragen zur Entspannung und Entschlackung des Körpers bei.

DIE SOFT-SAUNA
70 °C | 40 – 50 %

Das runde Raumkonzept welches im Foyer erkennbar ist, spiegelt sich in der Soft-Sauna wieder. Durch diese außergewöhnliche Gestaltung hat auch dieser Raum eine besondere Atmosphäre. Hier finden rund 25 Gäste Platz, welche bei 70 °C, einer Luftfeuchtigkeit von 40 – 50 % und dezenter Musik herrlich entspannen können.

Sauna-Landschaft im Hallenbad Weingarten
»ERLEBEN. ERHOLEN. ENTSPANNEN.«

Brechenmacherstr. 11, 88250 Weingarten | 0751 56015830 | www.baeder-weingarten.de

DIE DAMPFBÄDER
45 °C | 100 %

Bei 45 °C und 100 % Luftfeuchtigkeit, gibt es in diesem Bereich auch Duschen und die Möglichkeit für Fußwechselbäder. Das Hallenbad Weingarten bietet insgesamt 2 Dampfbäder, eines davon erreichen Sie auch über die Saunalandschaft.

SAUNEN IM AUSSENBEREICH

Im Außenbereich bieten eine Blockhütten-Sauna mit 90 °C und eine Finnische Sauna mit 95 °C zusätzlich Platz für ein ausgedehntes Saunavergnügen. Je nach Temperaturwunsch kann man stündlich mit besonderen Aufgüssen, die Seele baumeln lassen.

ERGÄNZUNGEN

Besonders angenehm ist der »Heiße Stein«. Ein gefliester Pyramidenstumpf lädt Sie ein, die Füße aufzulegen, dabei entspannt zu lesen, zu plaudern oder einfach auszuruhen.

Sauna-Landschaft im Hallenbad Weingarten
»ERLEBEN. ERHOLEN. ENTSPANNEN.«

📍 Brechenmacherstr. 11, 88250 Weingarten | ☎ 0751 56015830 | 🌐 www.baeder-weingarten.de

WEINGARTEN

Die Saunalandschaft bietet 2 große Duschbereiche; eine Schwallwasserdusche, ein Tauchbecken und vieles mehr.	DAS ABKÜHLEN
Genießen Sie Fußwechselbäder im Kneippbereich.	DAS KNEIPPEN
Etwa 360 qm groß ist der modern und fernöstlich gestaltete Freiluftbereich. Es stehen reichlich Liegen zur Entspannung bereit.	DIE AUSSENANLAGE
Es gibt zwei Ruhebereiche, einer dient zur Enspannung und als Schlafmöglichkeit, der andere zum pausieren zwischen den Saunagängen.	RUHEMÖGLICHKEITEN
Im Sauna-Bistro gibt es Getränke und leckere Speisen zum Verzehr.	GASTRONOMIE
Die in Anspruch genommenen Leistungen bezahlen Sie bar oder über EC.	ZAHLUNGSVERKEHR
Unmittelbar am Hallenbad parken Sie kostenfrei.	PARKMÖGLICHKEITEN

Wellness im Quadrium »DAS MAROKKO AM NECKAR«

Kirchheimer Straße 68 – 70, 73249 Wernau (Neckar)
07153 9345-850 | www.wellness-wernau.de

GEBOTEN WiRD:

DAS RESÜMEE	Das »Quadrium« steht als Veranstaltungszentrum für Kultur und Kommunikation, für Feste und Kongresse. In diesen Komplex integriert ist der Bereich »Wellness im Quadrium«. Zu der Anlage mit exklusiven Saunen, »Hamam«, orientalischen Dampfbad und Massagezentren gehört ein Hallenbad mit 25-Meter-Becken, ein Eltern-Kind-Bereich mit „Dschungelbecken", eine drei Meter hohe Pool-Kletterwand, ein Whirlpool sowie ein Solarium. Wärmeliegen, Ruhezonen und ein Saunagarten mit Raucher-Lounge garantieren einen entspannenden Aufenthalt.
DER SAUNABEREICH	Im Wellness-Bereich tauchen Sie ein in eine andere Welt. Die konsequent marokkanische Architektur bestimmt die Gesamtgestaltung, ebenso die originalen Details, die Materialauswahl, die Ornamentik, Wandgestaltung und Farbauswahl. Eine überaus gelungene Anlage. Der Wellness-Bereich hat einschließlich dem Freiluftbereich eine Grundfläche von etwa 2.500 qm.
DER EMPFANG	Im Empfangsbereich können Sie Sauna-Handtücher, Bademäntel, Badebekleidung sowie sonstige Accessoires kaufen, aber auch gegen Gebühr ausleihen, wenn Sie einmal spontan das Bad besuchen.
DIE ÖFFNUNGSZEITEN	Wellness-Bereich: Montag bis Donnerstag von 10:00 – 22:00 Uhr, Freitag bis Samstag 10:00 – 23:00 Uhr, Sonntag von 10:00 – 21:00 Uhr.
	Frauen-Sauna: jeden Dienstag im Monat, außer an Feiertagen, von 10:00 – 22:00 Uhr ist »LadyDay« im »Quadrium« (im Hallenbad haben auch Männer Zutritt). Jeden dritten Freitag im Monat ist die Sauna bis 1:00 Uhr geöffnet.

Wellness im Quadrium »DAS MAROKKO AM NECKAR«

Kirchheimer Straße 68 – 70, 73249 Wernau (Neckar)
07153 9345-850 | www.wellness-wernau.de

253
WERNAU (NECKAR)
GUTSCHEINHEFT S. 19

---

3 Stunden 14,00 Euro | Tageskarte 19,00 Euro | Frühaufsteher-Tarife und Wellness-Abos erfragen Sie bitte an der Kasse.

DIE PREISE

Den Besuchern des Wellness-Bereiches steht ein separater Umkleidebereich zur Verfügung, der von Frauen und Männern gemeinsam genutzt wird. Auf dem Weg zu den Saunen kommen Sie zu den für Männer und Frauen getrennten Duschbereichen.

UMKLEIDEN | DUSCHEN

Alle Saunen und Bäder stehen unter verschiedenen Themen und sind völlig individuell gestaltet. In jeder Sauna tauchen Sie in eine neue Welt ein.

DIE SAUNEN

Bei 80 °C und 10 % Luftfeuchtigkeit genießen maximal 10 – 12 Gäste diese künstlerisch gestaltete Sauna. Die marokkanische Holzdecke sowie gestaltete Wandnischen mit Lichteffekten lassen Sie stimmungsvoll entspannen. Durch die Rundbogenfenster haben Sie einen Blick in den Innenbereich, von dort aus ist aber kein Einblick in die Sauna möglich.

DIE »ART MAROC«-SAUNA
80 °C | 10 %

Auch hier gilt: Gestaltet für die Sinne. Breite Liegeflächen laden bei 55 °C und 60 % Luftfeuchtigkeit ein. Der Sternenhimmel mit wechselnden Lichtfarben und die dezente Musik unterstützen die Entspannung. Die Wärme für die etwa zehn Gäste wird von einem Ofen erzeugt, der in einen schwarzen, behauenen Natursteinsims mit dunkelrotem Unterbau eingebettet ist. Daneben befindet sich der Dampferzeuger in einem schönen Steinbecken, der den Raum mit duftendem Dampf erfüllt.

DIE MEDITATIONS-SAUNA
55 °C | 60 %

Orientalisch und mystisch kommt es daher, das neue Bad dessen Dampf einer Leuchtkugel ensteigt. 45 °C warm und 100 % Luffeuchtigkeit erwarten die maximal 10 Besucher.

DAS ORIENTALISCHE DAMPFBAD
45 °C | 100 %

Durch den Freiluftbereich gelangen Sie, vorbei am Freischwimmbecken, zu dem Gebäude, in dem die beiden Außen-Saunen untergebracht sind. Den Vorraum betreten Sie durch eine mit vielen Schnitzereien versehene Holztüre. Hier haben Sie die Wahl zwischen zwei Saunen.

DIE AUSSEN-SAUNA

Wellness im Quadrium »DAS MAROKKO AM NECKAR«

Kirchheimer Straße 68 – 70, 73249 Wernau (Neckar)
07153 9345-850 | www.wellness-wernau.de

DIE »SIERRA NEVADA«-SAUNA
95 °C | 10 %

Beim Betreten des Raumes fällt den maximal 30 Gästen sofort der mit massiven Natursteinen ummauerte Sauna-Ofen auf. Der Ofen, der den Raum auf 95 °C bei etwa 10 % Luftfeuchtigkeit aufheizt, schafft zwei Bereiche. Einen hinteren Bereich – Wände und Decke aus edlem hellen Holz; den vorderen Bereich mit einer großen Scheibe, die Tageslicht einfallen lässt. Hier finden regelmäßig Aufgüsse mit wechselnden Aromen statt, dreimal am Tag auch Salzaufgüsse, Birkenquast-Aufgüsse, Cremes-, Meditations- und Klangschalen-Aufgüsse. Anschließend gibt es Kneippgüsse durch die Saunameister.

SAUNA ANDALUZ
80 °C | 10 %

Die gegenüberliegende Rosen-Sauna ist bei ebenfalls 10 % Luftfeuchtigkeit 80 °C warm. Es erfolgen zu jeder vollen und zu jeder halben Stunde automatische Aufgüsse. Auffällig auch hier der ummauerte und gestaltete Ofen und das bunte, original marokkanische Holz-Element an der Decke. Durch die beiden Fenster haben Sie, von den oberen Bänken, einen Panorama- Blick auf den Freiluftbereich.

DAS »HAMAM«

Auch das »Hamam« ist ganz in orientalischer Bauweise errichtet, der Vorraum mit einem großen, warmen Stein und vier erwärmten und gefliesten Steinsesseln. Hinter einer geschnitzten Holzwand sind die Massageliegen. Hier kann man sich auch zu zweit, bei einer Paarmassage verwöhnen lassen. Termine vereinbaren Sie unter 07153 9345-850.

DAS ABKÜHLEN

CRUSHED ICE

Der Bereich ist nicht nur schön, sondern auch sehr effektiv geplant. Im Kaltbereich finden Sie alles, was das Herz begehrt: die Schwalldusche, einen Kneippschlauch, eine schneckenförmige Erlebnisdusche und eine Kübeldusche, ein Tauchbecken und die felsenartig gestaltete Eisgrotte. Hier können Sie sich ausgiebig mit Crushed Ice einreiben.

Wellness im Quadrium »DAS MAROKKO AM NECKAR«

Kirchheimer Straße 68 – 70, 73249 Wernau (Neckar)
07153 9345-850 | www.wellness-wernau.de

Im hinteren Bereich, in dem große, gefliese und erwärmte Bänke zum Aufenthalt und zu Gesprächen einladen, ist der Bereich für die Kalt-Warm-Wechselfußbäder untergebracht. Beliebt sind die Kneippgüsse nach den Aufgüssen.

DAS KNEIPPEN

Im Freiluftbereich mit etwa 150 qm Grundfläche stehen Liegen zur Entspannung bereit sowie ein kleiner Pavillon mit Tisch und Stühlen. Als Abgrenzung zur »Außenwelt« dienen große, blickdichte Glasscheiben; trotzdem wirkt der Bereich nicht abgeschlossen. Die Schwallduschen sorgen für Erfrischung nach dem Besuch der Außen-Saunen. Ganz zum Thema passend sind die Zedern-Bäume und mediterrane Kräutergärtchen. Im Freiluftbereich liegt auch die Sonnenlounge für Raucher.

DIE AUSSENANLAGE

In das erwärmte Außenschwimmbad können Sie sowohl aus dem Innenbereich herausschwimmen, als natürlich auch von außen hinein. Strudel, Düsen und Whirlsitze sorgen für eine angenehme Unterwassermassage.

DER SAUNA- UND WELLNESS-POOL

Zur Entspannung stehen im zentralen Bereich beim Sauna-Bistro gemütliche Sessel bereit. Der Ruheraum mit 12 geflochtenen Liegen befindet sich im hinteren Bereich. Eine Ebene tiefer, im Untergeschoss, können Sie im Ruheraum »Marrakesch« entspannen. Hier finden Sie acht gefliese Wärmeliegen in einem mit orientalischen Vorhängen gestalteten Raum.

RUHEMÖGLICHKEITEN | TEPIDARIUM

Über 100 Massage- und Kosmetikangebote sowie ein orientalisches »Hamam«. Über das Massageangebot informieren Sie sich bitte vor Ort.

MASSAGEN

Es wird regelmäßig Aquafitness angeboten. Außerdem findet wöchentlich kostenlose Wassergymnastik im Hallenbad statt.

FITNESS

Im Sauna-Bistro »Casablanca« gibt es zur Stärkung und Erfrischung neben verschiedenen Snacks und Salaten auch eine große Auswahl an Getränken.

GASTRONOMIE

Die Leistungen sind bar zu zahlen oder per EC-Karte.

ZAHLUNGSVERKEHR

Der Parkplatz ist unmittelbar am »Quadrium« oder im Parkhaus »Stadtplatz«.

PARKMÖGLICHKEITEN

Tag und Nacht entspannen
Wellness- und Hotelarrangements

Sie werden diese Erfahrung sicher auch schon einmal gemacht haben: Bekannte erzählen Ihnen von einer Sauna, die Sie unbedingt auch mit einem Besuch beehren sollten. Sie hören aufgeregt zu, sehen sich vor dem inneren Auge bereits im schönen Dampfbad sitzen, am nächsten Tag schauen Sie in den Computer – und stellen enttäuscht fest: Die Sauna ist für einen Tagesausflug ungeeignet. Anfahrt, Besuch, Rückweg – das würde mehr als einen ganzen Tag beanspruchen. Traurig sinken Sie zurück in den Sessel. Schade um den schönen Saunabesuch …

Uns erging es neulich ähnlich. Aber muss das sein? Nach kurzer Beratschlagung kamen wir im Saunaführer-Team zur Antwort: Definitiv nicht! Unsere ausgesuchte Sauna war – zufälligerweise – Teil eines großen Hotelkomplexes. Und so war unsere im Saunaführer neu enthaltene Rubrik geboren. Ausgewählte Hotels – natürlich allesamt mit ausgereiftem Sauna-Angebot – bieten Ihnen nun auch die Möglichkeit, die verschiedenen Wellness-Spezialangebote, wie beispielsweise Massagen oder Kosmetikbehandlungen, in Anspruch zu nehmen. Obendrein ist eine Hotelübernachtung über einen gewissen Zeitraum natürlich mit inbegriffen. Anreise-Probleme gehören so der Vergangenheit an und der Saunaführer wird noch wertvoller für Sie.

258 HEILBRONN

PASCHA HAMAM »EINZIGARTIGE OASE DER ENTSPANNUNG«

Karlstraße 45, 74072 Heilbronn
07131 8987 13-1 | 07131 8987130 | www.paschahamam.de

GUTSCHEINHEFT S. 21

GEBOTEN WIRD:

HAMAM | DER URSPRUNG

HAMAM hat überall die gleiche Bedeutung. Eine Übersetzung gibt es nicht, egal in welcher Sprache! Es ist der Ausdruck für Entspannung, Wohlbefinden und Sauberkeit. HAMAM ist etwas Unbeschreibliches ...

Orientalisches Wohlfühl-Ambiente und Entspannung aller Sinne garantiert. Im Pascha Hamam Heilbronn möchte man den Gästen die Möglichkeit geben, sich in einer 800 Jahre alten Tradition aus 1001 Nacht, voller Entspannung und Erholung durch verschiedenste Sinneseindrücke dem Alltag zu entfliehen und Sie für eine bestimmte Zeit auf ein 'Urlaub im Orient' versetzen. Jeder Kunde kann dann mit einer Erfahrung reicher nach Hause gehen, nämlich dass es im Hamam nicht nur um bloße Körperreinigung geht, sondern um ein wahres Fest der Sinne. Vor 15 Jahren wurde das Pascha Hamam Heilbronn von den Eheleuten Aktas-Koca gegründet, heute können Sie es leider aus gesundheitlichen Gründen nicht weiterführen. Seit Juli 2017 ist das türkische Bad unter der Leitung einer jungen Unternehmerin, Sie möchte mit diesem Unternehmen eine Tradition weiterführen. Den Gästen, die Ihre Kultur ausleben wollen diese Möglichkeit geben und auch natürlich den Gästen die es nicht oder nur vom Türkeiurlaub kennen die Möglichkeit bieten es in Deutschland kennen zu lernen/ auszuleben. Das Leistungsprofil des Unternehmens baut sich derzeit Hauptsächlich auf die traditionelle Behandlung- Peeling und Schaummassage und auf klassische Öl Massagen auf. Zusätzlich wird Fußpflege, klassische Kosmetikbehandlungen sowie Aromamassagen verschiedenster Art, auf Nachfrage auch durchgeführt. Damit der Gast im PASCHA HAMAM, im wahrsten Sinne des Wortes eine Kopf bis Fuß Behandlung genießen kann.

PASCHA HAMAM »EINZIGARTIGE OASE DER ENTSPANNUNG«

Karlstraße 45, 74072 Heilbronn
07131 8987 13-1 | 07131 8987130 | www.paschahamam.de

Im türkischen Bad gibt es nicht die hohen Temperaturen wie in der finnischen Sauna, was für den Körper weit weniger belastend ist. Die Temperatur liegt etwa bei ca. 45 – 50 °C. Es schäumt, es dampft und es plätschert, das Licht ist gedämpft, bekleidet mit einem Pestemal genanntes Badetuch nimmt man im Badebereich Platz. Mit Kupferschalen wird Wasser aus dem Mamorwasserbecken (Kurna) geschöpft und über den Körper gegossen. Dann legt man sich auf das Göbektasi genannte, beheizte Mamorpodest, um die Muskeln zu lockern. In Tücher gewickelte Menschen, bekommen nach dem sanften Schwitzbad, bei dem die Körpertemperatur leicht anhebt, mit einem Peelinghandschuh aus Ziegenhaar und Leinen einen Ganzkörperpeeling, wodurch abgestorbene Hautzellen entfernt werden. Auf diesen Peeling folgt eine handfeste aber dennoch wohltuende Schaummassage aus Olivenölseife. Anschließend bekommen Arme und Beine kalte Güsse, was die Körpertemperatur wieder auf ihren normalen Zustand zurückbringt. Das alles geschieht in einer feuchtwarmen Atmosphäre, leise ertönt orientalische Musik im Hintergrund. Man könnte sich im Orient wähnen, wäre man nicht gerade erst nur einige Schritte über einen kleinen Hinterhof in den türkischen Bad PASCHA HAMAM in Heilbronn gekommen.	DIE ANWENDUNG
Im Ruhebereich fühlt man sich wie in einem Märchen aus 1001 Nacht, gedämpftes Licht, ein Pascha Konak, üppige rote Baldachine schmücken Liegen voll Kissen, laden zum ausruhen ein. Hier ruhen sich die Gäste bei einem türkischen Schwarztee oder kühlen Getränken aus.	RUHEMÖGLICHKEITEN
Nach dieser Entspannung können Sie sich eine von angebotenen Öl- oder Molkenmassagen aussuchen, damit sie sich wie neugeboren fühlen.	MASSAGEN	WELLNESS

Montag & Mittwoch*	12:00 – 21:00 Uhr	DIE ÖFFNUNGSZEITEN
Donnerstag – Samstag	12:00 – 21:00 Uhr	
Dienstag	Ruhetag	
Sonntag & Feiertage	13:00 – 21:00 Uhr	

Terminvereinbarung erwünscht. Sonderöffnungszeiten nach Vereinbarung!
* Jeden Montag & Mittwoch ist Frauentag.

Hamam und Saunabenutzung: 18 Euro	10'er Karte 150 Euro	Sultan (Ganzkörperpeeling, Ganzkörperschaummassage und Haarwäsche) 45 Euro	Pascha (Ganzkörperpeeling, Ganzkörperschaummassage, Mandel-Öl-Massage, Haarwäsche mit Massage und Obstteller) 105 Euro	Bei den Preisen handelt es sich nur um einen Auszug aus dem gesamten Angebot , weitere Preise finden Sie unter www.paschahamam.de.	DIE PREISE
Kostenlose Kundenparkplätze sind im Innenhof vorhanden.	PARKMÖGLICHKEITEN

260 Landhaus Beckmann »ENSTPANNUNG FÜR ALLE SINNE«

KALKAR
GUTSCHEINHEFT S. 21

Römerstraße 1, 47546 Kalkar
info@landhaus-beckmann.de | www.landhaus-beckmann.de

GEBOTEN WIRD:

DAS RESÜMEE Das Landhaus Beckmann trägt seine Wurzeln im Namen: die Landwirtschaft. Mit ihr hat an der Kalkarer Römerstraße alles begonnen. Familie Joosten, deren Bauernhof erstmals 1850 urkundlich erwähnt wurde, legte den Grundstein des Familienunternehmens. Damals wurde nach dem Gottesdienstbesuch Schnaps auf dem Bauernhof verkauft. Als Schank- und Landwirte sowie Müller arbeitete Familie Joosten im 19. Jahrhundert auf dem Grundstück des heutigen Landhaus Beckmann. Hermann Beckmann übernahm in der zweiten Generation, bis 1969 mit der Landwirtschaft als Haupterwerb, den Hof. Das Gastronom- und Hotelier-Ehepaar Hermann und Else Große Holtforth, geb. Beckmann führte im Folgenden das Landhaus weiter. Mit ihnen kam Ende der 60er Jahre die Wende: Sie bauten das Bauernhaus um, erweiterten zum Restaurantbetrieb und erbauten im Jahre 1980 das Hotelgebäude. Seit 2005 steht Michael Große Holtforth an der Spitze des Familienhotels. Er steht gemeinsam mit seinem Team für Tradition und Qualität.

DAS HOTEL Wenn Sie in einem der schönsten Zimmer von Landhaus Beckmann Ihre Augen aufschlagen und die Weite des Niederrheins genießen können als wäre kein Fenster zwischen Innenraum und Freiheit, dann sind auch Sie im Hotel angekommen: Zuhause am Niederrhein.

DER EMPFANG Eines haben Beckmann's Zimmer gemeinsam: Stil und Komfort auf Vier-Sterne-Niveau. Nur ein Hauch von Luxus unterscheidet die 41 Zimmer im Landhaus Beckmann voneinander. So können Sie – individuell auf Ihre Bedürfnisse abgestimmt – im Urlaub oder während der Geschäftsreise wählen, welches Ambiente Ihnen am besten gefällt. Das Hotel setzt ganz auf die eigene Region. Aus Überzeugung und

Landhaus Beckmann »ENTSPANNUNG FÜR ALLE SINNE«

Römerstraße 1, 47546 Kalkar
info@landhaus-beckmann.de | www.landhaus-beckmann.de

KALKAR

DAS RESTAURANT

Leidenschaft. Denn der Niederrhein bietet eine große Vielfalt regionaler Produkte, welche die Küche in kulinarische Köstlichkeiten verzaubert. Gutbürgerliches Essen sowie neue deutsche Gerichte zieren die Speisekarte. Das Restaurant hat sich gerne den Grundsätzen der Vereinigung „Genussregion Niederrhein" verpflichtet, um saisonale Produkte, frisch vom Erzeuger aus der Nachbarschaft, zu verarbeiten. Die Küche lebt die Philosophie: „Liebe zum Kochen und Respekt vor den Lebensmitteln." Dies bedeutet auch der Respekt vor den Tieren. Daher wird auch eine große Auswahl veganer Gerichte angeboten.

DIE ÖFFNUNGSZEITEN RESTAURANT

Das Restaurant ist täglich von 12:00 – 22:00 Uhr durchgehend für Sie geöffnet. Sollten Sie nach 22:00 Uhr noch eine Kleinigkeit zu Abend essen wollen, serviert Ihnen das Hotel auf Vorbestellung gerne eine kalte Hausplatte zum Verzehr an der Bar oder auf Ihrem Zimmer.

DER SPA-BEREICH

Gehören auch Sie zu den Menschen, die ab und zu gerne die Zeit anhalten möchten? Die sich in manchen Momenten etwas weniger Tempo, dafür mehr Gelassenheit in Ihrem Leben wünschen? Freuen Sie sich auf das Libertine Spa – ein Ort, der Ihnen nichts anderes bietet als Ruhe und Entspannung. Das Saunaangebot reicht von einer 60 °C und 90 °C Sauna über das sanfte Dampfbad bis hin zur Solevernebelung. Eine abschließende Tiefenentspannung mit Infrarotwärme lässt keinen Wunsch mehr offen. Ein separater Ruheraum, eine Lounge und eine Außenterrasse unterstützen die Regeneration. In einem Spa, bei dem sich alles um Ihr Wohlbefinden dreht, darf eines natürlich nicht fehlen: der Genuss. So werden Ihnen in der Lounge Köstlichkeiten aus dem Restaurant serviert. Nach vorheriger Anmeldung haben Sie die Möglichkeit das Libertine Spa exklusiv für sich alleine, zu zweit oder mit Freunden in der Zeit von 8:00 – 14:00 Uhr zu nutzen.

DIE MASSAGEN

Ein Team von professionellen Masseurinnen und Masseuren bietet Ihnen Massagen und weitere kosmetische Anwendungen mit hochwertigen Pflegeprodukten. Wählen Sie aus dem Angebot und reservieren im Voraus einen Termin.

262 KALKAR

Landhaus Beckmann »ENSTPANNUNG FÜR ALLE SINNE«

📍 Römerstraße 1, 47546 Kalkar
✉ info@landhaus-beckmann.de | 🌐 www.landhaus-beckmann.de

DIE UMKLEIDERÄUME	Die Umkleidekabinen sind mit Wertfächern ausgestattet um Ihnen den Aufenthalt angenehm und sicher zu gestalten.
DIE SAUNEN	Genießen Sie Saunagänge bei 60 und 90 °C. Erleben Sie Luxus zum Wohlfühlen und befreien Sie Ihren Körper vom Alltäglichen.
DAS DAMPFBAD	Verwöhnen Sie Ihren Körper und Ihre Haut bei 60 °C und 100 % Luftfeuchtigkeit.
DIE TIEFENWÄRME	Der Infrarot A – Tiefenwärmestrahler dringt wie durch ein Fenster direkt in die Haut ein. Dadurch wird eine unmittelbare Erwärmung der Unterhaut erreicht – ein angenehmes Schwitzen, ausgelöst vom INNEREN des Körpers tritt ein. Diese Tiefenwärme erhöht den Stoffwechsel und die gesamte Muskulatur kann sich tief entspannen. Man spürt dies SOFORT nach Inbetriebnahme der Bestrahlung.
DIE SOLEVERNEBLER	Eine Wohltat für den Körper- gesundes Meeresklima atmen. Mikrofeinste Aerosole wirken sich positiv auf Ihre Atemwege aus.
DER NASSBEREICH	Lassen Sie sich bei farbenfroher LED-Ambientbleuchtung in der Regendusche erfrischen. Nach dem Saunagang bieten Ihnen Kaltduschen erfrischende Abkühlung.
DER RUHERAUM	Time to Relax... entspannen Sie zwischen Ihren Behandlungen oder Saunagängen bei Ihrem Lieblingsbuch oder ruhen Sie sich bei leiser Musik einfach einmal richtig aus.
DIE LOUNGE	Setzen Sie Ihr Genussprogramm auf sinnliche Weise fort und erleben Sie die kulinarischen Köstlichkeiten der Küche. Der Saunabereich ist aus Hygienegründen nicht zum Essen und Trinken vorgesehen.
ZEITEN SPA-BEREICH	Täglich von 14:00 – 23:00 Uhr.	Private Spa von 8:00 – 14:00 Uhr möglich.

Landhaus Beckmann »ENSTPANNUNG FÜR ALLE SINNE«

Römerstraße 1, 47546 Kalkar
info@landhaus-beckmann.de | www.landhaus-beckmann.de

KALKAR

FITNESSRAUM

Sie möchten etwas tun um Ihren körperliches Wohlbefinden zu stärken? Im Fitnessraum trainieren Sie, um im Alltag leistungsfähig zu bleiben und physischen Belastungen standzuhalten.

RENT A SPA

Das Libertine Spa im Landhaus Beckmann bietet Ihnen etwas ganz Besonderes. Buchen Sie den gesamten Bereich des LIBERTINE SPA für Ihre exklusive Nutzung. Unvergessliche Stunden für Paare, Familien und Freunde! Gerne wird Ihnen die exklusive und alleinige Nutzung des Spa-Bereiches angeboten: Nach vorheriger Anmeldung haben Sie die Möglichkeit in der Zeit von 8:00 – 14:00 Uhr, den Libertine Spa alleine, zu zweit oder mit Freunden zu nutzen.

DAS ANGEBOT

Das Team vom Landhaus Beckmadann bietet Ihnen zwei Übernachung mit Frühstück im Doppelzimmer (Comfort-Kategorie) und dazu 2 Stunden „Private Spa". Im »Private Spa« haben Sie den Spa-Bereich des Landhauses Beckmann für sich ganz alleine. Die Nutzung des Spa-Bereichs ist in der Zeit von 8:00 – 14:00 Uhr möglich. Alternativ dazu ist auch ein Tausch des »Private Spa-Angebots« gegen 2 Tageskarte für den gesamten Aufenthalt möglich. Der reguläre Preis für dieses Angebot beträgt ab 334,00 Euro.

AKZENT Aktiv & Vital Hotel Thüringen

AKZENT Aktiv & Vital Hotel Thüringen, Inh. Marcel Gerber · Notstrasse 33, 98574 Schmalkalden
03683 466 570 | www.aktivhotel-thueringen.de

GEBOTEN WIRD:

HOTEL & UMGEBUNG

Das Haus befindet sich in exponierter Lage – über den Dächern der bekannten Fachwerk- & Nougat-Stadt Schmalkalden mit Blick auf die Rhön und den Rennsteig. Unweit von Eisenach mit seiner Wartburg, direkt am Naturpark Thüringer Wald. Das Wellness- und Urlaubshotel bietet Ihnen 48 komfortable Zimmer verschiedener Kategorien.

Ob Urlaub oder Geschäftsreise – hier fühlen Sie sich jederzeit zu Hause! Als privat geführtes Hotel innerhalb der AKZENT-Gruppe wird großen Wert darauf gelegt, den Aufenthalt für jeden einzelnen Gast zu etwas ganz Besonderem werden zu lassen.

Erleben Sie aktiv den über 750 qm großen Wellnessbereich, zwei Outdoor Tennisplätze, vier hauseigene Bowlingbahnen (indoor), Wander- und Nordic Walkingrouten direkt vor der Tür oder genießen Sie einfach die herrliche Ruhe im Hotel – im Thüringer Wald.

RESTAURANT

Erleben Sie Kochkunst in der Gaststube Henneberger Haus mit urigem Biergarten. In idyllischer Lage wird Ihnen regionale und internationale Küche serviert. Egal ob bei der Pause vom Wandern, bei einem Familienausflug oder beim regelmäßigen Business Lunch, hier finden Sie angenehme Atmosphäre und herzliche Gastfreundschaft. Sie wollen mal wieder einen richtig gemütlichen Nachmittag verbringen? Die hausgebackenen Blechkuchen sind ein besonderer Genuß zu jeder Jahreszeit! Der Saison entsprechend serviert das Hotel z.B. köstliche Thüringer Aprikosen-, Apfel-, Erdbeer- oder Pflaumenkuchen – alle frisch für Sie zubereitet!

AKZENT Aktiv & Vital Hotel Thüringen

AKZENT Aktiv & Vital Hotel Thüringen, Inh. Marcel Gerber · Notstrasse 33, 98574 Schmalkalden
03683 466 570 | www.aktivhotel-thueringen.de

265
SCHMALKALDEN
GUTSCHEINHEFT S. 21

Nehmen Sie Platz im Restaurant Gräfin Anastasia. Ob Frühstück, Abendessen oder im Rahmen Ihrer privaten Feierlichkeit, in gediegenem Ambiente lassen Sie sich kulinarisch verwöhnen! Bei schönem Wetter ist die angeschlossene Terrasse für Sie geöffnet. Gibt es etwas schöneres, als an einem warmen Sommermorgen draußen zu frühstücken? Gern wird auf Ihre Ernährungsgewohnheiten Rücksicht genommen, sprechen Sie das Personal einfach an!

Ob gemütlicher Landhaus- oder moderner englischer Stil, die 48 geschmackvoll eingerichtenen Zimmer & Suiten überzeugen durch Ambiente & Komfort!

DIE ZIMMER

Ausgestattet sind die Zimmer mit Landhaus- oder Boxspringbetten, Flachbild TV, Minibar, Schreibtisch, WLAN, Bad mit Dusche bzw. Badewanne (Suiten) /WC, Fön, Kosmetikspiegel, Pflegeprodukten, Sitzgelegenheit mit Tisch und Stühlen sowie teils Cocktailsitzecken. Ihre Zimmer stehen Ihnen am Anreisetag ab 14:00 Uhr und am Abreisetag bis 11:00 Uhr zur Verfügung und sind ausnahmslos Nichtraucher-Zimmer.

SCHMALKALDEN

AKZENT Aktiv & Vital Hotel Thüringen

📍 AKZENT Aktiv & Vital Hotel Thüringen, Inh. Marcel Gerber · Notstrasse 33, 98574 Schmalkalden
📞 03683 466 570 | 🌐 www.aktivhotel-thueringen.de

DIE SAUNEN   Duftendes Holz und stimmungsvolles Licht – ob in der finnischen Sauna im Innen- & Außenbereich, in der Infrarot-, Dampf- oder Biosauna, hier genießen Sie aktiv & vital Ihren Wellnessaufenthalt. Der Wellnessbereich ist täglich für Sie von 7:30 – 21:30 Uhr geöffnet.

SAUNENÜBERSICHT
65 °C
80 – 90 °C | 10 %

Es stehen Ihnen insgesamt zwei Kabinen der typisch Finnischen Sauna sowie eine 65 °C Biosauna zur Verfügung. Ein Schwitzgang findet in den beiden holzverkleideten finnischen Saunen bei 80 – 90 °C und einer Luftfeuchtigkeit von 10 % statt.

DAS AROMA-DAMPFBAD
45 °C | 100 %

Bei einem Raumklima von 45 °C und einer Luftfeuchte von 100 % kommen Sie hier auf komplett gegensätzliche Art zur Finnischen Sauna ins Schwitzen. Das gänzlich mit azurblauen Wänden verkleidete Bad lädt mit wohlriechenden Aromen zu einem vielversprechenden Aufenthalt ein.

AKZENT Aktiv & Vital Hotel Thüringen

📍 AKZENT Aktiv & Vital Hotel Thüringen, Inh. Marcel Gerber · Notstrasse 33, 98574 Schmalkalden
☎ 03683 466 570 | 🌐 www.aktivhotel-thueringen.de

SCHMALKALDEN

DER POOL

Ziehen Sie entspannt Ihre Bahnen im 12 x 5 Meter großen, beheizten Indoor-Pool mit Massagesitzbank und Gegenstromanlage.

RUHEMÖGLICHKEITEN & GRADIERWERK

Im Ruhebereich gönnen Sie Ihren Füßen eine Kneippkur im Fußbecken mit beheizter Sitzbank. Wunderbar ruhen lässt es sich im Ruheraum mit hauseigenem Gradierwerk zur Salzinhalation, Relax-Liegen und Kuscheldecken. Gönnen Sie sich Entspannung pur auf den Physiotherm-Wärmeliegen oder lassen Sie einfach den Blick ins Grüne schweifen. Zudem besteht die Möglichkeit, es sich auf der großen Liegewiese mit Sonnenschirmen und Sonnenliegen gemütlich zu machen. Hier können Sie – neben einer Pause an der frischen Luft – die wärmenden Sonnenstrahlen direkt auf der Haut spüren.

MASSAGE- & BEAUTYCENTER

Das Wellness- und Day Spa-Angebot hält eine große Vielfalt wohltuender Anwendungen für Sie bereit. Von der erfrischenden Minzöl- über duftende Aromaölmas

AKZENT Aktiv & Vital Hotel Thüringen

AKZENT Aktiv & Vital Hotel Thüringen, Inh. Marcel Gerber · Notstrasse 33, 98574 Schmalkalden
03683 466 570 | www.aktivhotel-thueringen.de

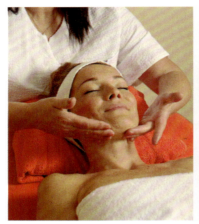 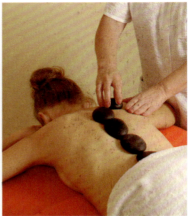

sagen bietet das Hotel zudem auch besondere Beautyanwendungen an. Tiefenentspannung ist mit der Fußreflexzonen- oder Hot-Stonemassage garantiert. Oder wie wäre es mit einer Kräuterstempelbehandlung mit Wildkräutern aus dem Garten? Probieren Sie es aus! Sie starten Ihren Tag gern aktiv? Dann heißt Sie das Wellness-Team zum Aquafitness herzlich willkommen!

Ihre Hotelrechnung können Sie in bar, mit Ihrer Euroscheckkarte, Visa- oder MasterCard begleichen. Eine Kurtaxe fällt nicht an (Änderungen vorbehalten).

PARKMÖGLICHKEITEN Parkplätze stehen Ihnen direkt vor dem Hotel zur Verfügung.

DAS ANGEBOT Das AKZENT Aktiv & Vital Hotel bietet Ihnen einen traumhaften Aufenthalt für zwei Personen zum Preis von 149,00 Euro, statt 298,00 Euro. Das Angebot beinhaltet zwei Übernachtungen im Vital Doppelzimmer inkl. Vital-Frühstücksbuffet

AKZENT Aktiv & Vital Hotel Thüringen

📍 AKZENT Aktiv & Vital Hotel Thüringen, Inh. Marcel Gerber · Notstrasse 33, 98574 Schmalkalden
📞 03683 466 570 | 🌐 www.aktivhotel-thueringen.de

sagen bietet das Hotel zudem auch besondere Beautyanwendungen an. Tiefenentspannung ist mit der Fußreflexzonen- oder Hot-Stonemassage garantiert. Oder wie wäre es mit einer Kräuterstempelbehandlung mit Wildkräutern aus dem Garten? Probieren Sie es aus! Sie starten Ihren Tag gern aktiv? Dann heißt Sie das Wellness-Team zum Aquafitness herzlich willkommen!

DAS KÖNNTE SIE AUCH INTERESSIEREN
Region 16: Oberbayern, Niederbayern & bay. Schwaben

47 Saunen mit einem Wert von über **900 Euro**

Ort	Anlage
Aalen	Limes-Thermen Aalen
Aichach	Fitnessclub AKTIVITA
Ainring	Wellness- & Sauna-Alm im Hotel Reiter Alm
Bad Endorf	Chiemgau Therme
Bad Füssing	THERME EINS & SAUNAHOF
Bad Griesbach	Wohlfühl-Therme
Bad Überkingen	ThermalBad Überkingen
Bad Waldsee	FitnessPoint SportPalast
Bad Wörishofen	THERME Bad Wörishofen
Bad Wurzach	Vitalium-Therme
Bernau	BernaMare
Biberbach	Bibertal-Sauna
Blaustein	Bad Blau
Bobingen	Saunapark Bobingen
Crailsheim	parc vital
Deggendorf	elypso
Donauwörth	Premium Fit + Spa
Edling	Schwitzkasten am Stoa
Ellwangen	Saunalandschaft des Ellwanger Wellenbads
Ergolding	ERGOMAR
Garmisch-Partenkirchen	Alpspitz-Wellenbad
Garmisch-Partenkirchen	DoriVita
Gunzenhausen	Freizeitbad Juramare
Heidenheim	HellensteinBad aquarena
Herbrechtingen	Freizeitbad Jurawell
Inzell	Badepark Inzell
Kempten	CamboMare
Laufen-(Salzach)	Rupertisauna
München	Sheraton Spa & Fitness Arabellapark
München	Vitalis
München	ISARspa
München	ELEMENTS Fitness und Wellness
Neusäß	Titania Neusäß
Oberstaufen	Erlebnisbad Aquaria
Ottobrunn	Phönix-Bad Ottobrunn
Peißenberg	Rigi-Rutsch'n
Rain am Lech	Fitnessclub AKTIVITA
Regensburg	float Regensburg
Reutte	Alpentherme Ehrenberg
Ruhpolding	Vita Alpina
Schliersee	monte mare Schliersee
Schwäbisch Hall	Saunapark im Schenkenseebad
Sonthofen	FREIZEITBAD WONNEMAR
Treuchtlingen	Altmühltaltherme Treuchtlingen
Waging am See	Wellnessgarten Waging
Waldstetten	Waldsauna
Wasserburg a. Inn	BADRIA

+ Hotel-, Thermen und Wellnessgutscheine

Jetzt versandkostenfrei und problemlos bestellen unter **www.der-saunafuehrer.de**

DAS KÖNNTE SIE AUCH INTERESSIEREN
Region 17: Franken & Oberpfalz

45 Saunen mit einem Wert von über **800 Euro**

Ort	Anlage
Bad Brambach	Bade- und Saunalandschaft Bad Brambach
Bad Colberg	Thüringens Terrassentherme
Bad Elster	Saunawelt, Bad Elster
Bad Kissingen	KissSalis Therme
Bad Kötzting	AQACUR
Bad Lobenstein	ARDESIA-Therme
Bad Neualbenreuth	Sibyllenbad
Bad Rodach	ThermeNatur
Bad Steben	Therme Bad Steben
Bad Windsheim	Franken-Therme
Bamberg	Bambados
Bayreuth	LOHENGRIN THERME
Burglengenfeld	Bulmare
Coburg	Aquaria
Crailsheim	parc vital
Eckental - Brand	HOUSE OF SPORTS
Eibelstadt	MainSaunaLand
Forchheim	Königs-Bad
Geiselwind	Hotel Strohofer
Gunzenhausen	Freizeitbad Juramare
Hammelburg	Saaletalbad
Herzogenaurach	Balance Fitness
Herzogenaurach	Freizeitbad Atlantis
Hilders	Ulsterwelle Hilders
Hirschaid	FrankenLagune
Hof	HofSauna
Marktheidenfeld	Wonnemar Marktheidenfeld
Meiningen	Freizeitzentrum »Rohrer Stirn«
Mistelgau Obernsees	Therme Obernsees
Münchberg	Badeland Münchberg
Nürnberg	Katzwangbad
Nürnberg	Südstadtbad
Nürnberg	Langwasserbad
Pegnitz	CabrioSol
Plauen	Stadtbad Plauen
Pottenstein	Freizeit- und Erlebnisbad Juramar
Rudolstadt	SAALEMAXX
Schwäbisch Hall	Saunapark im Schenkenseebad
Schweinfurt	SILVANA
Sonneberg	SonneBad Sonneberg
Steinwiesen	Erlebnisbad Steinwiesen
Treuchtlingen	Altmühltaltherme Treuchtlingen
Werneck	Physiotherapie Werntal
Würzburg	WOLFGANG-ADAMI-BAD
Würzburg	SAUNAGARTEN - RÖDER THERMEN

+ Hotel-, Thermen und Wellnessgutscheine

Jetzt versandkostenfrei und problemlos bestellen unter www.der-saunafuehrer.de

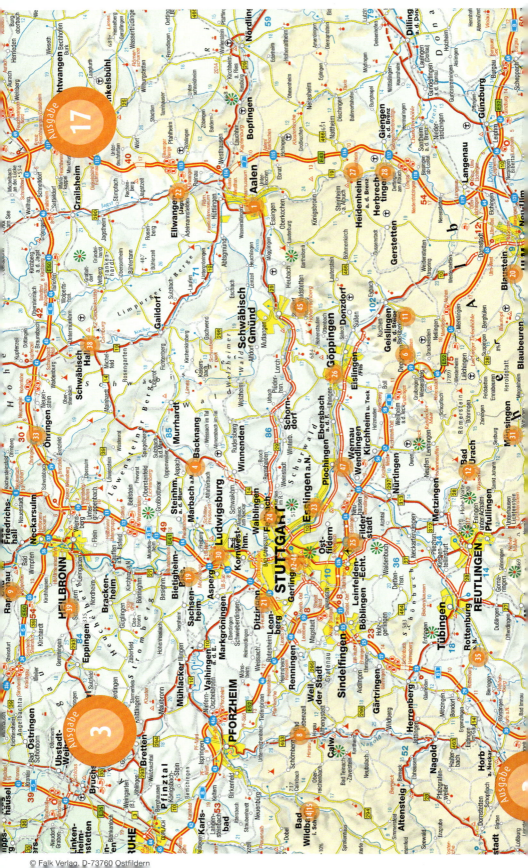